农业科研单位财务资产管理实务与案例

NONGYE KEYAN DANWEI CAIWU ZICHAN
GUANLI SHIWU YU ANLI

刘 林 董 昊 冉源琪 梁淑云 刘丽慧 主编

中国农业出版社
农村读物出版社
北 京

图书在版编目（CIP）数据

农业科研单位财务资产管理实务与案例 / 刘林等主编．—北京：中国农业出版社，2023.10
ISBN 978-7-109-30771-1

Ⅰ.①农…　Ⅱ.①刘…　Ⅲ.①农业—科学研究组织机构—财务管理—研究—中国　Ⅳ.①F324.3

中国国家版本馆 CIP 数据核字（2023）第 100431 号

中国农业出版社出版
地址：北京市朝阳区麦子店街 18 号楼
邮编：100125
责任编辑：马春辉
版式设计：王　晨　　责任校对：刘丽香
印刷：北京中兴印刷有限公司
版次：2023 年 10 月第 1 版
印次：2023 年 10 月北京第 1 次印刷
发行：新华书店北京发行所
开本：700mm×1000mm　1/16
印张：19
字数：362 千字
定价：88.00 元

本书编委会

主　编： 刘　林　董　昊　冉源琪　梁淑云　刘丽慧

副主编： 张逸飘　刘　菁　温衍生　朱庆安　黎声旺
晏颖馨　叶泽珍　龚　俊

撰稿人： 刘　林　董　昊　冉源琪　梁淑云　刘丽慧
张逸飘　刘　菁　温衍生　石　强　朱庆安
黎声旺　晏颖馨　叶泽珍　龚　俊

前言

FOREWORD

在经济全球化背景下，随着我国人口红利逐渐减弱，要实现经济高质量发展，越来越需要依靠科技创新作为支撑和引擎。农业科研单位是落实农业领域科技创新的重要主体，其科研能力和水平直接关系着我国农业可持续发展、农民增收以及农村变美。农业科研单位财务资产部门是支撑保障单位开展科技创新的重要部门，在新的历史时期，面对新情况、新问题、新挑战、新机遇，要积极转变思维，顺应改革，准确把握新发展阶段，全面贯彻新发展理念，积极贯彻落实《中华人民共和国预算法（2018 年修正）》（以下简称《预算法》）等财政法律法规提出的“全面实施绩效管理”，《事业单位财务规则》提出的“事业单位应当加强经济核算……实行成本核算”，《国务院办公厅关于改革完善中央财政科研经费管理的若干意见》提出的“科学事业单位是科研项目资金管理使用的主体，应强化法人责任，确保资金合理规范使用，确保科研自主权接得住、管得好”以及《会计改革与发展“十四五”规划纲要》提出的“要推动会计工作与单位管理活动深度融合，不断提高会计工作服务经济社会发展的效能”等新任务和新要求。

为了更好支撑农业科研单位提升财务资产管理水平，促进管理工作提质增效，改变农业科研单位财务资产管理的“孤岛现象”，规范实施政府会计准则制度，全面实施绩效管理，打通放管服改革“最后一公里”，促进业财融合，依据国家最新财经法规、放管服改革政策和财务管理新思想以及社会发展的最新趋势，我们组建专业团队对财务资产管理工作进行了科学性、系统性和规范性的研究。同时，为了提高本书的实用性，本书以“中国热带农业科学院橡胶研究所”（以下简称橡胶所）为例，采用理论+案例的方式全方位展示财务资产全过程管理。橡胶所是国内唯一以橡胶树为主要研究对象的国家级研究机构，长期致力于突破天然橡胶产业发展中基础性、全局性和前瞻性的重大科技问题和关键技术，积极服务国家“一带一路”倡议，努力创建世界一流天然橡胶科技中心。橡胶所财务资产部门始终以科研人员为中心，以提升天然橡胶产业创新能力为目标，赋能科研高质量发展，创新财务资产管理，努力打造科技创新新引擎。具体而言，作为财务资产管理部门要深入科研一线倾听科研人员的心声，调研科研人员对财务资产的实际需求，通过实施“会计一站式服务”，搭建共商共建共享管理平台，以“放管服”改革为抓手，加强内部控制和绩效管理，奋进担当，精准发力，努力探索适合农业科研单位财务资产管理提质增效的路径和模式，在服务科研创新与发展的道路上贡献财务智慧和价值，实现双赢目标。

本书内容涵盖预算决算管理、收支管理、政府会计制度实务案例、资产与政府采购管理、项目管理、合同管理、绩效管理、财务信息化建设、财务报账指南、审计监督、财务队伍建设等。可以为农业科研单位管理部门尤其财务资产人员提供工具性的指导和帮助，便于促进财务管理的共识对话和协同发展。本书的出版得到了中国热带农业科学院财务处和橡胶所领导的指导和大力支持。该书具有较强的针对性、指导性和实用性，相信能为广大农业科研单位财务资产人员减负松绑，助力提升财务资产人员的工作效率和服务水平，助力单位创造更大价值。

编　者

2022年11月26日

目 录
CONTENTS

第一章　部门预算

第一节　预算管理

一、部门预算概述及相关规定

（一）部门预算

各部门依据国家有关法律法规及其承担的职能，所编制的反映部门所有收入和支出情况的综合财政计划，是政府各部门履行职能和事业发展的物质基础。收入包括一般公共预算财政拨款收入、政府性基金预算拨款收入、事业收入、事业单位经营收入、其他收入等；支出包括基本支出和项目支出。

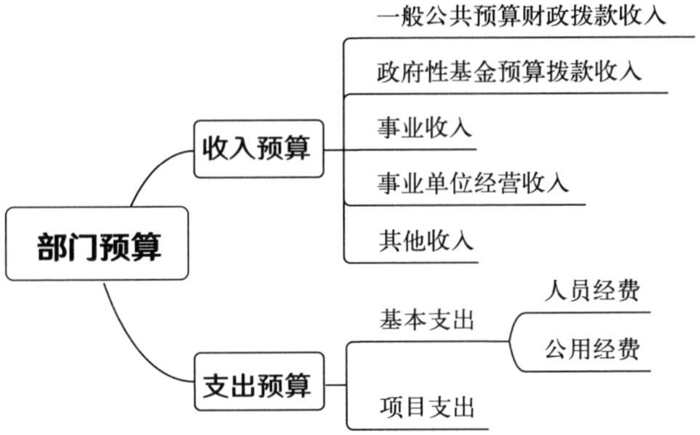

（二）部门预算相关规定

《预算法》对预算管理职权、预算收支范围、预算编制、预算执行、预算调整等内容进行了规定。

1. 预算管理职权

对于预算管理职权，《预算法》在第二十五条明确规定：

国务院财政部门具体编制中央预算、决算草案；具体组织中央和地方预算的执行；提出中央预算预备费动用方案；具体编制中央预算的调整方案；定期向国务院报告中央和地方预算的执行情况。

地方各级政府财政部门具体编制本级预算、决算草案；具体组织本级总预算的执行；提出本级预算预备费动用方案；具体编制本级预算的调整方案；定期向本级政府和上一级政府财政部门报告本级总预算的执行情况。

《预算法》第二十六条要求：

各部门编制本部门预算、决算草案；组织和监督本部门预算的执行；定期向本级政府财政部门报告预算的执行情况。

各单位编制本单位预算、决算草案；按照国家规定上缴预算收入，安排预算支出，并接受国家有关部门的监督。

2. 预算收支范围

对于预算收支的范围，《预算法》第二十七条是这样规定的：

一般公共预算收入包括各项税收收入、行政事业性收费收入、国有资源（资产）有偿使用收入、转移性收入和其他收入。

一般公共预算支出按照其功能分类，包括一般公共服务支出，外交、公共安全、国防支出，农业、环境保护支出，教育、科技、文化、卫生、体育支出，社会保障及就业支出和其他支出。

一般公共预算支出按照其经济性质分类，包括工资福利支出、商品和服务支出、资本性支出和其他支出。

3. 预算编制

对于预算编制，《预算法》在第三十一条作出具体规定：

国务院应当及时下达关于编制下一年预算草案的通知。编制预算草案的具体事项由国务院财政部门部署。

各级政府、各部门、各单位应当按照国务院规定的时间编制预算草案。

《预算法》第三十二条要求：

各级预算应当根据年度经济社会发展目标、国家宏观调控总体要求和跨年度预算平衡的需要，参考上一年预算执行情况、有关支出绩效评价结果和本年度收支预测，按照规定程序征求各方面意见后，进行编制。

各级政府依据法定权限作出决定或者制定行政措施，凡涉及增加或者减少财政收入或者支出的，应当在预算批准前提出并在预算草案中作出相应安排。

各部门、各单位应当按照国务院财政部门制定的政府收支分类科目、预算支出标准和要求，以及绩效目标管理等预算编制规定，根据其依法履行职能和事业发展的需要以及存量资产情况，编制本部门、本单位预算草案。

4. 预算执行

对于预算执行，《预算法》在第五十三条作出明确规定：

各级预算由本级政府组织执行，具体工作由本级政府财政部门负责。

各部门、各单位是本部门、本单位的预算执行主体，负责本部门、本单位的预算执行，并对执行结果负责。

《预算法》第六十三条要求：

各部门、各单位应当加强对预算收入和支出的管理，不得截留或者动用应当上缴的预算收入，不得擅自改变预算支出的用途。

5. 预算调整

对于预算执行过程中调整，《预算法》第六十七条是这样规定的：

经全国人民代表大会批准的中央预算和经地方各级人民代表大会批准的地方各级预算，在执行中出现下列情况之一的，应当进行预算调整：

（1）需要增加或者减少预算总支出的；

（2）需要调入预算稳定调节基金的；

（3）需要调减预算安排的重点支出数额的；

（4）需要增加举借债务数额的。

《预算法》在第七十二条对于预算调整也有严格规定：

各部门、各单位的预算支出应当按照预算科目执行。严格控制不同预算科目、预算级次或者项目间的预算资金的调剂，确需调剂使用的，按照国务院财政部门的规定办理。

二、部门预算编制时间和要点

（一）部门预算编制时间

中央部门预算编制一般从 6 月份开始启动，2020 年出台的《中华人民共和国预算法实施条例》，明确规定财政部 6 月 15 日前部署编制下一年预算草案的具体事项。

预算编制流程见下图。

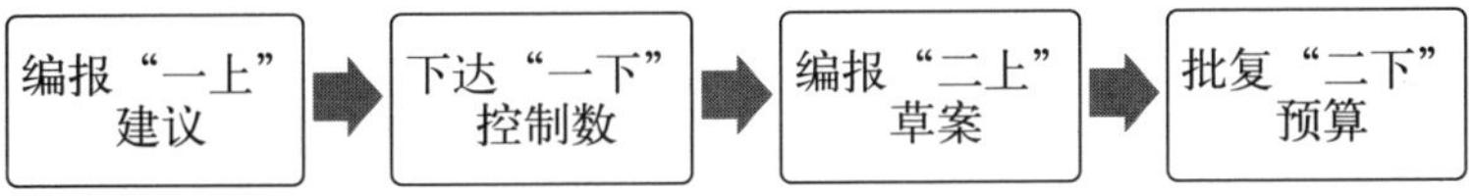

（二）部门预算编制要点

1. 强化“过紧日子”要求，把钱花在“刀刃”上

将“过紧日子”作为部门预算管理长期坚持的基本方针，执俭朴、戒浮华，坚持勤俭办一切事业，把钱花在“刀刃”上。进一步压减一般性支出，非刚性、非急需支出，做到可压尽压、应压尽压。认真落实中央八项规定及实施细则精神，严禁铺张浪费和大手大脚花钱，大力精简会议、差旅、培训、调研、论坛、庆典等公务活动，加强地点相同、对象重叠、内容相近的公务活动整合，继续强化“三公”经费管理，从严控制“三公”经费预算，从严管理新增资产配置。

2. 加快推进非财政拨款项目执行，积极消化存量资金

按照部门预算“保履职、保运转”基本功能定位，量入为出，合理安排各项支出，依法依规将取得的所有收入和支出全部纳入预算，未按规定纳入预算的收入不得安排支出，对于非财政拨款收入情况要在部门预算中如实反映，财政部已明确规定“对非财政拨款结余资金规模较大的单位，除有明确支持政策外，原则上不再安排财政拨款；对已按规模提取专用基金且累计结余较多的单位，原则上不再安排相应用途的财政拨款”。努力盘活闲置资金，货币资金数额大，占资产总额比例较高的单位，要积极采取有针对性的措施消化存量资金，提高资金使用效率。非财政结余资金规模较大的单位，要在合理考虑保持必要积累、支撑未来发展、应对不确定性风险的前提下，主动统筹一部分非财政拨款结余资金。

3. 实施项目全生命周期管理

项目分为人员类项目、运转类项目、特定目标类项目，预算支出全部以项目形式纳入预算项目库，对于申报的基建、科研、外交、转移支付上划等横向安排项目，也要按规定纳入预算项目库，做实做细项目储备，纳入项目库的项目应该按规定完成可行性研究论证。认真做好项目清理，全面梳理和评估有支出政策，分类完善项目预算编报，推进实施项目标准化管理。按照部门预算“保履职、保运转”的基本功能定位，强化运用零基预算理念，打破基数概念和支出化格局，要将到期项目和不符合相关规定的项目清理出现有项目库。

4. 高度重视预算绩效管理，合理设定绩效目标和指标值

推进预算和绩效管理深度融合，优化预算绩效管理流程，健全绩效指标和标准体系，提升绩效目标质量。进一步规范绩效指标设置，提升绩效指标质量，增强与预算资金的匹配度，突出核心产出和效果指标并予以量化，合理设定指标值。强化绩效运行和评价结果应用，对于效果不明显、发现问题较为突出的项目和单位，采取预算安排挂钩措施，对低效无效资金一律削减或取消，对沉淀资金一律按规定收回并统筹安排。继续实施当年预算执行情况和下年预算安排挂钩机制，对于预算执行缓慢、结转规模较大、预算监督和执行监控存在问题的，适当减少下年预算安排。

5. 项目库编制管理

严格落实项目周期制，项目内容及资金安排全部推进到“活动”层级并明确设定实施周期，一律不再无限期滚动安排；项目实施周期一般不超过 3 年，到后期需要继续安排的，要重新设计、论证、申报和评审。

6. 主动自觉接受各方监督、落实责任制。

推进预算公开、扩大公开范围，细化公开内容。要建立财政资金使用全流程内控机制，将项目立项、预算编制、预算执行、绩效管理等各个环节的责任明确到人、落实到位。

（三）“一上”预算

按照《国务院关于进一步深化预算管理制度改革的意见》（国发〔2021〕5

号），加快推进预算管理一体化系统建设，是全面深化预算管理制度改革的核心内容，有利于加强预算管理，全面掌握预算编制、预算执行和会计核算等信息，更好统筹部门预算资源，有效监控部门预算执行，提高预算管理的规范化、科学化、标准化水平。

2023年中央部门预算编制和执行等业务将全面应用预算管理一体化系统开展。2022年7月，农业农村部计划财务司开展编制2023—2025年支出规划和2023年部门预算，即“一上”预算，笔者着重介绍预算管理一体化中“一上”预算编制内容。

1．“一上”预算编制前准备

各预算单位应积极参加预算管理一体化管理培训，认真学习有关改革要求，优化完善预算管理流程，按规定联网登录预算管理一体化系统办理业务，准确填报单位名称、单位类型、机构编制等单位信息和在职、离休、退休等人员信息，动态更新维护支出标准库和绩效指标库，完整反映行政事业单位存量资产情况。

（1）预算管理一体化系统证书

根据上级单位的通知及时办理预算管理一体化系统证书的申领工作。严格执行保密规定，优化用户及权限设置，确保预算管理一体化系统安全稳定和预算编制有序开展。

注意事项：因预算管理一体化系统的基础资料的录入涉及多个业务部门，如人事归口部门需要导入人员基础信息，编制人员类项目文本，编写住房改革预算报表；资产归口部门需要录入项目资产信息、编制新增资产及政府采购信息、汇总资产政府采购报表；财务部门需要维护单位基础信息、支出标准库和绩效指标库、录入项目文本。设置经办岗权限时，所有经办岗应设置“基础信息”“项目库”“预算编制的权限”，便于各部门基础资料的录入工作可以同时开展。

（2）系统运行环境

登录地址：国家电子政务外网 http://ysglyth.czb.cegn.cn 或通过 EasyConnect 使用 CA 登录 59.255.67.8。

首次登录需下载：Ukey 驱动、CA 认证插件、报表客户端（预算管理一体化登录页面“下载中心”均可下载）。

计算机终端：Windows7 及以上国产化。

浏览器：ie8 及以上、火狐 68 及以上、谷歌 78 及以上（预算管理一体化登录页面“下载中心”均可下载）。

注意事项：EasyConnect 需登录 VPN 登录地址 https://vpn.agri.gov.cn/进行下载，同时一个 VPN 账号只能登录一台设备，如多人登录需要申请多个 vpdn 的账号和 VPN 账号证书，便于各部门基础资料的录入工作可以同时开展。

（3）基础信息资料编写

① 单位信息

a. 单位信息中的归口监管局、执行会计制度、是否编制部门决算、是否编制政府部门财务报告、是否编制行政事业单位国有资产报告、人员编制数、车辆编制数等 7 个要素，如在单位信息确认时有误，后续单位信息变更需要报财政审核，以上信息务必核对准确。

b. 单位类型选择时要注意单位类型需选择至末级，如：事业单位还细分为行政类、公益一类、公益二类、生产经营类和暂未分类。若未选择至末级，在二级项目细化阶段填写年度支出计划时，选择部门经济分类后无法带出政府经济分类。若单位信息确认时，单位类型没有选择至末级，单位可以申请单位信息变更，财政审核通过后生效。

c. 事业单位绩效工资水平根据 2015—2017 年关于绩效工资正式文件批复填写，选择“限高”“稳中”“升低”。行政单位无需填写；若单位类型为事业单位下的公益一类、公益二类、暂未分类，需要填写；若单位类型为其他，且参照类型为事业单位，需要填写。没有批复的 2015—2017 年绩效工资数据，根据实际发放情况填写。

d. 拓展信息中人员编制数需根据中央编办正式批复文件填报，实有人数为自动取数，取自“人员信息表中属于在职状态、财政补助编且未停用的人员信息数据”。

e. 车编制情况需按实际情况填报，实有数为自动取数，取自资产信息查询表—按照资产用途、分类一致资产数据。若是实有数取数错误，注意检查资产分类信息。

f. 办公用房中建筑面积、建筑面积—市场租用、供暖面积、物业管理面积需单位自行维护（办公用房基本情况表）。

注意事项：单位信息确认审核成功后，如后续需要进行单位信息变更，需在“单位信息变更”页签进行信息变更（已确认—信息变更）。

② 人员信息

a. 人员范围：所有人事关系在上述单位的在职人员、离休人员、退休人员。人事关系不在填报单位的编制外长期或临时聘用人员、遗属人员等不在填报范围之内。

b. 人员编制情况严格按照“三定”规定或中央编办正式批复确认的本单位人员编制数填报，系统根据填报的人员信息自动生成实有人数。

c. 人员信息新增、修改、停用人员及变更人员状态，都由单位经办岗发起，单位审核岗审核通过后生效。单位要根据人员变化和工作需要及时更新，尤其是确保预算、决算编制等业务要求的时点数据准确性。

d. 编制要点：

主要内容：编报单位编制、实有人数和资产占用、规范津贴补贴测算等情况，较上年发生变化要说明原因并提供相关证明材料。

填报单位：行政、参公和事业单位（无一般公共预算拨款的经费自理事业单位和企业化管理事业单位可不填）。

时间节点：行政和参公单位，填报截至 2022 年 8 月底情况，事业单位（不含中央高校、公立医院）填报两个时间节点：2022 年 8 月底；预计 2023 年 8 月底。（以 2023 年“一上”为例）

注意事项：采用【基础信息】—【人员信息维护（基层单位经办岗）】—【全部】页签—【更多操作】—【下载模板】，根据需求下载相应模板类型（行政及参公、事业、离退休、其他）选择后点击保存后，下载成功编辑即可。模板具体内容填写可参见导入模板说明，具体填写格式见下述模板示例中的每项说明。

系统上传保存后如出现“不在值范围内”的提示，注意检查是否有未在下拉框中选择的数值，如本单位公务卡银行为“中国农业银行”，但是公务卡银行总行下拉框只有“农业银行”，故只能选择“农业银行”。

选择人员信息修改后，重新导入会根据身份证信息自动覆盖，但在职人员转为退休人员需要手动维护，如：本次需要导入在职人员 350 人，原在职人员为 360 人，10 人退休，导入后系统会根据身份证信息自动覆盖原已经添加的在职人员并添加导入的新增人员；10 人退休人员仍在在职人员表中，需要手动进行维护，将在职人员调整为退休人员，逐个对在职人员进行“人员状态变更”，直接停用或是调整至退休人员。

③ 支出标准

支出标准为编写项目文本中测算信息表所需要的内容，需要提前将支持标准进行维护，具体分为法定标准、固定标准、暂定标准。

a. 法定标准是由法律法规、财政部文件、有关部门会同财政部印发的文件中明确规定的、针对具体项目或经济事项的支出标准。

b. 固定标准是法律法规、财政部文件、有关部门会同财政部印发的文件中尚未明确规定的，由财政部审核测算时掌握的，针对具体项目或经济事项的支出标准。

c. 暂定标准是根据法定标准和固定标准暂时难以测算某个项目主要支出内容的，由部门或预算单位根据工作需要和市场价格等因素提出项目预算暂定标准。需要在系统进行维护的为暂定标准。

注意事项：支出标准事项名称命名规则为“单位代码＋二级项目名称”，每一条标准名称命名为“单位代码＋二级项目名称＋标准名称”。先增加“标准事项”，再在左侧选中添加的“标准事项”逐个添加标准名称。

④ 绩效指标

编报要求：完整规范、指向明确、细化量化、合理可行，与项目内容和资金规模相匹配且可考核。

单位可通过以下两种方式新增三级指标：一是直接在基础信息模块新增，入库后使用。二是在申报项目时，一并新增相应绩效指标，待项目按程序审核通过后，相应绩效指标也会一并自动生效。

2. “一上”预算编制流程

（1）项目储备

预算项目是预算管理的基本单元，全口径预算支出（人员经费、公用经费、项目经费、非财政拨款经费、其他资金等）均应以预算项目的形式纳入项目库，实行全生命周期管理，即所有支出均需要编写项目文本。

在年度预算编制前，需开展项目储备入库工作，预算单位应根据下一年度预算情况，将新增项目和需要调整的现有项目按程序通过预算管理一体化系统逐级向财政部申报，财政部审核同意后储备入库，未储备入库的项目不得申编报预算。项目储备阶段主要申报需要财政部审批的项目，包括未纳入项目库的新增项目及需要向财政申请调整信息的项目。

① 项目申报（仅指包含财政资金的项目）

含财政拨款的其他运转类、特定目标类项目。预算单位二级项目申报信息填报完毕后，逐级提交，由部门审核通过后报财政部审核。审核通过的项目，进入项目库储备，经项目细化后供预算编制时选取。

② 项目调整（仅指包含财政资金的项目）

a. 已入库、未安排过预算的项目，申请修改项目名称，需经财政同意。

b. 调整项目期限：对重大改革发展项目、其他项目（为包含财政资金的项目，下同），入库后需要调整项目期限的，需经财政同意。

c. 是否包含财政资金：由包含调整为不包含，由单位自行办理（如果已录入了财政拨款金额，需先将财政拨款金额修改为 0）；由不包含调整为包含，需要财政审核。

d. 重大改革发展项目、其他项目的项目总额调增，需要财政审核。

e. 重大改革发展项目、其他项目的总体绩效目标、绩效指标、指标值，当项目总额发生变化时，可以向财政申请调整；当项目总额没有变化时，不允许调整。

注意事项：一是项目入库后任何情况下均不能修改的要素信息：项目编码，项目类别（人员类、公用经费、其他运转类、特定目标类），项目类型（专项业务费项目、重大改革发展项目、其他项目），是否科研，是否基建及含基建类型，项目密级（含项目名称密级、项目文本密级相关信息），故以上信息务必仔细核对，确保准确。二是项目申报阶段填写的绩效目标为总体绩效目标，如项目周期为多年度的项目，注意区分年度绩效目标。

③ 财政项目填报要点

预算编报范围、规模和结构应与部门三年支出规划中编制预算年度第一年规划一致。

项目支出预算要细化到部门预算经济分类和政府预算经济分类款级科目。

a. 部门预算经济分类

体现部门预算管理要求，主要用于部门预算编制、执行、决算、公开和部门（单位）会计核算，“3”开头的科目预算按照部门预算经济分类编制部门预算，预算系统自动对应政府预算经济分类。

b. 政府预算经济分类

体现政府预算的管理要求，主要用于政府预算的编制、执行、决算、公开和总预算会计核算，“5”开头的科目批复的政府预算经济分类作为经费来源和申请款项的预算控制科目，执行中如需要对政府预算“类”级科目调剂的，应报财政部批准；需要对政府预算“款”级科目调剂的，报计划财务司审核并报财政部备案。除因党中央国务院有关工作部署、部党组确定的临时重点工作需要调整的，政府预算经济分类一律不得调整。

④ 非财政项目、其他资金项目填报要点

加大存量货币资金统筹使用力度，有非财政拨款收入的预算单位，应结合近两年预算情况及预算年度预计情况等，合理编报非财政拨款收支预算。

新增非财政项目、其他资金项目均通过“项目申报”页签进行填报新增，由于系统通过项目信息里面的“是否包含财政资金”判断流转至财政部审批，且系统新增项目时此栏默认包含财政资金，在填写非财政项目的时候，记得将此栏勾选为“否”。

（2）项目细化

① 单位自行入库的项目

人员类、公用经费类一级项目由财政部授权给部门使用。部门选择并确认本部门适用的人员类一级项目及对应的功能科目，再将该一级项目下的二级项目授权生成给预算单位使用。即无须在“项目申报”页签新增，可直接进行“项目细化”，主要包括：人员类、公用经费。

② 已入库项目

入库或调整完成后，已有项目可以直接进行项目细化。

通过预算编制模块的“项目细化”功能进一步完善项目测算信息、分年支出计划、部门经济分类、年度新增资产配置、年度政府采购计划、年度政府购买服务等项目信息。

注意事项：项目测算信息中的支出计划＝数量/频率×价格/标准，实操中，有的科研人员仅关注支出计划的取整，数量/频率按照支出计划倒挤出来，造成出现很多小数，无法取整。

（3）新增资产配置信息及政府采购信息表

二级项目细化阶段需要对二级项目的年度新增资产配置、年度政府采购进行细化。

① 涉及新增资产配置的项目

项目基础信息中“是否涉及新增资产”点击“是”，对应填写完善新增资产配置信息，主要包含部门经济分类科目、资产分类、资产名称、资产用途、数量、单价等信息。其中：资产分类必须细化到底级，如资产类别是设备，必须填写设备预期使用频率、设备主要规格参数、购置设备必要性。若使用“309资本性支出（基本建设）”“310资本性支出”“31101资本金注入”“31201资本金注入”和“31203政府投资基金股权投资”等经济分类科目的，原则上应当形成资产。

② 涉及政府采购的项目

项目基础信息中“是否涉及政府采购”点击“是”，对应填写完善政府采购信息。如需新增服务类、工程类政府采购事项，预算单位应填报部门经济分类科目、政府采购品目、数量、单价、资金来源等信息。

③ 填报主要内容说明

编报范围：购置车辆，租用土地、房屋，所有新增资产均需要编制预算，着重关注单价100万元以上的专用设备（此前为单价50万元以上通用设备、单价100万元以上的专用设备）。新增设备部分要严格按照上级部门2022年新增大型仪器设备评议结果为依据进行编报。

租用土地、办公用房、业务用房申请应当是按规定报经机关事务主管部门或有关部门审核同意的项目。

需要注意的是，资产存量一般为当年8月底有关情况，涉及存量部分应与上一年度部门决算做好衔接。新增资产配置预算增加了项目强制审核，填报时需勾选相关项目。

“一上”阶段新增资产配置预算口径为全口径预算，包含纳入支出规划的项目、非财政拨款项目、其他资金。

“一下”新增资产配置预算控制数下达后，需进行调整的，在编报“二上”预算前单独报财政部申请；新增横向指标项目（科研、基建等）需注明横向（仅横向指标项目可做新增调整）。

资产配置必须按预算计划执行，如果疏漏将严重影响单位管理、科研等工作开展，资产管理员要全面核实新增资产情况，如有疑问可向主管部门咨询。

政府采购预算编报需细化到采购项目，同时填报采购品目机关有关司局、部属各单位须预留政府采购项目预算总额 30%以上，专门面向中小企业采购。需要注意的是，漏报、错报政府采购预算，原则上不受理调整。

注意事项：一是由于新增资产配置及政府采购表均包含在项目文本表格中，在布置预算时，可将新增资产配置、政府采购表格单独作为两张表格，并添加课题组、资产编制联系人、项目名称等关键信息后，发给预算编报人员进行填写，填写后提交给资产人员进行汇总审核，便于查找对应资产的经办人员，审核或者发现错误后不用再单独逐个文本打开查找，提高工作效率。二是政府采购设备有明确的价格限额标准，如台式计算机、便携式计算机、A3 黑白/彩色打印机、A4 黑白/彩色打印机、在布置预算时，需要将价格标准一并发给预算编报人员进行参考，避免设备费预算不足或是差额造成项目预算明细科目进行多次修改。

（4）部门“一上”预算申报表

支出预算表：预算单位应根据单位职责及年度重点工作安排，结合单位要求，按照轻重缓急原则，从已入库项目中选取本单位已完成细化的二级项目形成年度支出预算建议数。

资产配置计划及政府购买服务表：根据项目细化信息，系统自动汇总生成资产配置计划汇总表、政府采购预算汇总表、政府购买服务汇总表等。其中：资产配置计划汇总表中可自动从资产卡片中获取待报废信息，用于预算编制审核。

收入预算表：系统根据支出预算建议自动生成收入预算表中一般公共预算、政府性基金预算、国有资本经营预算、财政专户管理资金收入数。收入预算表中单位资金收入需手工录入，手工录入后的单位资金收入不得小于其对应支出预算。财政拨款上年结转通过项目细化阶段预计的结转数据自动提取，可以修改但不得小于其对应支出预算。

收支总表：该表数据为系统自动提取，注意如果收入预算表的数据有修改，则需要点击保存后，收支总表的数据才能对应更新。

注意事项：各司局和各预算单位所有收入和支出全部纳入预算。

结合上年决算情况、下年收支预计情况，充分合理预计财政拨款结转资金、事业收入、其他收入等各项收入，并全部纳入预算统筹安排使用。

3. 积极配合财政部各地监管局开展部门预算监管工作

将按主管部门审核意见修改后的“一上”预算材料报送财政部当地监管局审核，同时提供预算编制政策依据、基本情况、基础信息变动情况及证明文件，单位编制内增人增支依据等材料。

财政监管局审核常见问题：将编制外的工勤人员和合同聘用制职工纳入在

编实有人员填报。将未签订劳务合同人员纳入实有人数。将编制不在本单位人员作为本单位编制内实有人数填报。将自收自支离退休人员填列为财政补助离退休人员、个别单位漏报离退休人员数。未严格按照填报时间节点填报。部分事业单位申报增人计划随意性大，缺乏依据等。

4. 接收“一下”控制数

（1）预算单位收到上级部门下达纳入单位规划管理的“一下”控制数，明确一级项目和二级项目的分年度支出规划数和下年度预算控制数。

（2）预算单位应密切关注部分科学技术类、中央基建投资类等不纳入部规划管理，由部切块分解至相关司局，相关司局细化到具体承担任务的部属预算单位项目，及时汇报，并按规定时间反馈至项目负责人。

（四）“二上”预算

部门预算“二上”相对于“一上”而言，主要是根据政策对“一上”预算进行细化调整。

编制“二上”时应注意事项：“二上”时间比较紧，与年终部门决算时间可能重叠，单位应提前准备各类项目绩效目标，特别是已接近年终，可参照单位年度工作完成情况，充分利用好单位的各项总结，参考本年绩效的基础上，结合下一年科研重点，优化完善单位下一年绩效目标设定工作。

部门预算后续调整。实务中，即使单位完成了预算的上报，由于近几年来预算体制的改革，预算编制越来越细化，在预算最终通过人大审查前，财政部门可能随时进行预算调整，预算单位应指定专人负责部门预算编制与调整工作，结合单位本年度预算执行遇到的问题，随时调整部门预算相关数据。

三、部门预算的批复与公开

（一）部门预算批复

各级预算经人民代表大会批准后，财政部门应在二十日内向各部门批复预算。各部门接到批复后十五日内向所属各单位批复预算。

（二）部门预算公开

1. 基本要求

部门预算公开时间，二级预算单位为农业农村部批复年度部门预决算后20日内，三级及以下预算单位为其上级主管单位批复年度部门预决算后20日内，同一级次的单位应该在同一天集中公开。

部门预决算向社会公开。纳入财政部明确向社会公开的级次范围的单位，在本单位门户网站醒目位置向社会公开经批复的年度部门预决算，并保持长期公开状态。

部门预算单位内部公开。暂未纳入财政部明确向社会公开的级次范围的单位，应在本单位内部办公系统醒目位置公开年度部门预决算，并永久保留；没有内部办公系统的单位，可以通过内部简报、内部材料等形式进行内部公开，并确保单位全体职工均可查阅内部公开的全部信息。

各公开主体应制定本单位预算公开具体工作方案，按照有关规定和要求整理公开数据，拟写相关文字说明，建立健全公开保密审查机制，严格按照《中华人民共和国保守国家秘密法》《中华人民共和国政府信息公开条例》等法律法规和国家有关规定对拟公开的预决算信息进行保密审查，在规定时限按要求公开部门预算。

各公开主体要认真落实主体责任，制定舆情应对实施方案，主动跟踪、妥善回应社会关切。

2. 内部公开内容

部门预算公开的内容为农业农村部批复的部门预算及相关报表，包括单位收支总体情况、财政拨款收支情况、项目支出绩效目标表等项目文本以及其他公开事项，涉及国家秘密的信息除外。其中：财政拨款收支情况包括一般公共预算、政府性基金预算和国有资本经营预算。各公开主体应按照计划财务司统一布置要求，参照农业农村部门户网站年度部门预决算相关格式进行公开，并可以结合单位实际，增加相关数据和内容。

单位收支总体情况。部门预算公开 3 张报表，包括部门收支总表、部门收入总表、部门支出总表。

财政拨款收支情况。部门预算公开 6 张报表，包括财政拨款收支总表、一般公共预算支出表、一般公共预算基本支出表、政府性基金预算支出表、国有资本经营预算支出表、财政拨款预算“三公”经费支出表。

收入和支出情况全部公开到支出功能分类项级科目，支出明细情况全部公开到部门预算支出经济分类款级科目，没有数据的表格实行零报告（空表列示并文字说明）。

财政拨款“三公”经费支出情况按“因公出国（境）费”“公务用车购置及运行费”“公务接待费”公开，“公务用车购置及运行费”应当细化到“公务用车购置费”“公务用车运行费”两个项目。部门预算对预算安排情况、对比上年预算增减变化情况及原因作出说明。

四、部门预算执行

（一）预算管理重要原则

（1）落实好“过紧日子”的要求，持续强化“三公”经费管理。

（2）树立零基预算理念，打破基数概念和支出固化格局。

（3）切实盘活存量资金资产，调整优化支出结构。

(4) 加大预算安排约束力度，严格与预算执行情况、财政评审项目审减率、审计问题、项目库清理情况等挂钩。

(5) 深化部门预算绩效管理，强化事前、事中和事后绩效评估和评价结果运用。

(6) 主动接受各方监督，切实严肃财经纪律。

(二) 预算执行管理措施

一是做好预算管理政策宣传工作。及时向全所职工传达预算管理相关政策，准确把握文件要求。二是专人盯预算。牵头做好全年预算管理工作，专人实时跟踪重大、重点项目执行。三是做好预算执行公开工作。每月初反馈预算执行情况给部门领导、课题组（职能部门）负责人，对执行缓慢的项目，实时与相关人进行一对一沟通。四是抓好关键节点月预算执行，防止预算被压减。

第二节 预算业务实操演示

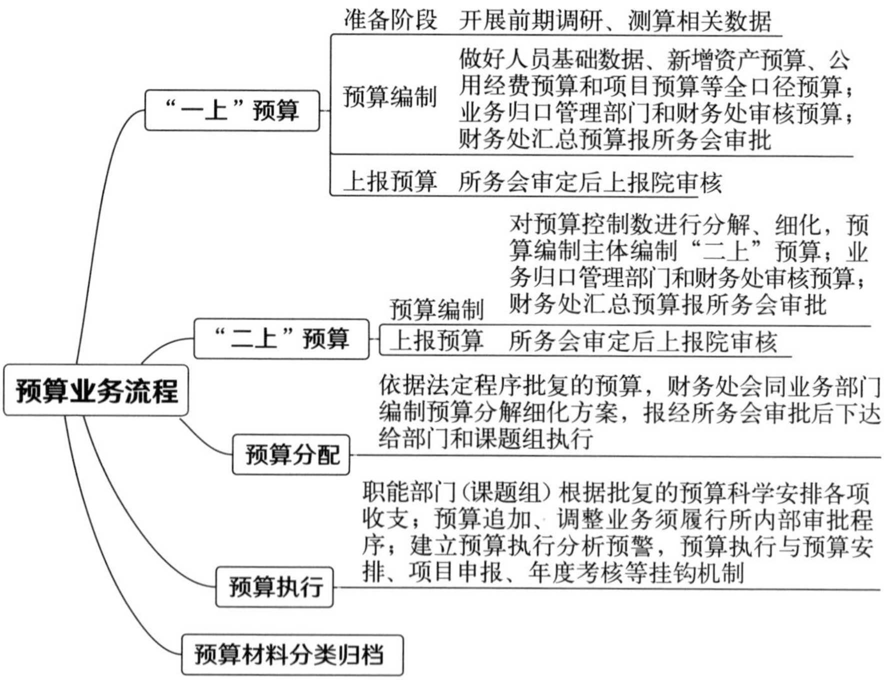

一、预算组织工作

橡胶所下设 10 个科研部门和 6 个管理机构，预算编制工作是由财务处牵头组织，办公室、科技处、条件保障处、产业发展部及各课题组协助完成。

(1) 财务处：牵头组织橡胶所预算编制工作，并将橡胶所各部门、课题组编制的预算按照上级部门的要求汇总上报。

(2) 办公室：主要负责橡胶所基本支出中人员经费、人才培养以及住房改革支出预算编制；基本支出中公共日常公用经费；汇总科研机构改革专项预算；汇总编制接待费、车辆使用支出预算；归口审核会议费、培训费预算；编制本部门日常运行经费预算等。

(3) 科技处：负责组织、审核、汇总各部门（课题组）编制的年度科研项目经费预算；审核因公出国（境）费预算；协助平台负责人做好各平台经费预算；编制本部门日常运行经费预算等。

(4) 条件保障处：主要负责组织基本建设项目，改善科研条件专项，所内大型维修改造、基地维修改造项目等预算编制工作；审核汇总政府采购预算；审核汇总新增资产配置预算；编制本部门日常运行经费预算等。

(5) 产业发展部：主要负责组织成果转化类项目、科技推广与服务项目、自有资金开发项目及科研基地使用管理预算编制工作；编制本部门和科技服务中心日常运行经费预算。

(6) 各课题组：在业务归口管理部门的指导下做好课题组年度科研项目预算、科研平台经费预算等。

二、预算编制内容

包括收入预算、支出预算、政府采购预算、住房改革支出预算、资产配置预算、“三公经费”预算等。

三、预算编制要求

为了提高预算的科学性，各部门、课题组要在每年预算编制前做好项目库建设工作，包括项目立项依据及主要内容、实施方案及可行性的编制、项目支出计划、项目绩效和预算审核等。橡胶所年度预算需经所务会审定后上报。

(1)“一上”预算要求：在编制“一上”预算时，根据橡胶所年度重点工作安排和长远发展目标，做好部门中期财政规划；根据中期财政规划的编制要求提前做好项目研究内容的申报及项目资金预算工作，加强项目库建设，做实做细项目库，充分利用好农业建设项目管理平台；核实人员、资产情况，做好基础数据、各类项目、新增资产、政府采购等预算编制工作。

(2)“二上”预算要求：在“一上”预算的基础上，根据“一下”控制数，结合橡胶所重点工作，合理调整、确定“二上”预算资金安排；根据预算资金安排做好各项收支预算，政府采购预算，完善经济分类的编制工作，提高预算的科学性和可操作性。

四、预算分配

依据法定程序批复的预算，财务处会同业务部门分解细化预算，并形成预算细化方案报经所务会集体审议后下达给部门和课题组执行。为提早做好预算执行工作，单位预算细化方案应于每年 1 月前完成，其中：科研项目预算细化由科技处负责，条件建设项目预算细化由条件保障处负责。

五、预算执行

1. 预算执行进度内部公开

为做好单位预算执行工作，橡胶所建立了科学、有序的预算执行通报机制，构建了科研财务管理信息系统（以下简称为“NC 系统”），预算执行主体可通过 NC 系统实现实时获取经费收支信息，同时财务部门每月初公开全口径预算执行情况。

2. 财政拨款预算执行进度填报

橡胶所 2022 年财政拨款预算执行进度填报流程：零余额账户对账后→登录“农业农村部预算执行管理系统”→根据授权支付额度对账单和财务账，填报累计支出数并上报系统。

注意事项：财政授权支付额度对账单不能反映直接支付的支出，在上报农业农村部预算执行管理系统时还需加上直接支付累计支出数。

3. 财政拨款专项预算执行进度填报

（1）依据每月上报院级管理部门的部门支出预算执行情况表相关项目支出金额填报，且填报金额必须保持一致。

（2）填报项目内容：包括“非营利性启动费”“基本科研业务费”和“现代农业产业技术体系建设专项”项目，其中现代农业产业技术体系建设专项由课题组自行填报。

（3）填报时间：8 月、11 月、12 月、次年 1 月的 1—5 日，分别填报 7 月底、10 月底、11 月底、12 月底的预算执行情况。

4. 预算执行分析

财务处做好预算执行的跟踪、汇总分析工作，并于每月上旬向职能部门、课题组通报预算执行情况；在所预算执行领导小组指导下牵头组织召开预算执行分析会议，抓好关键节点预算执行工作，与相关职能部门共同研究解决预算执行中存在的问题，提出改进措施，提高预算执行的有效性。

六、年中申请追加经费预算

由职能部门（课题组）提出书面申请，详细说明追加原因，经费使用方案、经费使用绩效等。财务处和归口管理部门对职能部门（课题组）提交的预算调整申请进行审核，审核后提交所务会审批，下达部门（课题组）执行。

注意事项：对账会计不仅要核对银行对账单的账户余额和单位账面余额，还需要核对每一笔收支明细是否相符。

第二章　部门决算与政府财务报告

第一节　部门决算

一、部门决算概述及相关规定

（一）部门决算概述

部门决算，是由各部门依据国家有关法律法规及其履行职能情况编制，反映部门所有收入和支出等情况的综合性年度报告，是对部门预算执行进行监督管理以及编制后续年度部门预算的参考和依据。

部门决算报告是行政事业单位在年度终了，根据财政部门决算编审要求，在日常会计核算的基础上编制的、综合反映本单位预算执行结果和财务状况的总结性文件。决算报告主要以收付实现制为基础编制，综合反映事业单位年度预算收支执行结果等信息。决算报告由决算报表和决算分析两部分组成。决算报表主要包括收入支出表、财政拨款收入支出表等。决算分析的内容主要包括收支预算执行分析、资金使用效益分析和机构人员情况等。

会计数据是决算的依据，决算是会计数据的搬运工。决算报表的编制虽然发生在岁末年终，决算编制的好坏是一整年会计基础工作的体现，单位提高决算报表的编报质量，首先必须处理好平时的会计事项，会计基础核算是部门决算报表的重中之重，认真完成每一笔会计核算，在保证会计核算的规范和准确的前提下，才能提高决算编报质量。同时，自 2019 年起执行的政府会计准则制度，以及自 2020 年 10 月 1 日起施行的《预算法实施条例》，对财务人员提出了更高的要求，按照规定严格预算执行，强化财务管理，规范会计核算，才能确保年度部门决算直观、规范反映预算执行结果。

2022 年 1 月，财政部公布《事业单位财务规则》（财政部令第 108 号，以下简称《规则》）。《规则》对原《事业单位财务规则》（财政部令第 68 号，以下简称 68 号令）进行了修订，新增了财务报告、决算报告的定义及构成等条款。

（二）部门决算管理相关规定

1.《预算法》关于部门决算全过程管理的规定

（1）决算公开要求

对于决算公开，《预算法》第二十四条要求：

经本级政府财政部门批复的部门预算、决算及报表，应当在批复后二十日内由各部门向社会公开，并对部门预算、决算中机关运行经费的安排、使用情况等重要事项作出说明。

（2）决算编制对象

关于决算编制对象，《预算法》第二十六条规定：

各部门编制本部门预算、决算草案；各单位编制本单位预算、决算草案。

（3）决算编制要求

关于决算编制的草案及执行，《预算法》第七十四条、第七十五条和第八十三条要求：

决算草案由各级政府、各部门、各单位，在每一预算年度终了后按照国务院规定的时间编制。编制决算草案的具体事项，由国务院财政部门部署。

编制决算草案，必须符合法律、行政法规，做到收支真实、数额准确、内容完整、报送及时。

各级政府财政部门、各部门、各单位在每一预算年度终了时，应当清理核实全年预算收入、支出数据和往来款项，做好决算数据对账工作。决算各项数据应当以经核实的各级政府、各部门、各单位会计数据为准，不得以估计数据替代，不得弄虚作假。

（4）决算审核汇总上报要求

关于《预算法》第七十六条要求：

各部门对所属各单位的决算草案，应当审核并汇总编制本部门的决算草案，在规定的期限内报本级政府财政部门审核。各级政府财政部门对本级各部门决算草案审核后发现有不符合法律、行政法规规定的，有权予以纠正。

（5）决算批复要求

关于《预算法》第八十条要求：

各级决算经批准后，财政部门应当在二十日内向本级各部门批复决算。各部门应当在接到本级政府财政部门批复的本部门决算后十五日内向所属单位批复决算。

2.《政府会计准则—基本准则》关于部门决算编制要求

《政府会计准则—基本准则》第四十八条要求：

政府决算报告是综合反映政府会计主体年度预算收支执行结果的文件。政府决算报告应当包括决算报表和其他应当在决算报告中反映的相关信息和资料。政府决算报告的具体内容及编制要求等，由财政部另行规定。

《政府会计准则-基本准则》第五十六条要求：

政府决算报告的编制主要以收付实现制为基础，以预算会计核算生成的数据为准。

3.《部门决算管理制度》对决算全过程管理的规定

《部门决算管理制度》共13章58条，对部门决算编制、审核、汇总、报送、批复、公开等具体管理事项作出明确规定。

二、部门决算报告编制

（一）部门决算报告构成

部门决算由部门本级决算及所属单位决算组成。编报体系包含基础数据表、填报说明、分析评价表、分析报告。

基础数据表：反映部门（单位）收支预算执行结果、资产负债、人员机构、资产配置使用以及事业发展成效等信息。

填报说明：对基础数据表编报相关情况的说明，包括部门（单位）基本情况、数据审核情况、年度主要收支指标增减变动情况以及重大事项或特殊事项影响决算数据的情况说明等。

分析评价表：通过设定的表样和自动提数功能，对决算主要指标进行分析比较，揭示部门（单位）在预算编制、预算执行、会计核算和财务管理等方面的情况和问题。包括分析表和量化评价表两个部分。

分析报告：根据分析评价表中反映的问题和收支增减变动情况进行分析，重点分析部门（单位）预算执行情况、资金使用情况、财务状况以及部门（单位）主要业务和财务工作开展情况等。

部门决算基础数据表（主表）

- Z01收入支出决算总表(财决01表)
  - Z01_1财政拨款收入支出决算总表(财决01-1表)
- Z02收入支出决算表(财决02表)
- Z03收入决算表(财决03表)
- Z04支出决算表(财决04表)
- Z05支出决算明细表(财决05表)
  - Z05_1基本支出决算明细表(财决05-1表)
  - Z05_2项目支出决算明细表(财决05-2表)
  - Z05_3经营支出决算明细表(财决05-3表)
- Z06项目收入支出决算表(财决06表)
- Z07一般公共预算财政拨款收入支出决算表(财决07表)
- Z08一般公共预算财政拨款支出决算明细表(财决08表)
  - Z08_1一般公共预算财政拨款基本支出决算明细表(财决08-1)
  - Z08_2一般公共预算财政拨款项目支出决算明细表(财决08-2)
- Z09政府性基金预算财政拨款收入支出决算表(财决09表)
- Z10政府性基金预算财政拨款支出决算明细表(财决10表)
  - Z10_1政府性基金预算财政拨款基本支出决算明细表(财决10-1)
  - Z10_2政府性基金预算财政拨款项目支出决算明细表(财决10-2)
- Z11国有资本经营预算财政拨款收入支出决算表(财决11表)
- Z12国有资本经营预算财政拨款支出决算明细表(财决12表)

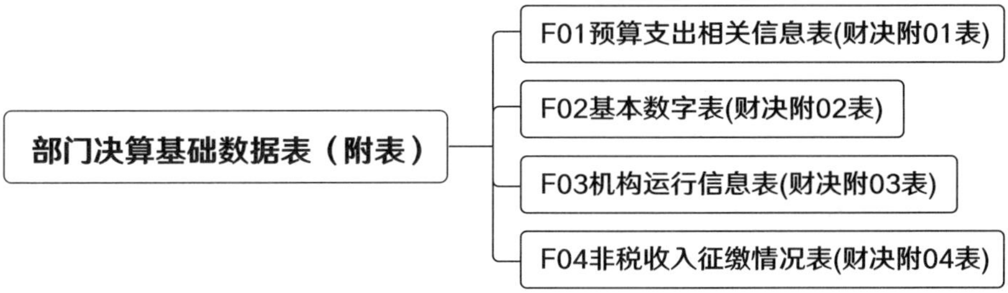

（二）部门决算编制要点

1. 编制前准备

一是要明确思路。部门决算编制要以收付实现制为核算基础的预算会计数据为基准。

二是理清账务。数据质量的高低决定了会计信息的价值，决算前要注意核对国库集中支付的数据，做到账实相符、账表一致、表表一致，确保收支真实、数额准确、内容完整。要全面清理核实全年预算收入、支出数、往来款项和资产负债，及时清理往来款项，认真完成转拨经费对账、各类明细账目核对、各课题收支核对、收入和支出结转、年度对账以及年终结账等相关工作，做到决算各项数据以经核实的会计数据为准，夯实决算编制基础。

三是工作布置。决算工作离不开各职能部门积极配合，编制前应提早请资产部门提供固定资产相关数据，科技部门、办公室等业务归口管理部门提供科研项目、“三公”经费、人员变动以及单位取得的成效等信息。只有在各部门通力合作下，才能更加及时高效完成决算工作，提高决算编报效率和质量。

2. 编制注意事项

（1）明确决算编制的相关变化

一是政策的变化。在认真把握相关制度的基础上，特别需要关注决算年度颁布的新政策，对会计核算进行准确把握。2019 年，财政部颁布了《政府会计准则制度解释第 1 号》（财会〔2019〕13 号）“对于非财政资金纳入本年度部门预算管理的暂付款项，单位在支付款项时可不做预算会计处理，但在年末结账前，对于尚未结算或报销的暂付款项，应当按照暂付金额借记相关预算支出科目。财政资金应该执行比非财政资金更严格的管理，年底更应该把暂付款记支出。”较往年的核算口径变化较大。填报说明附表中的财政拨款结转和结余情况表扣除项目中的预付款和存货原则上不应填数。

二是报表设计的变化。包括格式的变化和内容的变化。例如：2020 年决算报表统筹了决算报告和财务报告反映内容，删除了 1 张填报说明附表即“资产负债表”。同时，按照政府会计准则制度并参照年度预算报表修改了决算报表相关指标名称。对原填报说明附表“其他收入明细表”也进行了补充完善预算所需指标。2021 年决算修改预算支出相关信息表部分栏目与会计制度科目的对应关系。预算支出相关信息表（财决附 01 表）增加“固定资产”有关栏。

三是会计处理对于不纳入部门预算管理的暂收暂付款项（如应上缴、应转拨或应退回的资金），单位应当按照《政府会计制度》规定，仅作财务会计处理，不做预算会计处理。收支报表均不包括未纳入部门预算管理的暂收暂付资金、偿还性资金。

（2）关注报表数据的关联

关注不同报表之间的衔接关系，注意数字的一致性。报表数据关联关系审核需要决算编报人员熟练掌握决算软件，了解决算软件的操作及功能，报表间的勾稽关系，否则修改数据时，可能导致同一项目数据在不同报表，如主表和附表中出现不一致，这种情况在审核修改的时候较为常见，只修改了单张报表，未注意数据之间的勾稽关系及报表的关联性。虽然决算软件系统已经在报表数据的衔接上做了相关优化，但还是存在个别数据需要手工在多张表中修改。

（3）利用系统审核工具

编制完决算报表后需经逐级把关，层层负责，利用审核工具，可以促进单位提高报表编制质量。审核方式可以采用人工审核和计算机审核相结合，重点关注决算的规范性和完整性，确保数据的真实、完整。优先运用系统自带的审核工具进行初审，审核是否有漏填、基本平衡公式是否平衡，根据系统审核结果及时完善决算数据。对核实性错误，核实无误后需要编写相关说明，且应认真编写，切勿以“核实无误”“情况属实”“没有错误”等应付。

（4）关注科目使用的规范性

工资福利支出：“其他工资福利支出”应列支各种加班工资、病假两个月以上期间的人员工资，职工探亲旅费，编制外长期聘用人员劳务报酬及社保缴费，不包含劳务派遣人员劳务报酬及社保缴费、临时工劳务费，高温补贴等。劳务派遣人员劳务报酬及社保缴费、临时工劳务费应当在“劳务费”科目列支。高温补贴应当在“津贴补贴”科目列支。购房补贴应当在“工资福利支出——津贴补贴”科目中开支。奖金反映的是机关工作人员年终一次性奖金，如笔者所在单位在事业单位实行绩效工资改革以后，已经不能使用奖金这个科目核算。柔性引进的外聘专家安家费通过劳务费核算。本单位在职在编高层次人才的安家费应列支在人员经费绩效工资。

商品和服务支出：“其他商品和服务支出”科目中列支不规范的问题主要包含：在其他商品和服务支出核算大型修缮支出、残疾人就业保障金、复印纸、体检费等。大型修缮支出应计入资本性支出科目；残疾人就业保障金应计入其他社会保障缴费科目；复印纸应计入办公费科目；体检费应计入工资福利支出下的医疗费科目。

如果单位未能根据经济业务事项正确使用经济分类科目，可能造成“其他商品和服务支出”科目虚增，导致超过整个支出总数的30%。一般情况下，各类支出下其他款占本类支出小计大于30%的，审核时均需要予以说明。

其他资本性支出：摩托车、电动车和观光电瓶车列为其他资本性支出，不能在公务车购置列支或其他交通工具中列支。拖拉机应列支在“专用设备购置”。

（5）关注项目开支内容的合理性

关于项目开支内容的合理性，我们以橡胶所为例进行说明。橡胶所承担的项目较多，且经费使用年限跨度较大，在做项目结题决算时，有时发现个别项目开支错误或是串项，需要进行账务调整，由于往年账簿均已经结账，导致财务人员非常被动，所以在决算编制前必须检查项目各项支出是否规范合理，特别是在预算编报环节，已明确不能开支的内容，如办公费、办公设备购置费、公车运行费及人员经费等支出，在日常报账过程中要做好预算控制，确保项目各项支出与预算一致。

（6）其他

国有资产处置收入上缴不及时；三公经费中的招待费超出规定标准；公务用车运行维护费运行成本偏高；项目代码和项目名称等与部门预算信息不一致等问题。

（7）关于决算附表的编写

对于一些附表，可以在日常工作中做好日常数据登记，避免年末决算时耗费大量时间查找数据。例如：书刊出版合同履约情况表需要填写合同日期、约定的交稿日期、出版日期等需要翻阅合同内容的表格，建议日常核算时同步做好登记工作。

（三）决算填报说明和分析报告

填报说明和分析报告是财务决算的重要组成部分，它是决算报表的文字说明。

1. 编写方法

审核时应当关注填报说明和分析报告是否按照下发的模板进行编写，确保说明中的相关数据与决算报表数据保持一致，例如，审核时经常发现说明内容与报表情况不相符，编报人员修改了报表数据，但未及时更新说明中的相关数据。在编写数据分析时，可通过决算软件自带的“量化评价表”进行分析，如查看“三公”经费人均支出水平是否合理，各项支出中的“其他”部分是否超过30%等。

2. 加强分析

一是加强预决算差异分析。加强预决算差异分析，特别是非财政拨款预决算差异分析。二是加强结转结余分析。加强结转结余分析，特别是财政拨款结转结余分析，针对问题提出改进措施。三是加强经济分类科目分析，特别是要重点关注“三公”经费、会议费、培训费、委托业务费等支出，分析存在的问题，提出改进措施。

3. 分析利用

通过对决算数据横向、纵向对比分析，深入挖掘数据价值，发挥决算在财政财务管理中作用。针对单位预算、财务管理等方面存在的突出问题和薄弱环节，深入分析原因，规范管理，破解管理难题。强化决算分析评价结果的应用，深入挖掘数据价值，充分发挥决算服务决策、促进管理的职能作用。

（四）决算编制完成后会计差错处理方法

根据《政府会计准则第 7 号—会计调整》第四章《会计差错更正》：“重大会计差错调整期初，非重大会计差错调整本期，经上述调整后，视同该差错在差错发生的期间已经得到更正。”单位报出年度决算后，因接受主管部门、财政部、审计署等审核审计发现需调整决算的，原则上应于财政部组织的部门决算集中会审结束前，调整报出年度决算报表数据；其中涉及会计处理的，应当按照政府会计准则制度规定进行账务处理，相应调整单位下一年度会计账簿的预算结转结余和其他相关项目的期初数，涉及的其他有关会计核算资料一并调整，并做详细备注说明。支出经济分类科目等无期初数的，不作调整；报出年度会计账簿相关数据不做调整。

三、部门决算公开

（一）公开要求

按照深化预算管理制度改革的有关要求，进一步加强和推进部门决算公开工作，全面实施各单位部门决算面向社会公开，确保公开的决算找得到、看得懂、能监督，提高各单位部门决算的透明度，促进透明、廉洁单位建设。各单位要切实履行本单位部门决算公开的主体责任，组织做好本单位部门决算公开工作，确保部门决算公开真实、准确、完整、及时，同时要做好公开后的说明解释工作。

（二）公开内容

在进行决算公开时，应当按照上级单位的要求公开收入支出决算总表、收入决算表、支出决算表等表格，同时应当注意说明收支与上年决算数的对比、财政拨款支出与年初预算数对比，对增减变化原因进行说明。涉及“三公”经费支出、政府采购支出等重点情况应予以说明，对专业性较强的名词进行解释。据悉今后也将逐步推进单位公开国有资产占用、预算绩效管理等情况，并选择部分项目绩效管理有关情况进行公开。

（三）舆情监测和应对

在进行决算公开时，应认真负责地制定决算公开具体工作方案、编制公开表和文字说明报单位主要负责人审定。按照“谁公开、谁解读”的原则，事先研判决算公开可能出现的热点问题并做好应对准备。决算公开过程中，要主动跟踪舆情动态，及时解释疑惑，妥善回应社会关切。

四、决算编制实操演示

（一）核对财务会计与预算会计账务

1. 核对财务会计

橡胶所 2022 年财务会计核对流程：核对财务会计—零余额用款额度与预算会计—资金结存—零余额用款额度，流程如下图所示。

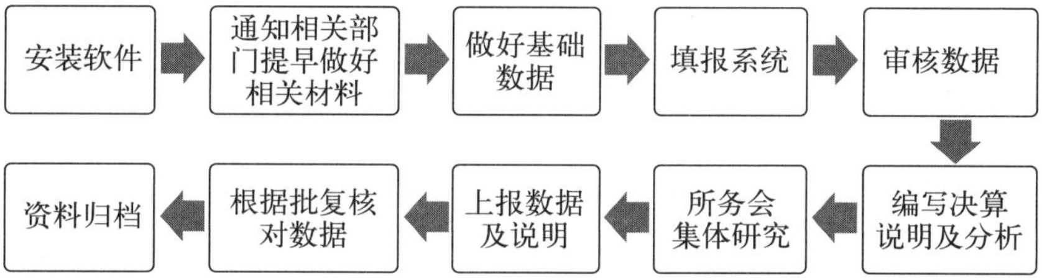

（1）基本支出，一般情况下，若纳入当年的预算支出与零余额均全部使用完毕，对应的以上两个银行科目不应出现差额，若出现差额应查询原因，并做相应的账务处理。

（2）项目支出，根据《政府会计准则制度解释第 1 号》（财会〔2019〕13 号），年底所有纳入本年度部门预算管理的财政拨款项目支出，应该与零余额支出一致，不存在未冲账的借款。年终需要将暂付款即个人借款部分按照支出内容提前列入预算支出，单位应当定期清理往来，通知相关经办人员办理借款冲账。

2. 核对预算支出与费用科目

（1）财政拨款

① 工资福利费用与对个人家庭补助：检查财务会计的工资福利费用、对个人家庭补助是否与预算会计的人员经费金额相等，若不相等，检查是否为商品和服务费用与之串项。

② 商品和服务费用：可检查财务会计的商品和服务费用是否等于预算会计支出减去资本性支出部分（除基建以及修缮类改善科研条件专项之外）。若

不相等，核实是否存在借方未列增固定资产或是无形资产、是否存在未生成预算会计的支出、是否存在预算会计与财务会计辅助核算项目名称不一致的情况。

③ 基建项目以及修缮类改善科研条件专项，不包含设备类改善科研条件专项，此类项目一般竣工决算后整体列增固定资产，发生时均应在资本性支出列支。如若出现差额，一是核实经济分类科目，如同一个项目的支出列支在不同的经济分类科目，有计入大型修缮、有的计入基础设施建设，或是错放至非基本建设的资本性支出科目。二是核实基建项目是否存在预付款项，该部分已做预算会计支出，也是差额产生的原因。

（2）非财政拨款

检查财务会计的商品和服务费用是否与预算会计剔除资本性支出后的金额相等。

如若出现差额，可能存在未生成预算会计支出、预算会计与财务会计辅助核算项目名称不一致。同时，重点查看税金及附加，是否存在费用类与支出类科目差额。

（3）其他资金

同非财政拨款的核对方法，注意由于增值税的费用入账时直接从财务会计的合同预收款中扣除，故费用与支出的差额一般为增值税的税金差额部分。

另外库存物品入库时先做了预算会计，故每月可能出现暂时性差异，年末出库后，无此差额。

财务会计收入类与预算会计收入类差额一般为收入核算时未生成预算会计收入。

（二）核对资产账

1. 固定资产分类串项，比较常见的错误是将专用设备错放至通用设备。

2. 资产账面金额与资产系统金额不相等：职工刷公务卡的金额小于发票金额，资产管理员按照发票金额入账，会计在出账时按照实际的刷卡金额确认固定资产账面金额，未及时与资产管理员联系进行修改。

3. 在建工程转固：根据《关于加快做好行政事业单位长期已使用在建工程转固工作的通知》（财建〔2019〕1号）要求，已交付使用但尚未办理竣工决算手续的固定资产，应当按照估计价值入账，待办理竣工决算后再按实际成本调整原来的暂估价值。2020年，根据《财政部关于加强行政事业单位固定资产管理的通知》（财资〔2020〕97号）要求：对已投入使用但尚未办理竣工决算的在建工程，应当按规定及时转入固定资产。

（三）实际操作流程要点

1. 提早布置，做好数据核对和银行对账工作，同时通知相关部门提供相关材料。

2. 按照决算通知及要求，安装软件，提取上年数据，将年初数及封面数据提取到当年报表中。

3. 财务处根据预算会计数据做好基础底稿，填报到系统中，审核数据，编写决算说明。

第二节　政府财务报告

一、政府部门财务报告概述及相关规定

（一）政府部门财务报告概述

新政府会计报告架构为包含了政府财务报告和决算报告的“双报告”，两者分别取数于财务会计和预算会计，既适度分离又相互衔接。

政府部门财务报告是以权责发生制为基础，反映政府部门或单位的财务状况和运行情况的信息。财务状况主要指部门或单位的资产、负债和净资产的状况，即当期的存量信息。收入、费用和本期盈余运行情况指的是部门或单位的，即当期的流量信息。

（二）政府财务报告相关规定

2014 年国务院发布了《权责发生制政府综合财务报告制度改革方案》，为政府会计改革的纲领性文件。

2015 年财政部发布了《政府财务报告编制办法（试行）》《政府综合财务报告编制操作指南（试行）》及《政府部门财务报告编制操作指南（试行）》三项制度。

2016 年财政部印发《关于开展 2016 年度政府财务报告编制试点工作的通知》，正式启动政府部门财务报告编制工作，随后试点范围不断扩大。

2017 年财政部发布了 2019 年 1 月 1 日起施行的《政府会计制度——行政事业单位会计科目和报表》。该制度构建了“双功能、双基础、双报告”的会计核算模式，明确了政府部门财务报告编制核算基础。

2018 年财政部修订印发《政府综合财务报告编制操作指南（试行）》《政府部门财务报告编制操作指南（试行）》。

2019 年财政部修订印发的《政府财务报告编制办法（试行）》和《政府综合财务报告编制操作指南（试行）》《政府部门财务报告编制操作指南（试行）》三项制度。修订后，部门财务报告编制范围、编制步骤、编制内容、抵销规则均发生了较大变化。

2021 年财政部办公厅印发了《关于进一步明确政府部门财务报告编制合并范围的通知》（以下简称《通知》），通知中明确了关于地方法人事业单位所

属关系确认及编报范围的规定，地方法人事业单位本身不作为独立单位单独反映，其财务信息并入举办单位汇总编制。举办单位须在每年编制财务报告前对地方法人事业单位开展专项审计，依据审计报告编制财务报告，由举办单位汇总编制部门财务报告，举办单位对财报信息的真实性、完整性及合规性负责。

二、政府部门财务报告的编制

（一）政府部门财务报告构成

政府部门财务报告主要反映政府部门的财务状况、运行情况等信息，具体包括财务报表和财务分析。财务报表包括会计报表和报表附注。

1. 会计报表包括资产负债表和收入费用表

一是资产负债表。反映政府部门年末财务状况。资产负债表应当按照资产、负债和净资产分类分项列示。二是收入费用表。反映政府部门年度运行情况。收入费用表应当按照收入、费用和盈余分类分项列示。

2. 报表附注

重点对会计报表做进一步解释说明。

政府部门财务分析主要包括财务状况分析、运行情况分析、相关指标变化情况及趋势分析，以及政府部门财务管理方面采取的主要措施和取得成效等。

（二）政府部门财务报告编制要点

1. 编制前准备

编制政府部门财务报告，编报工作量大、关注点多、难度系数高，财务人员需要提前把编制政府部门财务报告的准备工作做好。一是强化基础工作，确保部门财务报告的内容真实性、数据准确性、范围完整性、格式规范性。二是严格执行政府会计准则制度，详细记录财务数据清理往来事项，做好内部对账核实资产信息。三是扎实做好文物文化资产、公共基础设施等重要资产的会计核算管理工作。四是全面清理往来事项，及时处置财务挂账，防范财务风险。五是健全内部控制机制，按规定定期清查资产负债，未入账的资产负债要及时确认入账，已投入使用的在建工程要及时转固，切实做到账实相符、账证相符、账账相符、账表相符。

2. 编制注意事项

（1）资产负债表

① 关注数据平衡。资产负债表各项目金额＝附注中对应项目明细表的合计数（投资收益除外）。

长期投资及投资收益明细表，在建工程明细表，固定资产明细表、无形资产明细表、公共基础设施明细表、政府储备物资明细表和保障性住房明细表的

原值及累计折旧数据，应符合年初数＋本年增加—本年减少＝年末数

资产负债表中固定资产累计折旧和无形资产累计摊销的年末数，通常应大于等于收入费用表中的本年折旧费用和摊销费用，应在计提折旧（摊销）时分期确认费用，按照政府会计制度规定，按月计提固定资产折旧，按月对无形资产进行摊销。注意区分折旧年限与已使用年限。补提以前年度折旧、摊销费用，应冲减累计盈余，当年应计提的折旧、摊销费用，应反映在收入费用表的折旧费用和摊销费用项目。

② 保证数据有序有效对接。关注财务报表数据与行政事业性资产报表数据对接。本部门（单位）财务报告中资产相关数据与本部门行政事业性单位国有资产报告中相应数据是否一致。从单位看，两类报表中资产负债数据应保持一致。如不一致，说明单位未做到账实相符。建议在编报前开展资产清查，实物和账务核对等工作，保证账实相符。保证资产分类、固定资产分类明细、累计折旧明细、无形资产分类明细和累计摊销与资产报告一致。

③ 关注单位性质与相关科目的填列是否合理。执行民间非营利组织会计制度的单位，不应填列资产负债表中的财政应返还额度、应收利息、应收股利、政府储备物资、公共基础设施原值（累计折旧、净值）、保障性住房原值（累计折旧、净值）、工程物资、研发支出、长期待摊费用、其他非流动资产、应缴财政款、应付利息、应付政府补贴款、权益法调整项目。

执行企业会计制度的事业单位，不应填列资产负债表中的财政应返还额度、待摊费用、公共基础设施原值（累计折旧、净值）、政府储备物资、文物文化资产、保障性住房原值（累计折旧、净值）、受托代理资产、应付政府补贴款、受托代理负债、专用基金、权益法调整项目。

单位性质为行政单位，不应填列短期投资、应收票据、应收股利、长期股权投资、长期债券投资、短期借款、应付利息、预收账款、长期借款、专用基金、权益法调整等事业单位专用的会计科目。

（2）收入费用表

① 关注数据的平衡。收入费用表中各项目金额＝附注中对应项目明细表的合计数（投资收益除外）

收入费用表中的投资收益年末数金额，应大于或等于长期投资及投资收益明细表中的投资收益合计数。如果小于，应填写说明。

② 保证数据有序有效对接。收入费用表（1）和收入费用表（2）中的财政拨款收入、事业收入、上级补助收入、附属单位上缴收入、经营收入、非同级财政拨款收入、投资收益、捐赠收入、利息收入、租金收入、其他收入、收入合计、资产处置费用、上缴上级费用、对附属单位补助费用、所得税费用、费用合计、本年盈余金额应当一致。

收入费用表（2）中的工资和福利费用、商品和服务费用、对个人和家庭的补助费用、固定资产折旧费用、无形资产摊销费用应等于业务活动费用明细表、单位管理费用明细表、经营费用明细表对应项目的金额合计。

收入费用表（2）中的对企业补助费用、公共基础设施折旧（摊销）费用、保障性住房折旧费用、计提专用基金金额应等于业务活动费用明细表对应项目的金额。

收入费用表中财政拨款收入与部门决算收入支出决算总表的相应收入数据是否一致，如不一致需说明原因。

收入费用表中的非同级财政拨款收入、利息收入、其他收入的合计金额应当与决算报表的其他收入合计金额一致。

其他收入中的“本部门以外的同级政府单位”应与决算报表中的“其他收入”里的“本级横向拨款”一致。

一般来说，非同级财政拨款收入应与决算报表中其他收入—非同级财政拨款收入—非本级财政拨款的金额一致。

③ 关注单位性质与相关科目的填列是否合理。执行民间非营利组织会计制度的单位不应填列收入费用表中上级补助收入、附属单位上缴收入、租金收入、经营费用、上缴上级费用、对附属单位补助费用、所得税费用、公共基础设施折旧（摊销）、保障性住房折旧费、计提专用基金等报表项目。

执行企业会计制度的事业单位不应填列收入费用表中事业收入、上级补助收入、附属单位上缴收入、业务活动费用、上缴上级费用、对附属单位补助费用、对企业补助费用、公共基础设施折旧（摊销）费用、保障性住房折旧费用、计提专用基金等报表项目。

（3）抵销事项

一般来说，财务报告的抵销事项有两类：一类是部门之间的债权债务事项，一类是部门之间的收入费用事项。

① 抵销原则。修订后的《政府部门财务报告编制操作指南（试行）》规定“对于单位和单位之间的债权债务事项，年末余额不超过 10 万元的，可以不进行抵销。对于单位和单位之间收入费用事项，本年累计发生额不超过 10 万元的，可以不进行抵销。具备条件的须应抵尽抵，不受阈值限制。”即根据重要性原则，部门内部超过 10 万元应抵销的事项，应当抵销完整，无法抵销的事项应说明原因。原则上应抵尽抵，不受门槛限制。

② 对账抵销方法：

a. 加强往来账的对账工作。正确运用抵销规则，对金额高于抵销阈值 10 万元的内部交易事项，加强对账，重点抵销；对 10 万元以下且可确认一致的内部交易事项，原则上应抵尽抵，不受抵销阈值限制。注意对本部门内部涉及抵销的事项，要尽量查清原因，争取应抵尽抵。一般在会计核算时可采用以下方法：

b. 会计科目设置。能否准确、快速地完成抵销工作，取决于单位日常账务处理是否规范。单位可以在收入类，费用类以及债权债务科目中按照交易对象进行明细核算，便于年终进行抵销。同时，政府财务报告系统里也内置了中央部门所属单位信息，便于查询。

c. 掌握对账可能出现的情形：

信息不对称。对于需要抵销的经济业务，最常出现的问题是“单边记账”，一方漏记或错记，各单位在整理数据时，应避免出现核算时名称不规范、录入错误等原因，造成按类区分难度较大。一般这种情况在核实后进行抵销，常见单位名称双方单位存在未挂或者漏挂。

抵销涉及增值税的处理。编报政府财务报告时要考虑增值税的影响，不同单位核算收入和成本含税存在差异，应按扣除增值税后的金额抵销，费用方填明细表时按扣税后的金额填。

不抵销的内部业务或事项。一是科学事业单位属于留单位核算的科研项目合同款，付款时计入费用或资产、收款时计入预收账款，每年按照项目进度确认合同收入，该项目暂无法抵销。二是基本建设项目费用，受托单位确认收入，而委托单位计入“在建工程”科目，待项目投入使用后转增固定资产，再计提固定资产折旧费用，该项目暂无法抵销。三是项目来源多样，入账科目不一致。同一笔资金对有的单位而言是财政资金，对有的单位则是同级财政、非同级财政、其他资金等，一般出现这种情况，该项目暂无法抵销。

（4）附注及财务分析

部门财务报告中的财务分析，应当基于财务报表所反映的信息，结合部门决算报告和行政事业性国有资产报告中财务、资产有关数据，紧密围绕单位职能履行、预算管理、资产负债管理和绩效管理等情况，对主要报表项目构成、上下年变动等进行全面反映，对单位基本情况、资产负债状况、运行情况、财务管理情况等进行具体分析。

要结合本单位业务发展，针对重点报表项目进行分析，深入挖掘数据价值，形成新的分析角度和模式，充分发挥部门财务报告对加强单位财务管理的牵引作用。填报合并部门财务报告的单位可对其编报单位按照事业单位分类改革性质、资金来源等不同维度进行个性化分析。主要关注内容如下：

① 关注完整性及规范性。部门财务报告中的财务分析，要严格按上级部门文件规定的格式编写，结构要完整。应当关注会计报表、报表附注、财务分析等要素是否齐全；报表附注是否包括部门管理的公共基础设施、文物文化资产、保障性住房、自然资源资产等重要资产的种类和实物量等信息。会计报

表、报表附注、分析说明的格式等是否符合政府部门财务报告编制制度规定。

② 关注政府部门财务分析是否全面、深入。是否包括部门工作目标完成情况、财务状况分析、运行情况分析和部门财务管理情况。财务报告包含的分析指标是否完整，是否按照政府部门财务报告编制操作指南要求做了分析。财务分析可采用比率分析法、比较分析法、结构分析法、趋势分析法等分析方法，参考使用资产负债率、现金比率、流动比率等指标，结合单位实际，有针对性地开展财务分析。

③ 注重分析研究。进一步开拓思路，结合本部门履职特点，探索形成新的分析角度和模式，充分挖掘数据价值；通过财务分析，发现问题、剖析原因，找出薄弱环节，更好为领导决策和加强管理提供参考。

④ 关注可用性。单位应当加强财务分析，充分利用财务报告反映的信息，加强对资产状况、债务风险、成本费用、预算执行情况的分析，促进预算管理、资产负债管理和绩效管理有机衔接。

（5）会计核算

① 折旧和摊销：计提以前年度折旧和摊销费用，冲减累计盈余，确认时仍确定为当期费用，年末结转时再通过当期费用冲减累计盈余。当年应计提的折旧、摊销费用，应反映在收入费用表的折旧费用和摊销费用项目。

按照政府会计制度规定，按月计提固定资产折旧，按月对无形资产进行摊销。注意区分折旧年限与已使用年限。

本年新增固定资产、无形资产的费用，应在计提折旧（摊销）时分期确认费用。

② 在建工程。在建工程未及时转固。部分单位在建工程项目已投入使用，由于缺少竣工结算手续而未及时转为固定资产。《关于加快做好行政事业单位长期已使用在建工程转固工作的通知》（财建〔2019〕1号）要求，已交付使用但尚未办理竣工决算手续的固定资产，应当按照估计价值入账，待办理竣工决算后再按实际成本调整原来的暂估价值。根据《财政部关于加强行政事业单位固定资产管理的通知》（财资〔2020〕97号）要求：对已投入使用但尚未办理竣工决算的在建工程，应当按规定及时转入固定资产

③ 长期投资。已经达到控制的投资需要采取权益法核算，真实反映长期股权投资。不应再采用成本法核算。

④ 业务活动费用和单位管理费用的区分。事业单位应该同时使用“业务活动费用”“单位管理费用”科目，各单位要分别从单位活动类型和经济性质分类两个维度核算反映收入费用情况。两者均应包括工资福利支出和折旧费用：业务部门发生的固定资产折旧费用计入“业务活动费用”科目，行政及后

勤管理部门发生的固定资产折旧费用计入“单位管理费用”科目。可按照人员岗位或是行政部门设置对应的常用凭证或凭证生成模版，在平时核算时应按部门分别记账。

（6）审核质量要求

2019 年 12 月财政部发布的《政府财务报告编制办法（试行）》（以下简称《办法》）第三十一条规定，“政府财务报告数据质量审核重点是报告的真实性、准确性、完整性和规范性，具体包括：真实性：报表数据与会计账簿数据是否相符，是否有漏报、虚报和瞒报等现象；准确性：财务报表表内、表间勾稽关系是否衔接，抵销调整事项是否合理、准确，纸质数据与电子数据是否保持一致；完整性：是否涵盖所有报告主体和事项，报告内容是否完整；规范性：会计报表、报表附注、分析说明的格式等是否符合政府财务报告编制制度规定。”《办法》规定了政府财务报告的编报内容及目标。

同时，根据《审计署办公厅关于印发政府财务报告审计办法（试行）的通知》（审办财发〔2020〕74 号）要求，审计机关将对政府财务报告开展审计，各单位要进一步加大对部门财务报告的审核力度，重点关注资产、负债、收入、费用等情况的真实、合法、效益，确保部门财务报告编制内容经得起检验。政府财务报告要加强审核把关，确保编制质量提高编报质量。在编制政府财报，同样要进行层层审核，加强审核工作，杜绝基础性错误，进一步提高报告编制水平。

审核中常见问题：资产负债表期初、期末数应与资产年报一致；长投明细表应与资产年报中名称、金额、核算方法一致；固定资产明细表、无形资产明细表应与资产年报一致；预收账款明细表应按照实际情况细化填写；事业收入明细表应按照实际情况细化填写；商品和服务费用明细表应按照实际情况细化填写；非同级拨款收入明细表中：政府特贴应填在本表“117109—人力资源和社会保障部留学人员和专家人员服务中心”；本表“110 非同级财政”仅指财政局或财政厅的直接拨款，若不是财政局或财政厅的直接拨款，应填在“104 本部门以外的非同级政府单位”中，决算中的非本级财政拨款填写应注意区分；文字报告，会计报表附注：附注中（7）其他要说明的内容应完善；（8）系统审核提示异常情况原因说明“货币资金占比一般不超过 25%；负债总额较上年增减变动幅度超过 20%；收入总额较上年增减变动幅度超过 20%”应作出说明；（9）系统审核提示异常情况原因说明。

三、政府财报编制实操演示

（一）准备阶段

同决算前准备。

（二）实际操作流程要点

1. 财务报告以权责发生制为基础，主要反映单位的财务状况、运行情况等信息，具体包括财务报表和财务分析。系统地址：政府财务报告管理系统。

2. 内部交易事项对账抵销规则。一是认真做好与部系统内部单位交易事项对账抵销工作。正确运用抵销规则，对金额高于抵销阈值 10 万元的内部交易事项，加强对账，重点抵销；对 10 万元以下且可确认一致的内部交易事项，原则上应抵尽抵，不受抵销阈值限制。二是认真做好与部系统以外单位交易事项对账抵销工作。做好不同类型交易事项信息的采集、分类、整理、对账和提供等工作，为编制中央本级政府综合财务报告提供信息支持。

3. 财务报告数据基础底稿可登录“政府财务报告管理系统”下载“财务报表”及“财务报表附注”，取数时应注意账簿和决算数据的核对，并做到部门财务报告与部门决算报告、行政事业性国有资产报告相关数据衔接一致。核对无误后可填报到系统中，编写决算财务分析报告。

4. 根据《农业农村部计划财务司关于转发（财政部办公厅关于进一步明确政府部门财务报告编制合并范围的通知》的通知）（农计财便函〔2021〕422 号），从编报 2021 年度部门财务报告起，我院共 4 家地方法人事业单位纳入编报范围，包括中国热带农业科学院三亚研究院（院本级）、海南热带农业国际技术转移中心（院本级）、海南天然橡胶与热带林木研究院（橡胶所）及海南热带农业资源研究院（生物所）。

5. 在系统中，增设资产负债表年初数调整表，反映部门（单位）由于会计差错更正、会计政策变更等导致的资产负债表年初数变动。

资产负债表的年初数原则上应与上年的年末数相等。涉及会计差错更正、会计政策变更等调整以前年度盈余事项的，资产负债表年初数按调整后的数据填列。

第三章　收支管理

第一节　收入支出业务

一、收入管理

（一）收入概述

收入是指事业单位为开展业务及其他活动依法取得的非偿还性资金。

（二）收入管理相关规定

1.《事业单位财务规则》（中华人民共和国财政部令第 108 号）

（1）事业单位收入构成

事业单位收入来源包括财政补助收入、事业收入、上级补助收入、附属单位上缴收入、经营收入、其他收入。各项收入具体如下：

① 财政补助收入，即事业单位从本级财政部门取得的各类财政拨款。

② 事业收入，即事业单位开展专业业务活动及其辅助活动取得的收入。其中：按照国家有关规定应当上缴国库或者财政专户的资金，不计入事业收入；从财政专户核拨给事业单位的资金和经核准不上缴国库或者财政专户的资金，计入事业收入。

③ 上级补助收入，即事业单位从主管部门和上级单位取得的非财政补助收入。

④ 附属单位上缴收入，即事业单位附属独立核算单位按照有关规定上缴的收入。

⑤ 经营收入，即事业单位在专业业务活动及其辅助活动之外开展非独立核算经营活动取得的收入。

⑥ 其他收入，即本条上述规定范围以外的各项收入，包括投资收益、利息收入、捐赠收入、非本级财政补助收入、租金收入等。

（2）事业单位收入管理要求

① 事业单位应当将各项收入全部纳入单位预算，统一核算，统一管理，未纳入预算的收入不得安排支出。

② 事业单位对按照规定上缴国库或者财政专户的资金，应当按照国库集中收缴的有关规定及时足额上缴，不得隐瞒、滞留、截留、占用、挪用、拖欠

或坐支。

2.《科学事业单位财务制度》（财教〔2022〕166号）

（1）科学事业单位事业收入构成

科学事业单位事业收入包括科研收入、技术活动收入、学术活动收入、科普活动收入、试制产品活动收入、教学活动收入。各项收入具体如下：

① 科研收入，即科学事业单位开展科研活动及其辅助活动取得的收入。

② 技术活动收入，即科学事业单位对外提供技术咨询、技术服务等活动取得的收入。

③ 学术活动收入，即科学事业单位开展学术交流、学术期刊出版等活动取得的收入。

④ 科普活动收入，即科学事业单位开展科学知识宣传、讲座和科技展览等活动取得的收入。

⑤ 试制产品活动收入，即科学事业单位试制中间试验产品等活动取得的收入。

⑥ 教学活动收入，即科学事业单位开展教学活动取得的收入。

以上各项收入不包括按照部门预算隶属关系从本级政府财政部门取得的财政拨款。

（2）科学事业单位收入管理要求

① 单位组织收入应当遵守国家政策规定，各项收入的来源应当合法。

② 单位应当将各项收入全部纳入单位预算，统一核算，统一管理，未纳入预算的收入不得安排支出。

③ 单位应当执行国家规定的收费范围和标准。调整收费范围和标准，应当按照规定程序报经有关部门批准。

④ 单位应当按照规定使用财政、税务等部门统一印制的票据。

（三）收入管理要点

1. 健全收入管理内控制度

单位应当建立健全收入管理制度，合理设置岗位，明确岗位职责，确保收款、会计核算等不相容岗位互相分离。

2. 收入要实现归口管理

单位的各项收入应全部纳入预算，由财会部门归口管理并进行会计核算，严禁设立“小金库”或账外账。

3. 合理确认收入类型、落实催收责任

为提高收入入账的完整性和及时性，防范财务风险，业务部门在收到财务部门发送的收入进账单后，及时与成果转化部门或科技部门等业务归口管理部门联系，合理确定收入类型，并在规定时限内将收入确认的支撑材料送财务部门入账，确保各项收入应收尽收，及时入账。财务部门协助业务部门定期检查收入金额是否与合同约定相符；对应收未收款项应当查明情况，落实催收责任。

4. 规范现金收款管理

所有现金收入必须在收到款项当天上缴至财务指定账户，不得私自截留、自行处理或贪污挪用，一经发现，将依法严肃处理。

二、支出管理

（一）支出概述

支出是指事业单位开展业务及其他活动发生的资金耗费和损失。

（二）支出管理相关规定

1.《事业单位财务规则》（中华人民共和国财政部令第108号）

（1）事业单位的支出构成

事业单位的支出包括事业支出、经营支出、对附属单位补助支出、上缴上级支出、其他支出。各项支出具体如下：

① 事业支出，即事业单位开展专业业务活动及其辅助活动发生的基本支出和项目支出。基本支出，是指事业单位为保障其单位正常运转、完成日常工作任务所发生的支出，包括人员经费和公用经费；项目支出，是指事业单位为完成其特定的工作任务和事业发展目标所发生的支出。

② 经营支出，即事业单位在专业业务活动及其辅助活动之外开展非独立核算经营活动发生的支出。

③ 对附属单位补助支出，即事业单位用财政补助收入之外的收入对附属单位补助发生的支出。

④ 上缴上级支出，即事业单位按照财政部门和主管部门的规定上缴上级单位的支出。

⑤ 其他支出，即上述规定范围以外的各项支出，包括利息支出、捐赠支出等。

（2）事业单位支出管理要求

事业单位应当将各项支出全部纳入单位预算，实行项目库管理，建立健全支出管理制度。

2.《科学事业单位财务制度》（财教〔2022〕166号）

（1）科学事业单位支出构成

科学事业单位支出包含事业支出、上缴上级支出、对附属单位补助支出、经营支出、其他支出。各项支出如下：

① 事业支出，即科学事业单位开展专业业务活动及其辅助活动发生的基本支出和项目支出。

基本支出是指科学事业单位为保障其单位正常运转、完成日常工作任务所发生的支出，包括人员经费和公用经费。项目支出是指科学事业单位为完成其特定的工作任务和事业发展目标所发生的支出。

② 上缴上级支出，即科学事业单位按照财政部门和主管部门的规定上缴上级单位的支出。

③ 对附属单位补助支出，即科学事业单位用财政补助收入之外的收入对附属单位补助发生的支出。

④ 经营支出，即科学事业单位在专业业务活动及其辅助活动之外开展非独立核算经营活动发生的支出。

⑤ 其他支出，即上述规定范围以外的各项支出，包括利息支出、捐赠支出等。

（2）科学事业单位支出管理要求

科学事业单位应当将各项支出全部纳入单位预算，实行项目库管理，建立健全支出管理制度。

（三）支出管理要点

1. 健全支出管理内控制度

单位应当建立健全支出内部管理制度，确定各项支出标准，明确支出报销流程。合理设置岗位，明确岗位职责，确保支出申请和内部审批、付款审批和付款执行、业务经办和会计核算等不相容岗位互相分离。单位应当按照支出业务的类型，明确内部审批、审核、支付、核算和归档等支出各关键岗位的职责权限。

2. 加强支出审批控制

根据经费性质和支出额度确定支出审批权限，履行单位内部审批程序。坚持“谁主管、谁审批，谁负责”的原则，审批人对相关事项负直接审批责任，不得越权审批。

3. 加强支出审核控制

重点审核单据来源是否合法，内容是否真实、完整，金额是否正确，支出是否符合预算，附件是否齐全，审批手续是否齐全。支出凭证应由经办人员签字或盖章，超出规定标准的支出事项应由经办人员以书面形式说明原因，报单位领导审批。

4. 加强支付控制

履行报销业务流程，按照规定办理资金支付手续。资金支付应符合国库集中支付及公务卡支付管理规定。

5. 加强支出的核算和归档控制

财会部门根据支出凭证及时准确登记账簿；与支出业务相关的合同等报账

支撑材料应及时提交财会部门作为账务处理的依据。

三、政府收支分类

政府收支分类是按照一定的原则、方法对政府收入和支出进行类别和层次划分，以全面、准确、清晰地反映政府收支活动。政府收支分类科目，也称为预算科目，是政府收支分类的具体项目。

政府收支分类科目体系包括收入分类、支出功能分类和支出经济分类三部分。

（一）收入功能分类

收入分类主要反映政府收入的来源和性质。收入分类设类、款、项、目四级科目。根据财政部制定的《2022 年政府收支分类科目》，一般财政预算收入分类科目的类级科目包括：税收收入、非税收入、债务收入和转移性收入。

（二）支出功能分类

支出功能分类主要根据政府职能进行分类，反映政府支出的内容和方向。支出功能分类设置类、款、项三级科目。根据财政部制定的《2022 年政府收支分类科目》，一般财政预算支出功能分类的类级科目包括：一般公共服务支出、外交支出、国防支出、公共安全支出、教育支出、科学技术支出等 33 项支出。

（三）支出经济分类

支出经济分类主要反映政府各项支出的经济性质和具体用途。支出经济分类可分为政府预算支出经济分类和部门预算支出经济分类。

1. 政府预算支出经济分类科目

政府预算支出经济分类科目设类、款两级科目。根据财政部制定的《2022 年政府收支分类科目》，政府预算支出经济分类的类级科目包括：

（1）适用于行政单位的科目：501 机关工资福利支出、502 机关商品和服务支出、503 机关资本性支出（一）、504 机关资本性支出（二）。

（2）适用于事业单位的科目：505 对事业单位经常性补助，含 50501 工资福利支出、50502 商品和服务支出、50599 其他对事业单位补助；506 对事业单位资本性补助，含 50601 资本性支出（一）、50602 资本性支出（二）；509 对个人和家庭的补助，含 50901 社会福利和救助、50902 助学金、50903 个人农业生产补贴、50905 离退休费、50999 其他对个人和家庭补助等。

（3）其他科目：507 对企业补助、508 对企业资本性支、510 对社会保障基金补助、511 债务利息及费用支出、512 债务还本支出、513 转移性支出、514 预备费及预留、599 其他支出。

2. 部门预算支出经济分类科目

部门预算支出经济分类科目设类、款两级科目。根据财政部制定的《2022

年政府收支分类科目》，部门预算支出经济分类的类级科目包括：301 工资福利支出、302 商品和服务支出、303 对个人和家庭的补助、307 债务利息及费用支出、309 资本性支出（发改部门安排的基本建设）、310 资本性支出（各单位安排的）、311 对企业补助（发展改革部门安排的基本建设支出中对企业补助）、312 对企业补助（除发展改革部门安排的基本建设支出中对企业补助以外，政府安排的对企业补助）、313 对社会保障基金补助、399 其他支出。

注意：事业单位对其举办的属地事业法人投入开办资金支出经济分类科目为“31201 对企业补助—资本金注入”。

四、收支管理实操演示

以下收支管理涉及的案例均以橡胶所 2022 年相关业务为例。

（一）收入管理

为提高收入入账的完整性和及时性，防范财务风险，各部门（课题组）在收到财务处发送的收入进账单后，及时与业务归口管理部门联系，合理确定收入类型，收入类型分为创收或研发项目，一经确认不得随意变更，5 个工作日内将收入确认的支撑材料送财务处入账，其中：①研发专项收入入账应提供：项目经费拨款单、发票（如有）等；②科研副产品收入入账应提供：发票、合同（按单位合同管理规定提供）、进销存系统明细表（如有）等；③技术服务收入入账应提供：合同（按单位合同管理规定提供）、发票等。

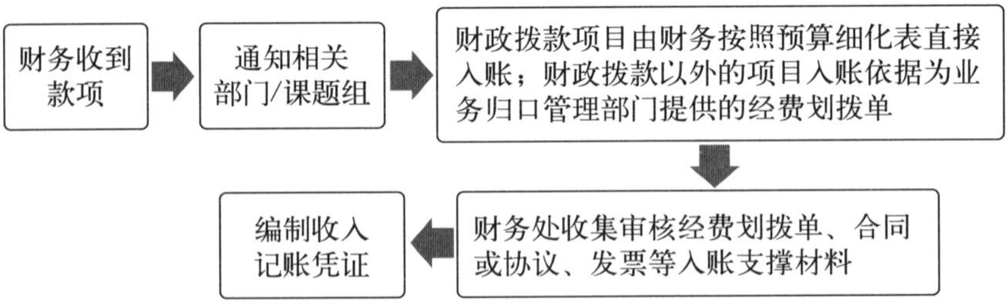

（二）支出管理

1. 凭证审核

（1）准确性：审核原始凭证金额的准确性，审核发票上的单位名称、统一社会信用代码（纳税识别号）是否正确，发票章是否清晰完整，提供的银行转账信息是否跟发票章上的名称一致。审核凭证支出项目名称、科目及转账信息是否准确：审核零余额账户的支出码是否正确（基本支出 15 位、项目支出 18 位）。根据审核后的原始单据审核经费列支项目、科目是否正确；审核经办人提交的报账单上的内容摘要、经费来源、金额合计、转账或冲账信息等填写是否正确。转账信息备注是否正确，是否注明清楚转账或冲账。审核记账凭证摘要中填写的支付代码是否与零余额基本支出和项目支出对应的功能分类是否统一，是否将基本支出列入项目支出核算。核对记账凭证的转账户名、转账金额是否与发票信息一致。

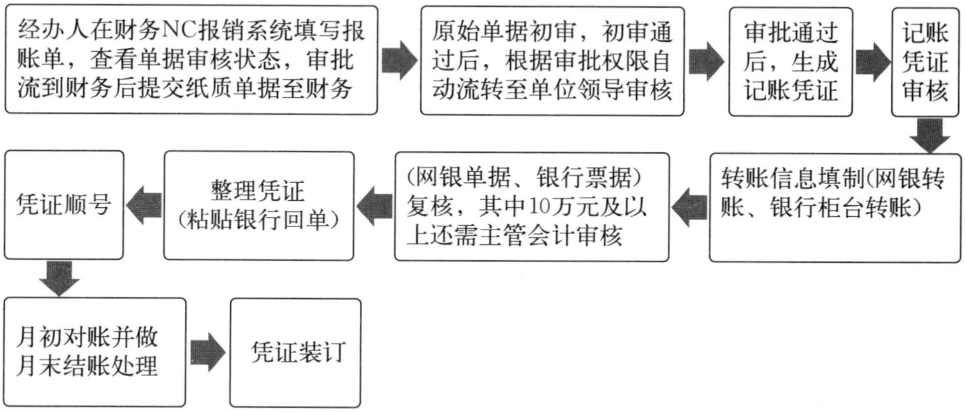

（2）完整性：审批手续是否完善，原始单据提供是否完整，比如会议费报销是否有计划、支出是否超标准、天数是否超期、签到表是否为原始单据且完整、有否提供会议对照表等。大额发票或是政府采购机票是否提供了验真单。未使用公务卡的（火车票、动车票除外）是否提供了经领导审批的说明。

（3）规范性：审核项目开支的办公费能否列支。注意不得将办公费放到材料费或是其他商品和服务支出。或是无“间接费用—管理费”预算，但是误选择“材料费”/“其他”预算科目报销办公费。会议费中不能列支专家咨询费，会议所收注册费不能由酒店代开。所组织的培训、会议发生的相关费用列入培训费、会议费核算，单位职工外出参加由非本单位组织的培训、会议的注册费列入差旅费核算。会议如有邀请专家参会，且需承担专家旅费的，应提供专家邀请函。

2. 工资发放

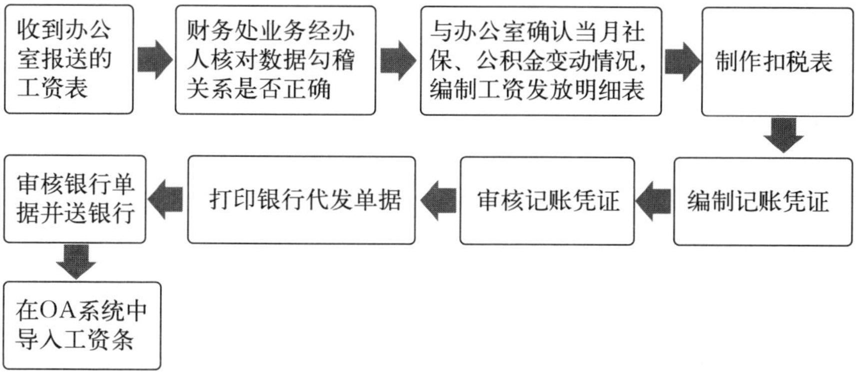

（1）在编人员工资核算：岗位工资、薪级工资放入基本工资核算；津贴特贴、妇女补贴、购房补贴、物业补贴放入津贴补贴核算；基础性绩效、奖励性绩效、安家费放入绩效工资核算；独子保健放入对个人和家庭补助—奖励金核算；通讯补贴放入邮电费。

（2）因实施专项任务而聘请的长期聘用人员（采取劳务派遣方式）工资发放：按照聘用人员工作内容归类到对应的项目开支，计入“劳务费”科目。

（3）个税代扣，因我单位与银行、税务机关签订了三方代扣个人所得税协议，我所每月个人所得税缴交由银行从我单位基本账户划款缴交，因此代扣在职人员个人所得税要从零余额账户转账到所基本账户。

3. 公积金缴交

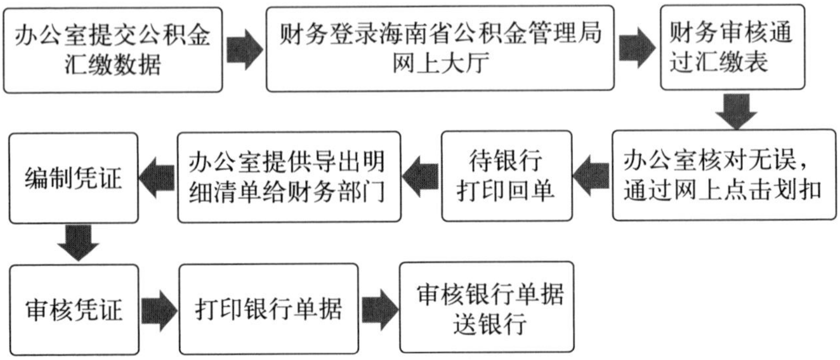

4. 社保缴交

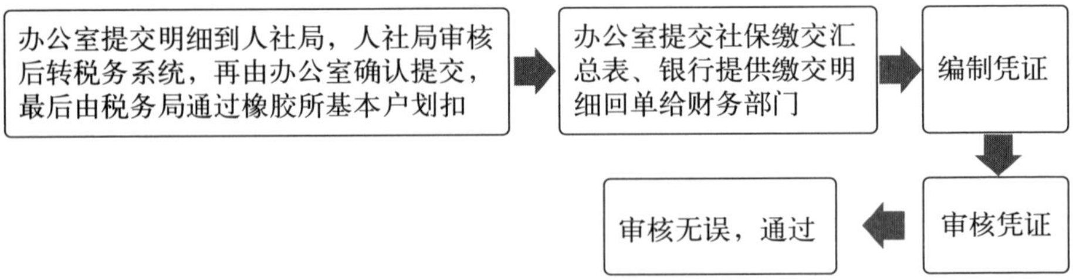

5. 凭证整理

银行客户回单联需要与每一笔转账凭证一一对应，盖“银行收讫”“银行付讫”章。凭证折叠整理并且要按年份月份顺号放好，方便会计人员查找。

6. 月初银行对账

（1）零余额账户

零余额账户用款额度（财务账数据）与开户银行提供的“零余额授权支付额度对账单”进行一一核对，确保本月收入和支出数以及累计收入和支出数与对账单相符，如存在不一致的，要查找原因，并进行账务处理。

（2）基本账户

银行存款（财务账面数据）与银行提供的“基本账户对账单”进行一一核对，确保本月收入和支出数以及累计收入和支出数与对账单相符，如存在不一致的，要查找原因，进行账务处理。

注意事项：对账会计不仅要核对银行对账单的账户余额和单位账面余额，还需要核对每一笔收支明细是否相符。

7. 月末结账

（1）按月结账

审核、记账：对本年度凭证进行审核、记账操作（制单人与审核、记账操作不能为同一人）。

结账：选择单位和需要结账的月份进行结账操作。

实际操作流程要点：

对凭证进行审核、记账时可以一次查询出所有需要审核、记账的凭证进行批量审核、记账操作。

在每个月结账前，应检查是否存在凭证序号断号或是重复号的情况，该月凭证出纳是否完成签字，审核人员是否审核，是否完成记账。另外，结转凭证可以在系统中复核、记账后再进行打印装订。

（2）年底结转

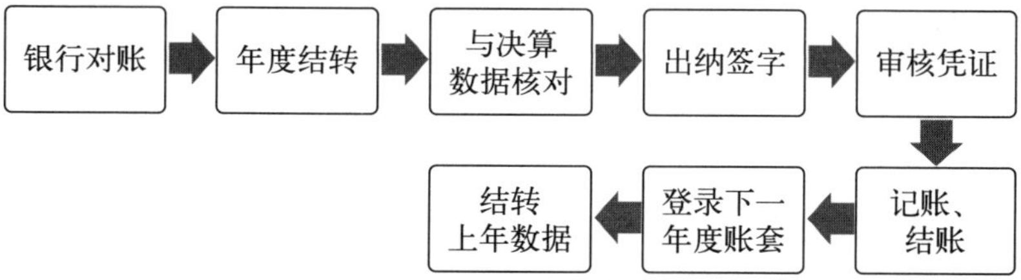

实际操作流程要点：设置结转模板。使用结转模板，注意生成凭证后，注意检查是否所有科目及其辅助核算内容均完成结转。

8. 凭证装订

一般本月装订上月的凭证，根据经办人签字的情况进行调整，注意每册凭证不宜太厚。

9. 账簿打印

（1）用友 NC 系统

通用打印方法：打开【财务会计—总账—××××账】，进入查询界面，点击查询，输入核算账簿、查询对象（如果查询范围为空，则默认为所有档案）、会计期间等信息，注意勾选未记账凭证，点击确定。对查询的所有结果进行打印的话，在弹出对话框界面选择全部，选择打印模板，然后点击确定。

（2）用友 U8 系统

选项—账簿—点击凭证、账簿套打印凭证页面—套打设置—间距一般为11—12。

10. 建立新账

（1）用友 NC 系统

在【财务会计—总账—期初余额】选择单位及新开账的年份后，点击【年初重算】，进行当年期初余额建立，年初重算后，点击期初建账，对当年期初余额进行建账操作。

（2）用友 U8 系统

用主管身份从系统管理登录×××年账套，用友 U8—基础设置—基本信息—会计期间—点击增加新的年份—登录新的年份账套—总账—期初余额—开账—结转（注意：要先行完成上年数据结账工作）。

第二节　国库集中支付及银行账户管理

一、国库集中支付

（一）国库集中支付概述

国库集中支付是以国库单一账户体系为基础，资金缴拨以国库集中收付为主要形式，以健全的财政支付信息系统和银行间实时清算系统为依托，支付款项时，由预算单位提出申请，经审核机构（国库集中支付执行机构或预算单位）审核后，将资金通过单一账户体系支付给收款人的制度，即由国库支付系统将资金直接支付给商品和劳务供应者或用款单位。

（二）主要制度法规

自 2001 年启动国库集中收付制度改革以来，我国建立了以国库单一账户为基础，资金缴拨以国库集中收付为主要形式的现代财政国库管理制度。财政部就国库集中收付制度改革出台了一系列重要文件，本部分内容重点罗列近年来与农业科研单位密切相关的制度。

财政部关于国库集中收付制度的文件

序号	文件名称	文号
1	关于印发《财政国库管理制度改革试点方案》的通知	财库〔2001〕24 号
2	关于印发《中央预算单位公务卡管理暂行办法》的通知	财库〔2007〕63 号

（续）

序号	文件名称	文号
3	关于实施中央预算单位公务卡强制结算目录的通知	财库〔2011〕160号
4	关于加快推进公务卡制度改革的通知	财库〔2012〕132号
5	《财政部关于中央预算单位2018年预算执行管理有关问题的通知》	财库〔2017〕207号
6	《财政部关于中央预算单位2019年预算执行管理有关问题的通知》	财库〔2018〕95号
7	财政部关于进一步完善中央财政科技和教育资金预算执行管理有关事宜的通知	财库〔2018〕96号
8	财政部关于中央预算单位预算执行管理有关事宜的通知	财库〔2020〕5号
9	中央财政预算执行动态监控管理办法	财库〔2020〕3号
10	财政部办公厅关于做好预算执行动态监控工作有关事项的通知	财办库〔2020〕228号

二、用款计划管理

（一）用款计划申请

用款计划是预算单位依据批准的预算指标和年度工作计划按年分月编制的计划，是对预算指标的进一步细化，包括基本支出用款计划和项目支出用款计划。基本支出按照年度均衡原则编制，项目支出按照项目实施进度和政府采购计划等编制，编制3月项目支出用款计划时累计不能超本项目全年预算数的25%。

中央单位上年正常结转资金不用上报用款计划，财政直接恢复额度，下一年度1—3月结转资金额度恢复比例分别为50%、25%、25%，其中单个基层单位、单个预算科目，结转资金不足10万元的，一次性全额恢复额度。中央部门预算单位全年用款计划原则上一年编制两次。1—5月用款计划依据“二上”预算编制，6—12月用款计划依据财政部下达的部门预算和调整预算编制。

（二）用款计划管理实操演示

用款计划管理

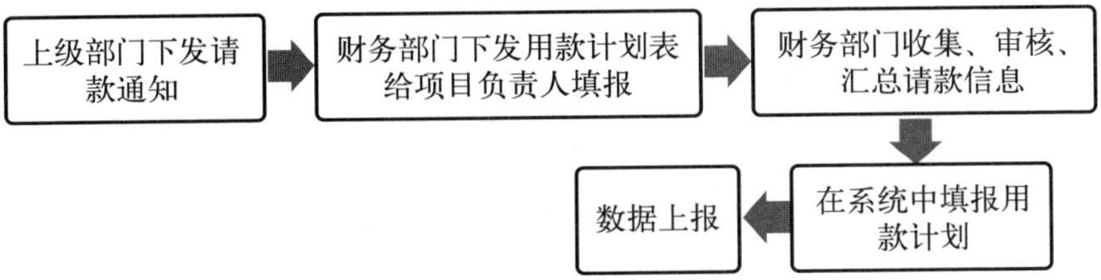

实际操作流程要点：

（1）收到上级部门下发请款通知后，根据预算指标，做好模板，通知项目负责人填报项目1—12月用款计划，基本支出按均衡原则填报。

（2）按功能分类科目汇总各个项目的用款计划，基本支出按序时进度填报。需要注意的是财务部门要加强对业务部门报送用款计划的审核，同时提醒业务部门提早做好项目执行安排和资金安排，避免出现因请款不到位影响项目执行。

（3）在通知规定时限内，进入国库集中支付系统，在用款计划模块下，分基本支出和项目支出填报用款计划。基本支出和项目支出分别合并上报即可。一般年初申报1—5月的用款计划，5月申报6—12月的用款计划。

三、资金支付管理

（一）资金支付方式及拨付程序

1. 资金支付方式划分

以目前中央部门范围划分标准为例，除下列规定外，单笔支付金额在500万元（含）以上的支出实行财政直接支付，单笔支付资金在500万元以下的支出实行财政授权支付；纳入财政统发范围的工资津补贴、离退休费，国有资本经营预算支出，以及财政部规定的有特殊管理要求的支出，实行财政直接支付；未纳入财政统发范围的工资津补贴、离退休费，社会保险缴费、职业年金缴费、住房改革支出、日常运行的水电，以及经财政部批准的其他支出，实行财政授权支付。

2. 支出拨付程序

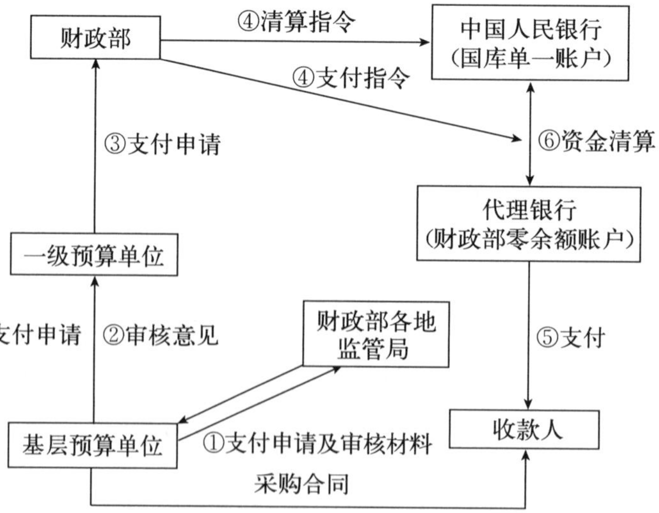

财政直接支付流程

国库集中支付改革后，财政支出按照支付主体和不同类型的支出主要实行财政直接支付和财政授权支付。

财政直接支付是指预算单位按照批复的预算和资金使用计划，向财政部门提出支付申请，由财政部门审核后开具支付令，通过财政零余额账户，直接将财政资金支付到收款人（即商品和劳务供应者）或用款单位账户，当日营业终了商业银行与人民银行国库清算回补资金。

财政授权支付是由预算单位根据财政授权，按照批复的预算和资金使用计划，自行开具支付令，通过预算单位零余额账户将资金支付到收款人或用款单位账户，当日终了商业银行与人民银行国库清算回补资金。

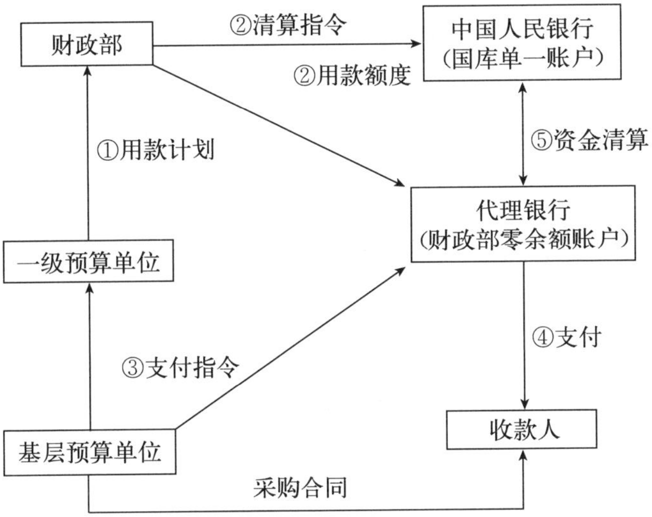

财政授权支付流程

（二）资金支付要点

1. 规范填写财政支付信息。

以 2022 年财政支付业务为例，预算单位支用财政授权支付额度，一张支票对应一个项目，填写财政授权支付令时，要完整、准确。以中央预算单位为例，具体构成预算单位填写的基本支出授权支付指令编码为 15 位：即 1 位（预算管理类型）＋7 位（功能分类科目）＋5 位（政府预算经济分类科目）＋1 位（支付类型）＋1 位（预算来源）；预算单位填写的项目支出授权支付指令编码为 18 位：即 1 位（预算管理类型）＋7 位（功能分类科目）＋5 位（经济分类款级科目）＋1 位（支付类型）＋1 位（预算来源）＋3 位（关联号）。

2. 资金退回及支出更正

以中央预算单位为例，若收款人信息有误，发生资金退回，需重新办理资金支付申请。若预算来源、资金性质、支出功能分类科目、支出经济分类科目、预算项目等信息有误时，不改变收款人信息，可通过填写财政直接支付更正申请书进行信息更正，更正申请中原列事项需与系统中保持一致，不改变资金流向，不对原支付凭证中的收款账户信息以及金额进行更正。

3. 授权支付差错和退票处理

由预算单位按照财政部门规定程序办理。如中央单位使用财政授权支付更正（退回）通知书，填写原支付票证支付指令和需要调整的信息，送代理银行办理更正或退回。若退回的资金对应的预算科目或项目已取消，需按财政部门有关要求办理，如指定预算科目、预算项目等。

4. 配合属地财政监管局做好动态监控核查

自 2017 年起，全国各地财政监管局（原专员办）开展属地二级及以下中央预算单位财政授权支付资金监控工作。预算单位要配合属地财政监管局做好财政资金支付疑点核查、违规行为纠正等工作。预算单位在资金支付过程中，要按预算指标、支出范围、支付标准支付资金；严格执行政府采购、公务卡、现金管理规定，禁止违规发放补贴、报销费用等。对违规行为要及时核查处理，并建立健全单位内部控制体系，严肃财经纪律，提升本单位财务管理和监督水平。

（三）中央财政预算执行动态监控

中央财政预算执行动态监控（以下简称动态监控），是指财政部根据财政国库管理制度和相关财政财务管理规定，通过预算执行动态监控系统，动态监控中央预算单位财政资金支付清算信息，对发现的违规问题及时纠正处理，以规范预算执行、防范财政资金支付使用风险的管理活动。

1. 动态监控的主要内容

（1）动态监控的资金范围

实行国库集中支付的所有财政资金。

（2）动态监控的基本要素

每一笔国库支付中包括的付款人名称、付款人账号、支付时间、付款金额、结算方式、用途、预算科目、支付方式、支付类型、项目名称、收款人名称、收款人账号及银行账户等相关信息。

（3）动态监控的主要事项

预算单位财政资金支付情况：是否按照财政部批准的年度预算科目、指标、支出范围和标准支付资金；是否按照国库集中支付制度规定的方式、程序和账户等支付资金；是否按照政府采购管理规定支付采购资金；是否按照公务卡制度规定使用公务卡和报销公务支出；是否按照现金管理规定提取使用现金；是否按照财政财务管理规定的范围和标准计提基金、发放补贴和报销费用；是否按照厉行节约反对浪费有关规定支付使用资金。

2. 违规问题处理

预算单位对确因理解偏差、操作失误等原因发生错误支付的，财政部通过电话等方式通知预算单位按照规范方式进行整改。预算单位应及时整改，并向财政部提交书面整改结果和相关佐证材料。

对违反财政预算和执行管理有关规定的，财政部通过电话等方式通知预算单位采取退回违规资金、调整账目、补办手续等方式进行整改。预算单位应及时整改，并向财政部提交书面整改结果和相关佐证材料。

对不及时整改、未按要求整改或虚报整改情况的，财政部制发书面整改意见，要求限期予以整改。

对未在限期内落实财政部书面整改意见的，财政部依据有关规定，可以采取暂停拨付资金、撤销相关银行账户等处理措施。视情节严重程度，在一定范围内予以通报。

3. 动态监控结果运用

财政部定期或不定期将预算执行中的共性问题、典型案例、潜在风险等反馈给中央部门，督促各部门落实预算执行主体责任，开展自查自纠，加强预算执行和财政资金管理。

财政部加强动态监控结果运用，将动态监控结果作为编制或调剂预算、制定完善相关管理制度和开展绩效评价等工作的参考。

财政部各地监管局向财政部定期反馈动态监控工作情况，及时反馈重大问题和情况。

4. 重点关注

（1）严控向实有资金账户转款

除下列情形外，预算单位不得从本单位零余额账户向本单位或本部门其他预算单位实有资金账户划转资金：

a. 依照政府购买服务相关制度规定，按合同约定需向本部门所属事业单位支付的政府购买服务支出；

b. 确需划转的工会经费、住房改革支出、应缴或代扣代缴的税金，以及符合相关制度规定的工资代扣事项；

c. 暂不能通过零余额账户委托收款的社会保险缴费、职业年金缴费、水费、电费、取暖费等；

d. 报经财政部（国库司）同意的归垫资金和其他资金。

（2）严格确定资金支付方式

预算单位要严格按照财政部规定的支付方式划分标准，确定资金支付方式。严禁通过化整为零、人为拆分或签订虚假合同等方式将应实行财政直接支付的事项采用财政授权支付，以规避财政直接支付管理。

（3）支付凭证信息填写要简洁清晰，准确规范

一是在真实反映开支内容的同时，要规范准确填写支付凭证信息，不要词不达意，造成歧义。例如代扣税费是属于可以从零余额专户划转至基本户的情况，代扣劳务个税或是咨询费个税时，交易附言为劳务费或是咨询费就很容易产生误会，从监控系统中显示的结果就是单位将应该付给个人的劳务费或是咨询费转到基本户，不属于可以划转的范围。

二是支付编码填写要规范。应与实际业务的摘要附言相对应。如购置设备费对应的是支付指令编码不应与购置耗材的编码混用。商品和服务支出的支付指令编码不应与人员经费的编码混淆。

（四）公务卡管理

1. 公务卡的定义

公务卡是指财政预算单位工作人员持有的，主要用于日常公务支出和财政报销业务的信用卡，主要用于公务支出的支付结算。公务卡同时具有一般信用卡的授信消费和财政财务管理的双重属性。

2. 推行公务卡制度的意义

公务卡制度是国库集中支付改革的重要组成部分，是国际公认的解决现金支付问题的最佳方案，公务卡刷卡留痕，有利于加强财政支付监督管理，提高财政财务透明度，实现“阳光政务”。

3. 公务卡使用范围

公务卡强制结算目录主要包括：办公费、印刷费、咨询费、手续费、水电费、邮电费、物业管理费、差旅费、维修（护）费、租赁费、会议费、培训费、公务接待费、专用材料费、公务用车运行维护费、其他交通费等。

4. 公务卡管理要求

预算单位应建立健全内部管理规范，属于公务卡强制结算目录公务卡的支出必须使用公务卡；暂无法使用公务卡支付的，应优先通过银行转账结算；确实必须使用现金结算的，单位要明确现金支出范围，超出规定范围的支出，须提前向单位领导提出书面申请，经领导审批同意后才能使用现金结算。

（五）资金支付管理实操演示

1. 网上银行使用

以橡胶所财政资金支付为例，从网上银行使用，银行单据、结算业务申请书开具，财政授权支付更正（退回）业务办理等方面展示了财政资金支付过程管理。

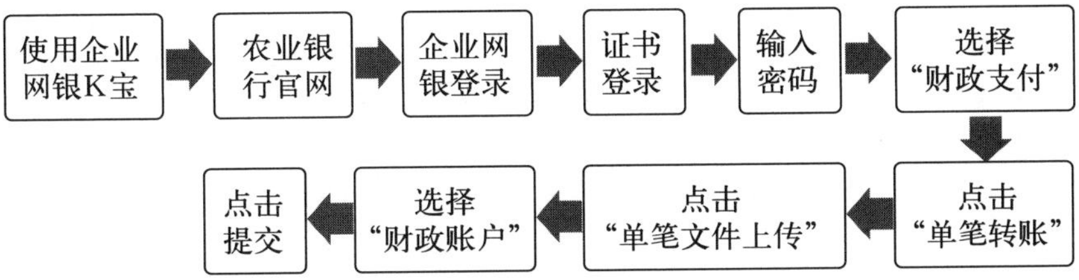

① 系统有收款人记录时

② 系统无收款人记录需要新增时

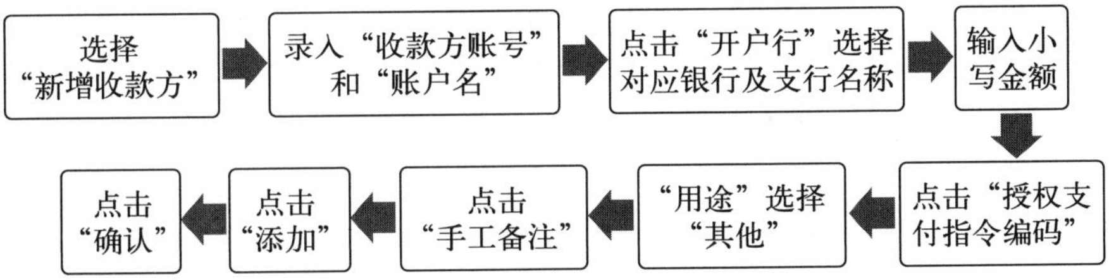

③ 操作要点

a. 录入时可多条记录一并提交审核，提高效率。

b. 备注相关信息时，需要在“用途”选择“其他”，系统会弹出空白格供录入人员填写相关内容。

c. 审核发现有误的款项做退回处理，录入人员在“财政支付”→“交易列表”→“被拒绝单笔财政支付列表”中修改并重新提交。

2. 出具银行单据

① 开具支票

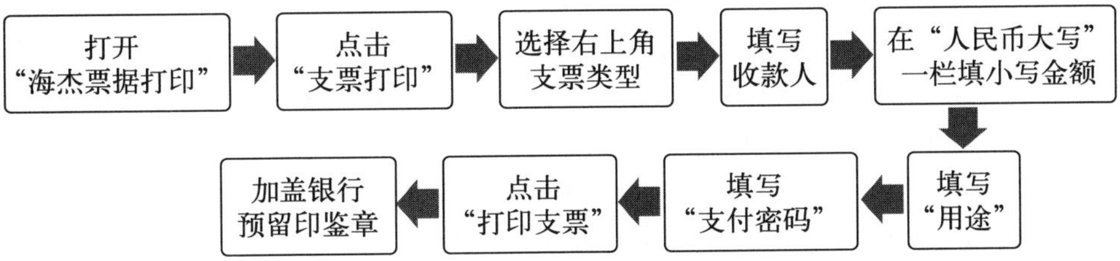

② 开具进账单

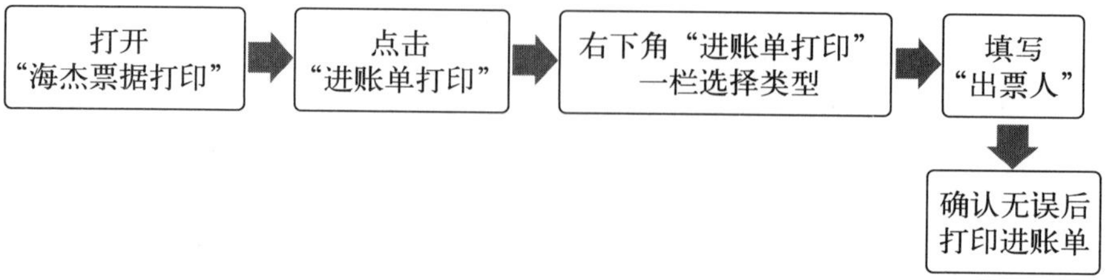

注意事项：

a. 根据“出票人”，即付款人的开户银行类别决定结算票据的种类，例如，零余额开户行是中国农业银行，则开具中国农业银行的结算票据。

b. 中国农业银行：“收款人”开户行是同行同城（即同一城市），开具转账支票；跨行、跨市转账都需开具结算业务申请书（即电汇单）。

c. 收款人的账户信息一定要具体到开户行具体名称：如中国农业银行XXX支行。

d. 打印银行票据时，可从“历史记录”中“搜索”关键字，查找正确的历史记录和最近的打印模板，在核对历史记录信息与转账信息（金额、用途、收款人信息等）一致后，即可“打印支票”。

③ 开具结算业务申请书

以中国农业银行为基本户开户银行为例：“收款人”开户行是非中国农业银行的、中国农业银行非同城的以及中国农业银行外省的存折账户皆开具结算业务申请书。

打开“海杰票据打印”→点击“电汇打印”→左上角选择委托书类型→填写“付款人”“收款人”→在“人民币大写”一栏填写小写金额→填写“支付密码”→在“附加信息及用途”一栏填写用途→确认无误后打印对应账户的结算业务申请书→加盖银行预留印鉴章。

④ 开具财政授权支付更正（退回）通知书

零余额账户有退回资金或者需要更正某一笔已支出账目的项目编码时，需要开具财政授权支付更正（退回）通知书。

填写单位名称→在“原列事项”一栏填写原支出时的项目编码，时间，金额→在“调整事项”一栏，若是退回资金，填写一样的项目编码，若是更正项目编码，填写更正后的项目编码。时间一般不填或填写银行更正的日期→填写退回资金金额或更正金额→加盖银行预留印鉴章（第二联）。

注意事项：

退回或更正时，原列事项一定要填写实际支付的时间和金额。财政授权支付更正（退回）同一笔业务仅支持一次。

在财政授权支付更正（退回）通知书的第二联盖银行预留印鉴章。

3. 批量发放工资、劳务费

① 电子版工资、劳务费发放表的人员信息必须和纸质发放表的人员信息一致。

② 由中国农业银行基本户支付的工资、劳务费可以通过网银批量转账。

③ 全部由财政账户支付的、由财政账户和基本户共同支付的工资和劳务费不支持网银批量转账，应开具支票和进账单，每笔支票和进账单的信息必须相符。

④ 确认金额和人员信息无误后，需要进行加密。

注意事项：

a. 电子表粘贴至“新建模板”时，多余的人员要删除，序号要补齐，最后使用格式刷统一格式再保存。

b. 存入“劳务费”→“×月劳务费”→“批量代发”（细分文件夹方便查找）

c. 加密另存为后要重命名方便回单核对和查找，重命名格式：加密日期—第几份＋经办人报劳务＋合计金额＋凭证号，例如1022—1张三报劳务4800 ＃176），“加密日期”必须是四位数，若是9月1日要写“0901”，“第几份”表示加密份数，只能修改为0—9，默认生成是1。

4. 银行单据复核

① 审核银行单据的支付方和收款方户名，以及支付方的账户和支票或者银行业务结算单是否正确。

② 审核银行单据的转账金额、转账代码是否正确。

③ 审核工资、劳务费批量待发业务时，支票和进账单金额必须一致。

5. 银行单据送银行

会计复核好的银行结算票据，出纳将支票头剪下留存并附在对应凭证上，整理好需要送银行的票据交给银行做账。

四、银行账户管理

（一）零余额账户

零余额账户是指财政部门和预算单位在国库集中支付代理银行开设的银行结算账户，用于办理财政资金支付业务并与国库单一账户清算，包括财政零余额账户和预算单位零余额账户。

纳入国库集中支付改革范围的预算单位在国库集中支付代理银行范围内选择开户银行，通过主管部门报经财政部门批准后，开立预算单位零余额账户。每个预算单位原则上只能申请开立一个零余额账户，用于财政授权支付与国库单一账户进行清算，日终余额为零。单位零余额账户可办理转账、汇款、委托收款和提取现金等支付结算业务。

预算单位变更、撤销零余额账户，应当经主管部门报财政部门批准后办理变更、撤销手续。变更零余额账户的情况主要有：预算单位级次调整、隶属管理变化、变更统一社会信用代码、名称变更、零余额账户开户行变更等。撤销零余额账户的情况主要有：预算单位被撤销或者合并，变更开户银行，不再使用零余额账户等。

（二）预算单位银行账户

预算单位除零余额账户以外，还有用于办理支付结算和资金存放业务的各类银行账户，主要有：基本存款账户、工会账户、党费账户等。

预算单位应当按照财政部关于资金存放管理有关规定，采取竞争性方式或集体决策方式选择实有资金账户开户银行。

以中央预算单位为例，预算单位开立审批类账户，应当经财政部门审批同意后，按照规定程序选择开户银行办理开户手续。预算单位开立备案类账户，应按规定程序选择开户银行办理开户手续，账户开立后，应当按时将账户相关信息提交财政部门备案。

预算单位变更审批类账户开户银行，应当经财政部门审批同意后，按规定程序选择新开户银行，办理新账户开立和原账户撤销手续。变更备案类账户开户银行，按规定程序选择新开户银行办理新账户开立和原账户撤销手续。除变更开户银行以外的涉及变更银行账户信息以及撤销银行账户的，应按规定办理变更、撤销。账户变更、撤销后，按时将账户相关信息提交财政部门备案。

（三）银行账户管理实操演示

1. 开立或变更银行账户

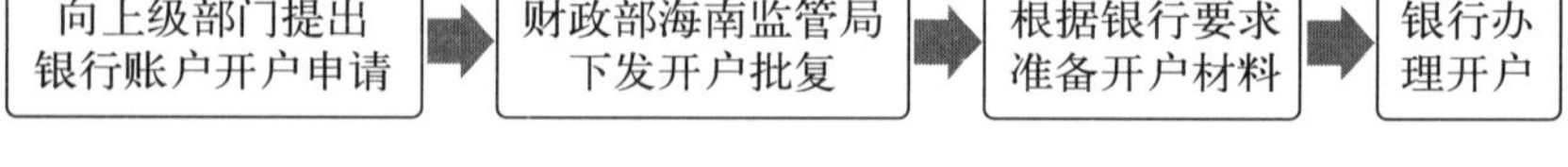

注意事项：提交给银行的材料若为复印件，需加盖单位公章。

2. 销户、更换银行预留印鉴等

具体步骤：准备好相关材料（所需材料一般包括：事业法人证书正本、开户许可证、银行提供的授权委托书、法人身份证、经办人身份证等）→到银行办理。

3. 账户年检

具体步骤：上级部门下发通知→准备并上报账户年检材料→财政部海南监管局下发账户年检结果通知。

第三节　票据与税务业务

一、票据管理

（一）票据管理要点

财政票据、发票等各类票据的申领、启用、核销、销毁均应履行规定手续。单位应当按照规定设置票据专管员，建立票据台账，做好票据的保管和序时登记工作。票据应当按照顺序号使用，纸质票据号码应当跟开票系统票据号码一致，做好废旧票据管理。负责保管票据的人员要配置单独的保险柜等保管设备，并做到人走柜锁。单位不得违反规定转让、出借、代开、买卖财政票据、发票等票据，不得擅自扩大票据适用范围。

（二）票据管理实操演示

1. 增值税发票

（1）领用发票

增值税普通发票：购票经办人带上身份证明，税盘。在办税服务厅发票管理窗口或自助服务机申请领购发票；

增值税专用发票：登录电子税务局（网页版）官网，申请代开增值税专用发票，填写相关收票地址。

（2）开具增值税普通发票

收到发票开具申请人填写的发票开具申请表，登陆发票系统，核对信息后，打印发票，发票各联盖上发票专用章，交付申请人核对，无误后即可。开具发票所用金税盘每月初必须在系统中进行自动汇总清卡操作。

2. 中央行政事业单位资金往来结算票据

（1）领购票据

纸质版票据：向院级管理部门领购票据时，填写关于领用资金往来结算票据的申请，并提交前次领购财政票据的使用情况及存根，经院级管理部门票据管理员审验无误并核销后，可继续领购。

电子票据：向院级管理部门票据管理员申请网上领购，管理员在网上下发，可直接开票下载打印。

（2）票据使用

开具纸质版票据应当按照规定的时限、顺序，逐栏、全部联次一次性如实开具，做到内容完整，字迹工整，印章齐全。如填写错误，应另行填开。填错的票据应加盖作废戳记，保存其各联备查，不得涂改、挖补、撕毁。如发生票据丢失，应及时声明作废，查明原因，写出书面报告，由院级管理部门报上级主管部门或财政部票据中心处理。

资金往来结算票据一般于发生暂收、代收和单位内部资金往来结算等经济活动时开具。下列经济业务活动可以使用资金往来结算票据：一是暂收款项。由单位暂时收取，在经济活动结束后需退还原付款单位或个人，不构成本单位收入的款项，如押金、定金、保证金及其他暂时收取的各种款项等；二是代收款项。由单位代为收取，在经济活动结束后需付给其他收款单位或个人，不构成本单位收入的款项，如代收体检费、水电费、电话费、房租等；三是单位与个人之间发生的其他资金往来且不构成本单位收入的款项；四是财政部门认定的不作为行政事业单位收入的其他资金往来行为。

（3）核销票据

将已使用需核销的纸质版票据整理好存根联，填写票据使用情况，填写领用资金往来结算票据的申请并加盖财务章，到院级管理部门票据管理员处办理核销并申请领购新的票据。

3. 银行票据管理

（1）领购票据

填写“购买凭证申请书”，注意一张申请书只能买一个账户的一种票据，写清楚账号，票据张数或本数，盖银行印鉴章提交银行即可办理。收到票据后核对无误，在票据封面注明账户信息，方便以后使用不易混淆，并做好备查记录。

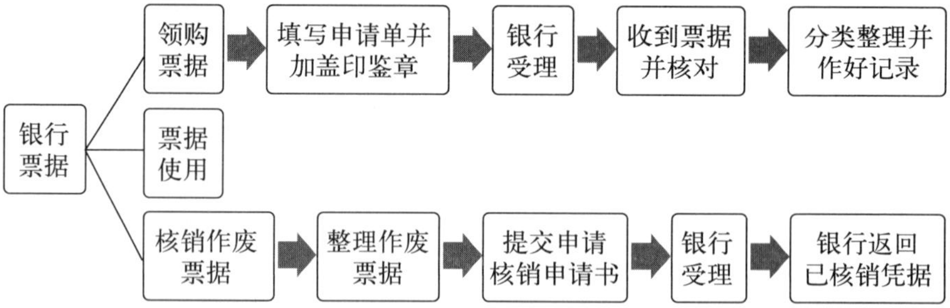

（2）票据使用

要按顺序开具票据，同时要做到内容完整，字迹工整，印章齐全。如填写错误，应另行填开。填错的票据应标记作废，另行保存，日后提交银行核销。用完一本票据后应该做好备查记录。

（3）核销作废票据

将作废需核销的票据整理好，填写交回银行作废支票申请书，提交银行进行核销，银行受理核销后，返回相关凭据存档。

二、税务管理

（一）税务管理要点

税务管理主要包括税务登记、账簿和凭证管理、纳税申报等方面的管理。

单位应当按照税务局的规定，依法纳税，履行代扣代缴个人所得税义务，设立税务专管员，做好税务登记和申报缴纳等工作。单位不得违反规定偷税、欠税、骗税、漏税，但可以依法享受税收优惠政策。

（二）税务管理实操演示

（1）个人所得税

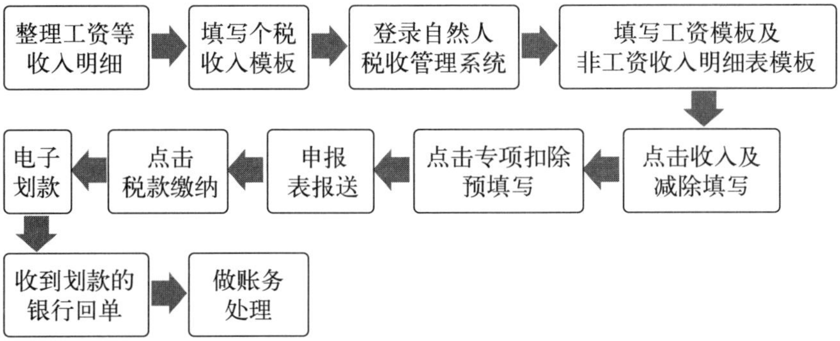

按照上月工资明细、咨询费及劳务费明细，填写个人所得税收入明细表模板，登陆“自然人电子税务局（扣缴端）”，进入个人所得税申报，导入正常工资薪金收入、预填写专项扣除内容；非工资薪金收入需要找出凭证手动录入，然后点击税款计算，点击申报表报送、税款缴纳。待收到划款的银行回单后，做相应的账务处理。

（2）增值税

① 增值税是按照货物和技术服务两项分项填列，填写不含税销售额。

② 有享受减免税税收优惠的货物，填列减免税收入申报表。

③ 审核数据时，发票台账要与税务系统开票金额核对无误，税务系统开票金额需扣除作废发票金额后进行统计。

④ 申报增值税时，系统自动算出的应缴税额与发票系统统计出的数据存在零点几的误差，后期做相应调整即可。

⑤ 每个季度结束的次月 15 日前登录国家税务总局海南省税务局网上大厅申报增值税，并填制对应季度的报表，橡胶所和热农公司均需申报。

（3）印花税

① 每个季度结束的次月 15 日前登录国家税务总局海南省税务局网上大厅申报印花税。

② 依次点击菜单“我要办税”—“税费申报及缴纳”—“印花税申报”—“税源采集”—“申报”。

③ 印花税一般按照购销合同金额的万分之三计算。

(4) 企业所得税

① 每个季度结束的次月 15 日前登录国家税务总局海南省税务局网上大厅申报企业所得税。

② 依次点击“申报纳税（费）”下的“在线填写申报表（税）”，点击“企业所得税月（季）度预缴纳税申报表（A 类）”，根据单位财务账，分析填报报表，进入申报，然后划款。

报税中遇到系统问题，可直接咨询 12366；遇到其他困难，可以咨询儋州市国地税大厅或者咨询税管员。

第四章　政府会计制度实务案例

第一节　《政府会计制度》基本内容

一、《政府会计制度》出台背景

为积极贯彻落实党的十八届三中全会提出的"建立权责发生制的政府综合财务报告制度"重要战略部署和《国务院关于批转财政部权责发生制政府综合财务报告制度改革方案的通知》（国发〔2014〕63号）的要求，构建统一、科学、规范的政府会计准则体系，财政部于2015年正式发布《政府会计准则—基本准则》，统驭政府会计具体准则和政府会计制度的制定。为构建规范的政府会计核算标准体系，夯实政府财务报告的编制基础，财政部又于2017年印发《政府会计制度—单位会计科目和报表》（财会〔2017〕25号），自2019年1月1日起试行。

二、制度创新点

（一）构建了财务会计和预算会计适度分离并相互衔接的会计核算模式

适度分离主要体现在三方面：一是"双功能"，在同一会计核算系统中实现财务会计和预算会计双重功能，通过资产、负债、净资产、收入和费用五个要素进行财务会计核算，通过预算收入、预算支出和预算结余三个要素进行预算会计核算。二是"双基础"，财务会计采用权责发生制，预算会计采用收付实现制，国务院另有规定的，依照其规定。三是"双报告"，通过财务会计核算形成财务报告，通过预算会计核算形成决算报告。

相互衔接主要体现在：一是对纳入部门预算管理的现金收支进行"平行记账"，对于其他业务，仅需进行财务会计核算。二是财务报表与预算会计报表之间存在勾稽关系。

（二）有机整合了行业事业单位会计制度

新制度整合了原《行政单位会计制度》《事业单位会计制度》和医院、高等学校、科学事业单位等行业事业单位会计制度的内容，体现在三方面：一是在科目设置、科目和报表项目说明中，一般情况下不再区分行业单位；二是在核算内容方面，基本保留了原有制度中的通用业务和事项，同时根据改革需要增加各级各类单位的共性业务和事项；三是在会计政策方面，对同类业务尽可能作出同样的处理规定。会计处理标准的统一，大大提高会计信息的可比性，为合并单位、部门财务报表和逐级汇总编制部门决算奠定了坚实的制度基础。

（三）强化了财务会计功能

新制度在财务会计核算中全面引入权责发生制，在会计科目设置和账务处理说明中着力强化财务会计功能，如增加了收入和费用两个财务会计要素的核算内容，并原则上按照权责发生制进行核算；增加了应收款项和应付款项的核算内容，对长期股权投资采用权益法核算，确认自行开发形成的无形资产的成本，要求对固定资产、公共基础设施、无形资产计提折旧或摊销，引入坏账准备等减值概念，确认预计负债、待摊费用和预提费用等。

（四）扩大了政府资产负债核算范围

在资产方面，增加了公共基础设施、政府储备物资、文物文化资产、保障性住房和受托代理资产的核算内容，以全面核算单位控制的各类资产；增加了“研发支出”科目，以准确反映单位咨询开发无形资产的成本。在负债方面，增加了预计负债、受托代理负债等核算内容，以全面反映单位所承担的现时义务。此外，为了准确反映单位资产扣除负债之后的净资产状况，新制度将净资产按照主要来源分类为累计盈余和专用基金，并根据净资产其他来源设置了权益法调整、无偿调拨净资产等会计科目。

（五）改进了预算会计功能

在核算内容上，预算会计仅需核算预算收入、预算支出和预算结余。在核算基础上，预算会计除按《预算法》要求的权责发生制事项外，均采用收付实现制核算，有利于避免原制度下存在的虚列预算收支的问题。在核算范围上，预算会计还将依法纳入预算管理的现金收支均纳入其核算范围，如增设债务预算收入、债务还本支出、投资支出等。调整完善后的预算会计，能够更好地贯彻落实《预算法》的相关规定，更加准确反映部门和单位预算收支情况，更加满足部门、单位预算和决算管理的需要。

（六）整合了基建会计核算

根据新制度规定，基本建设业务统一在大账中核算，不再单独建账，大大简化了单位基本建设业务的会计核算，有利于提高单位会计信息的完整性。

（七）完善了报表体系和结构

新制度将报表分为财务报表和预算会计报表两大类。财务报表由会计报表和附注构成，会计报表由资产负债表、收入费用表、净资产变动表和现金流量表组成，其中，单位可自行选择编制现金流量表。预算会计报表由收入预算表、预算结转结余变动表和财政拨款预算收入支出表组成，是编制部门决算报表的基础。调整完善后的报表体系，对于全面反映单位财务信息和预算执行信息，提高部门、单位会计信息的透明度和决策有用性具有重要的意义。

第二节　资 产 类

一、资产概述

单位的资产是指单位过去的经济业务或者事项形成的，由单位控制的，预期能够产生服务潜力或者带来经济利益流入的经济资源。符合资产定义且同时满足以下条件时，确认为资产：与该经济资源相关的服务潜力很可能实现或者经济利益很可能流入单位；该经济资源的成本或者价值能够可靠地计量。

单位的资产按照流动性，分为流动资产和非流动资产。流动资产包括货币资金、短期投资、应收及预付款项、存货等。非流动资产是指流动资产以外的资产，包括固定资产、在建工程、无形资产、长期投资、政府储备资产、保障性住房等。结合单位实际，笔者重点列举与单位密切相关的业务进行说明。

二、银行存款

银行存款：本科目核算单位存入银行或者其他金融机构的各种存款。试以橡胶所为例，其主要涉及业务如下：

2021 年 1 月 5 日，我单位收到银行汇入定期存款利息 10 125.00 元，滚存入定期存款；2 月 4 日，将 10 000 000.00 元由活期存款转存定期存款；3 月 29 日，收到银行汇入活期存款利息 30 054.74 元。编制相关会计分录如下：

摘要	财务会计分录	预算会计分录
2021 年 1 月 5 日，收到银行汇入定期存款利息 10 125.00 元，滚存入定期存款	借：银行存款＼定期存款 10 125.00 元 贷：利息收入 10 125.00 元	借：资金结存＼货币资金 10 125.00 元 贷：其他预算收入＼利息预算收入 10 125.00 元
2021 年 2 月 4 日，将 10 000 000.00元由活期存款转存定期存款	借：银行存款＼定期存款 10 000 000.00 元 贷：银行存款＼活期存款 10 000 000.00 元	借：资金结存＼货币资金 10 000 000.00 元 贷：资金结存＼货币资金 10 000 000.00 元
2021 年 3 月 29 日，收到银行汇入活期存款利息 30 054.74 元	借：银行存款＼活期存款 30 054.74 元 贷：利息收入 30 054.74 元	借：资金结存＼货币资金 30 054.74 元 贷：其他预算收入＼利息预算收入 30 054.74 元

2021 年 1 月 28 日，广西 A 单位汇入项目款 153 400.00 元，其中 123 400.00 元

为直接经费，30 000.00 元为间接经费绩效支出；2021 年 3 月 20 日，收到海南 A 公司汇入工程质量保证金 42 000.00 元；2021 年 4 月 8 日，儋州 A 公司汇入购买橡胶所科研试制产品 57 826.00 元，开具增值税普通发票，不含税额为 57 253.47 元，增值税额为 572.53 元。编制相关会计分录如下：

摘要	财务会计分录	预算会计分录
2021 年 1 月 28 日，广西 A 单位汇入项目款 153 400.00 元，其中 123 400.00 元为直接经费，30 000.00 元为间接经费绩效支出	借：银行存款\活期存款 153 400.00 元 贷：预收账款\合同预收款\直接费用 123 400.00 元 预收账款\合同预收款\间接费用\绩效支出 30 000.00 元	借：资金结存\货币资金 153 400.00 元 贷：事业预算收入\科研预算收入\非同级财政拨款\非财政专项资金 153 400.00 元
2021 年 3 月 20 日，收到海南 A 公司汇入工程质量保证金 42 000.00 元	借：银行存款\活期存款 42 000.00 元 贷：其他应付款\其他应付\其他应付单位\工程设备投标保证金及质保金 42 000.00 元	
2021 年 4 月 8 日，儋州 A 公司汇入购买橡胶所科研试制产品款 57 826.00 元，开具增值税普通发票，不含税额为 57 253.47 元，增值税额为 572.53 元	借：银行存款\活期存款 57 826.00 元 贷：事业收入\非科研收入\试制产品活动收入 57 253.47 元 应交增值税\简易计税 572.53 元	借：资金结存\货币资金 57 826.00 元 贷：事业预算收入\非科研预算收入\试制产品预算收入\其他资金\基本支出 57 826.00 元

2021 年 4 月 5 日，A 课题组在非财政专项报销 3 月份临时工张三、李四劳务费各 800.00 元，合计 1 600.00 元。编制相关会计分录如下：

摘要	财务会计分录	预算会计分录
2021 年 4 月 5 日，A 课题组在非财政专项报销 3 月份临时工张三、李四劳务费各 800.00 元，合计 1 600.00 元	借：业务活动费用\科研活动费用\商品和服务费用 1 600.00 元 贷：银行存款\活期存款\张三 800.00 元 银行存款\活期存款\李四 800.00 元	借：事业支出\科研支出\非财政专项支出\项目支出 1 600.00 元 贷：资金结存\货币资金 800.00 元 资金结存\货币资金 800.00 元

三、零余额账户用款额度

零余额账户用款额度：本科目核算根据财政部门批复的用款计划收到和支出零余额账户用款额度。

例如，橡胶所收到预算额度一般为财政授权支付额度。主要涉及业务如下：

2021 年 1 月 29 日，橡胶所财政额度到账人员经费 5 000 000.00 元，财政项目 A 到账当年额度 1 000 000.00 元，财政项目 B 项目到账上年结转额度 300 000.00 元；2 月 16 日，发放在职人员工资合计支出 2 000 000.00 元，其中业务人员工资支出1 700 000.00 元，单位管理人员工资支出 300 000.00 元；2 月 18 日，T 部门购买试剂耗材，从项目 A 报销，支出合计 4 900.00 元；当年 2 月 19 日，因账号错误，银行退回 T 部门购买试剂耗材的 4 900.00 元，当月重新支付。编制相关会计分录如下：

摘要	财务会计分录	预算会计分录
2021 年 1 月 29 日，橡胶所财政额度到账人员经费 5 000 000.00 元，财政项目 A 到账当年额度 1 000 000.00 元，财政项目 B 项目到账上年结转额度 300 000.00 元	借：零余额账户用款额度＼基本支出＼人员经费 5 000 000.00 元 零余额账户用款额度＼项目支出＼A 项目 1 000 000.00 元 零余额账户用款额度＼项目支出＼B 项目 300 000.00 元 贷：财政补助收入＼财政授权支付＼基本支出＼人员经费 5 000 000.00 元 财政补助收入＼财政授权支付＼项目支出＼A 项目 1 000 000.00 元 财政应返还额度＼财政授权支付＼项目支出＼B 项目 300 000.00 元	借：资金结存＼零余额账户用款额度＼基本支出＼人员经费 5 000 000.00 元 资金结存＼零余额账户用款额度＼项目支出＼A 项目1 000 000.00 元 资金结存＼零余额账户用款额度＼项目支出＼B 项目300 000.00 元 贷：财政拨款预算收入＼基本支出＼人员经费 5 000 000.00 元 财政拨款预算收入＼项目支出＼A 项目 1 000 000.00 元 资金结存＼财政应返还额度＼财政授权支付＼B 项目300 000.00 元

（续）

摘要	财务会计分录	预算会计分录
2021 年 2 月 16 日，发放在职人员工资合计支出 2 000 000.00 元，其中业务人员工资支出 1 700 000.00 元，单位管理人员工资支出 300 000.00 元	借：业务活动费用\科研活动费用\工资福利费用 1 700 000.00 元 单位管理费用\工资福利费用 300 000.00 元 贷：零余额账户用款额度\基本支出\人员经费 2 000 000.00 元	借：事业支出\科研支出\财政拨款\基本支出\人员经费 2 000 000.00 元 贷：资金结存\零余额账户用款额度\基本支出\人员经费 2 000 000.00 元
2021 年 2 月 18 日，T 部门购买试剂耗材，从项目 A 报销，支出合计 4 900.00 元	借：业务活动费用\科研活动费用\商品和服务支出 4 900.00 元 贷：零余额账户用款额度\项目支出\A 项目4 900.00 元	借：事业支出\科研支出\财政拨款\项目支出 4 900.00 元 贷：资金结存\零余额账户用款额度\项目支出\A 项目4 900.00 元
2021 年 2 月 19 日，因账号错误，银行退回 T 部门购买试剂耗材的 4 900.00 元，当月重新支付	袋：零余额账户用款额度\项目支出\A 项目－4 900.00 元 贷：零余额账户用款额度\项目支出\A 项目4 900.00 元	贷：资金结存\零余额账户用款额度\项目支出\A 项目－4 900.00 元 贷：资金结存\零余额账户用款额度\项目支出\A 项目4 900.00 元

四、财政应返还额度

本科目核算单位应收财政返还的资金额度，包括可以使用的以前年度财政直接支付资金额度和财政应返还的财政授权支付资金额度。

例如，橡胶所主要涉及业务如下：

2020 年 12 月 31 日，年末注销零余额账户用款额度，项目 B 资金 300 000.00 元；2021 年 1 月 29 日，项目 B 到账上年结转资金额度 300 000.00 元；2021 年 2 月 15 日，T 部门从 B 项目支出 3 000.00 元支付印刷费。编制相关会计分录如下：

摘要	财务会计分录	预算会计分录
2020 年 12 月 31 日，年末注销零余额账户用款额度，项目 B 资金 300 000.00 元	借：财政应返还额度＼财政授权支付＼B 项目 300 000.00 元 贷：零余额账户用款额度＼项目支出＼B 项目 300 000.00 元	借：资金结存＼财政应返还额度＼B 项目 300 000.00 元 贷：资金结存＼零余额账户用款额度＼B 项目 300 000.00 元
2021 年 1 月 29 日，项目 B 到账上年结转资金额度 300 000.00 元	借：零余额账户用款额度＼项目支出＼B 项目 300 000.00 元 贷：财政应返还额度＼财政授权支付＼B 项目300 000.00 元	借：资金结存＼零余额账户用款额度＼B 项目 300 000.00 元 贷：资金结存＼财政应返还额度＼B 项目 300 000.00 元
2021 年 2 月 15 日，T 部门从 B 项目支出 3 000.00 元支付印刷费	借：业务活动费用＼科研活动费用＼商品和服务支出 3 000.00 元 贷：零余额账户用款额度＼项目支出＼B 项目3 000.00 元	借：事业支出＼科研支出＼财政拨款＼项目支出 3 000.00 元 贷：资金结存＼零余额账户用款额度＼项目支出＼B 项目3 000.00 元

五、预付账款

本科目核算单位按照购货、服务合同或协议规定预付给供应单位（或个人）的款项，以及按照合同规定向承包工程的施工企业预付的备料款。

例如，橡胶所明细科目按照非建设工程和建设工程核算，主要涉及业务如下：

2021 年 3 月 3 日，S 课题组根据与 N 公司签署的基因测序技术服务合同，向其预付 50%的合同预付款，从非财政项目 C 支出 30 000.00 元；3 月 10 日，支出 B 财政基建项目 30%备料款，合计 497 000.00 元。3 月 30 日，S 课题取得测序报告及合同全额发票 60 000.00 元，并根据与 N 公司签署的基因测序技术服务合同支付尾款 30 000.00 元。编制相关会计分录如下：

摘要	财务会计分录	预算会计分录
2021年3月3日，S课题组根据与N公司签署的基因测序技术服务合同，向其预付50%的合同预付款，从非财政项目C支出30 000.00元	借：预付账款\非建设工程\其他预付款30 000.00元 贷：银行存款\活期存款30 000.00元	借：事业支出\科研支出\非财政专项资金\C项目30 000.00元 贷：资金结存\货币资金30 000.00元
2021年3月10日，支出B财政基建项目30%备料款，合计497 000.00元	借：预付账款\建设工程\其他预付款497 000.00元 贷：零余额账户用款额度\B项目497 000.00元	借：事业支出\科研支出\财政拨款\B项目497 000.00元 贷：资金结存\零余额账户用款额度\B项目497 000.00元
2021年3月30日，S课题取得测序报告及合同全额发票60 000.00元，并根据与N公司签署的基因测序技术服务合同支付尾款30 000.00元	借：业务活动费用\科研活动费用\商品和服务支出60 000.00元 贷：预付账款\非建设工程\其他预付款30 000.00元 银行存款\活期存款30 000.00元	借：事业支出\科研支出\非财政专项资金\C项目30 000.00元 贷：资金结存\货币资金30 000.00元

六、应收股利

本科目核算本单位持有长期股权投资应收取的现金股利或应收分得的利润。

例如，橡胶所采用成本法对长期股权投资进行核算，该科目用于核算长期股权投资公司宣布分配发放的利润，业务如下：

2021年3月23日，橡胶所进行长期股权投资的R公司宣布分配股东利润；3月25日，收到现金股利7 000.00元。编制相关会计分录如下：

摘要	财务会计分录	预算会计分录
2021年3月23日，我单位进行长期股权投资的R公司宣布分配股东利润	借：应收股利7 000.00元 贷：投资收益7 000.00元	
2021年3月25日，收到现金股利7 000.00元	借：银行存款\活期存款7 000.00元 贷：应收股利7 000.00元	借：资金结存\货币资金7 000.00元 贷：投资预算收益7 000.00元

七、其他应收款

本科目核算单位除财政应返还额度、应收票据、应收账款、预付账款、应收股利、应收利息以外的其他各项应收及暂付款项，如职工预借的差旅费、已经偿还银行尚未报销的本单位公务卡欠款、拨付给内部有关部门的备用金、应向职工收取的各种垫付款项、支付的可以收回的订金或押金、应收的上级补助和附属单位上缴款项等。

例如，橡胶所主要用于核算职工为参加学术会议预借的会议费，业务如下：

2021 年 3 月 25 日，A 职工因疫情原因不能及时取得会议发票，从非财政项目 N 预支 5 000.00 元用于公务卡支付的会议注册费；7 月 2 日，该职工报销会议注册费冲销个人借款。编制相关会计分录如下：

摘要	财务会计分录	预算会计分录
2021 年 3 月 25 日，A 职工因疫情原因不能及时取得会议发票，从非财政项目 N 预支 5 000.00 元用于公务卡支付的会议注册费	借：其他应收款＼个人应收款 5 000.00 元 其他应付款＼公务卡＼非财政拨款还公务卡 5 000.00 元 贷：其他应付款＼公务卡＼非财政拨款还公务卡 5 000.00 元 银行存款＼活期存款 5 000.00 元	
2021 年 7 月 2 日，该职工报销会议注册费冲销个人借款	借：业务活动费用＼科研活动费用＼商品和服务支出 5 000.00 元 贷：其他应收款＼个人应收款 5 000.00 元	借：事业支出＼科研支出＼非财政专项资金＼N 项目 5 000.00 元 贷：资金结存＼货币资金 5 000.00 元

八、固定资产

本科目核算固定资产的原值。橡胶所涉及的固定资产主要包括：①外购固定资产如专用设备、通用设备、图书及档案、家具用具装具及动植物；②自建固定资产如房屋及构筑物。

固定资产累计折旧：本科目核算单位计提的固定资产累计折旧。应当按照对应固定资产的明细分类进行明细核算。橡胶所使用年限平均法对固定资产计提折旧。

主要业务如下：

2021 年 3 月 5 日，A 课题组采购一台高压灭菌器，列增固定资产作为专用设备核算管理，原值 24 000.00 元，按照年限平均法计提折旧，使用年限为 10 年，当月计提折旧 200.00 元，从财政项目 A 报销相关费用；2021 年 4 月 5 日，A 大型修缮工程完工通过验收，经批复由在建工程转为固定资产核算，总投资金额为 5 650 000.00 元；2021 年 4 月 23 日，橡胶所接收到一批无偿调入的价值 4 000 000.00 元的固定资产，未发生额外费用，按照房屋及构筑物明细科目核算；2021 年 5 月 10 日，橡胶所经批准处置一批账面原值 300 000.00 元，固定资产累计折旧 240 000.00 元，账面余额 60 000.00 元的固定资产，收到拍卖公司汇入的处置收入 11 500.00 元，同时支付处置费用 1 500.00 元，按照其差额上缴国库 10 000.00 元。编制相关会计分录如下：

摘要	财务会计分录	预算会计分录
2021 年 3 月 5 日，A 课题组采购一台高压灭菌器，列增固定资产作为专用设备核算管理，原值 24 000.00 元，按照年限平均法计提折旧，使用年限为 10 年，当月计提折旧 200.00 元，从财政项目 A 报销相关费用	借：固定资产\外购固定资产\专用设备 24 000.00 元 贷：零余额账户用款额度\A 项目24 000.00 元 借：业务活动费用\科研活动费用\固定资产折旧费 200.00 元 贷：固定资产折旧\专用设备 200.00 元	借：事业支出\科研支出\财政拨款\A 项目24 000.00 元 贷：资金结存\零余额账户用款额度\A 项目24 000.00 元
2021 年 4 月 5 日，A 大型修缮工程完工通过验收，经批复由在建工程转为固定资产核算，总投资金额为 5 650 000.00 元	借：固定资产\自建固定资产\房屋及构筑物5 650 000.00 元 贷：在建工程\修购项目\基础设施建设项目5 650 000.00 元	
2021 年 4 月 23 日，我单位接收到一批无偿调入的价值 4 000 000.00元的固定资产，未发生额外费用，按照房屋及构筑物明细科目核算	借：固定资产\房屋及构筑物 4 000 000.00 元 贷：无偿划拨净资产 4 000 000.00 元	

（续）

摘要	财务会计分录	预算会计分录
2021 年 5 月 10 日，橡胶所经批准处置一批账面原值 300 000.00 元，固定资产累计折旧 240 000.00 元，账面余额 60 000.00 元的固定资产，收到拍卖公司汇入的处置收入 11 500.00 元，同时支付处置费用 1 500.00 元，按照其差额上缴国库 10 000.00 元	借：资产处置费用 60 000.00 元 固定资产折旧 240 000.00 元 贷：固定资产 300 000.00 元 借：银行存款＼活期存款 11 500.00 元 贷：银行存款＼活期存款 1 500.00 元 应缴财政款 10 000.00 元 借：应缴财政款 10 000.00 元 贷：银行存款＼活期存款 10 000.00 元	

九、在建工程

在建工程：本科目核算单位在建的建设项目工程的实际成本。单位在建的信息系统项目工程、公共基础设施项目工程、保障性住房项目工程的实际成本，也通过本科目核算。本科目设置“建筑安装工程投资”“设备投资”“待摊投资”“其他投资”“基建转出投资”等明细科目，并按照具体项目进行明细核算。

橡胶所主要业务列示如下：

2021 年 3 月 5 日，T 基建项目根据施工进度，支付建筑工程款 1 500 000.00 元；3 月 24 日，该基建项目支付购买电梯设备款 120 000.00 元；4 月 5 日，该基建项目管理人员出差云南处理项目相关事宜发生差旅费支出 5 000.00 元；12 月 25 日，该基建项目通过验收，竣工合格，经批复准予转为固定资产核算。编制相关会计分录如下：

摘要	财务会计分录	预算会计分录
2021 年 3 月 5 日，T 基建项目根据施工进度，支付建筑工程款 1 500 000.00 元	借：在建工程＼建筑安装工程投资＼建筑工程 1 500 000.00 元 贷：零余额账户用款额度＼项目支出 1 500 000.00 元	借：事业支出＼科研支出＼财政拨款＼T 项目1 500 000.00 元 贷：资金结存＼零余额账户用款额度＼T 项目1 500 000.00 元

（续）

摘要	财务会计分录	预算会计分录
2021年3月24日，该基建项目支付购买电梯设备款120 000.00元	借：在建工程＼设备投资120 000.00元 贷：零余额账户用款额度＼项目支出120 000.00元	借：事业支出＼科研支出＼财政拨款＼T项目120 000.00元 贷：资金结存＼零余额账户用款额度＼T项目120 000.00元
2021年4月5日，该基建项目管理人员出差云南处理项目相关事宜发生差旅费支出5 000.00元	借：在建工程＼待摊投资5 000.00元 贷：零余额账户用款额度＼项目支出5 000.00元	借：事业支出＼科研支出＼财政拨款＼T项目5 000.00元 贷：资金结存＼零余额账户用款额度＼T项目5 000.00元
2021年12月25日，该基建项目通过验收，竣工合格，经批复准予转为固定资产核算	借：固定资产＼自建固定资产＼房屋及构筑物1 505 000.00元 固定资产＼外购固定资产＼专用设备120 000.00元 贷：在建工程＼建筑安装工程投资＼建筑工程1 500 000.00元 在建工程＼设备投资 120 000.00元 在建工程＼待摊投资 5 000.00元	

十、无形资产

本科目核算单位无形资产的原值，主要包括专利权、商标权、著作权、土地使用权、非专利技术等。

无形资产累计摊销：本科目核算单位对使用年限有限的无形资产计提的累计摊销。

橡胶所主要为外购无形资产，业务列示如下：

2021年4月23日，A课题组委托软件公司开发一款软件，列增为无形资产核算，合计9 800.00元，从非财政项目经费支出，使用年限平均法计提摊销，当月计提摊销额为81.60元。编制相关会计分录如下：

摘要	财务会计分录	预算会计分录
2021 年 4 月 23 日	借：无形资产＼非专利技术 9 800.00 元 贷：银行存款＼活期存款 9 800.00 元 借：业务活动费用＼科研活动费用＼无形资产摊销费 81.60 元 贷：无形资产累计摊销＼非专利技术 81.60 元	借：事业支出＼科研支出＼非财政专项支出＼项目支出 9 800.00 元 贷：资金结存＼货币资金 9 800.00 元

第三节　负 债 类

一、负债概述

负债是指单位过去的经济业务或者事项形成的，预期会导致经济资源流出的现时义务。现时义务是指单位在现行条件下已经承担的义务。符合负债定义且同时满足以下条件时，确认为负债：履行该义务很可能导致含有服务潜力或者经济利益的经济资源流出单位；该义务的金额能够可靠地计量。

单位的负债按照流动性，分为流动负债和非流动负债。流动负债包括短期借款、应付职工薪酬、应付账款、预收款项、应缴税费、应缴款项等。非流动负债包括长期借款、长期应付款等。

二、应交增值税

本科目核算单位按照税法规定计算应交纳的增值税。橡胶所主要由非同级财政拨款项目款计提增值税和提供技术服务所得收入计提增值税组成。业务示例如下：

2021 年 5 月 8 日，橡胶所收到一笔横向项目收入，开具增值税普通发票，不含税额为 99 009.90 元，税额为 990.10 元；5 月 11 日，A 合作公司汇入技术服务款，合同金额约定为 29 760.00 元，其中含增值税款 110.50 元。编制相关会计分录如下：

摘要	财务会计分录	预算会计分录
2021 年 5 月 8 日，橡胶所收到一笔横向项目收入，开具增值税普通发票，不含税额为 99 009.90 元，税额为 990.10 元	借：银行存款＼活期存款 100 000.00 元 贷：预收账款＼合同预收款 99 009.90 元 应交增值税＼简易计税＼项目款增值税 990.10 元	借：资金结存＼货币资金 100 000.00 元 贷：事业预算收入＼科研预算收入＼非同级财政拨款＼非财政专项资金 100 000.00 元

（续）

摘要	财务会计分录	预算会计分录
2021 年 5 月 11 日，A 合作公司汇入技术服务款，合同金额约定为 29 760.00 元，其中含增值税款 110.50 元	借：银行存款\活期存款 29 760.00 元 贷：事业收入\非科研收入\技术活动收入 29 649.50 元 应交增值税\简易计税\成果转化收入增值税 110.50 元	借：资金结存\货币资金 29 760.00 元 贷：事业预算收入\非科研预算收入\技术预算收入\其他资金\基本支出 29 760.00 元

三、其他应交税费

本科目核算单位按照税法等规定计算应交纳的除增值税以外的各种税费，包括城市维护建设税、教育费附加、地方教育费附加、车船税、房产税、城镇土地使用税和企业所得税、单位代扣代缴的个人所得税等。单位应缴纳的印花税不需要预提应交税费，直接通过“业务活动费用”等科目核算，不通过“其他应交税费”科目核算。

橡胶所主要业务示例如下：

2021 年 4 月 16 日，缴交橡胶所一季度计提的增值税附加税，其中城市维护建设税、教育费附加、地方教育费附加、印花税分别为 941.45 元、403.48 元、268.98 元、549.50 元。编制相关会计分录如下：

摘要	财务会计分录	预算会计分录
2021 年 4 月 16 日，缴交橡胶所一季度计提的增值税附加税，其中城市维护建设税、教育费附加、地方教育费附加、印花税分别为 941.45 元、403.48 元、268.98 元、549.50 元	借：其他应交税费\应交城市维护建设税 941.45 元 其他应交税费\应交教育费附加 403.48 元 其他应交税费\应交地方教育费附加 268.98 元 业务活动费用\科研活动费用\商品和服务费用 549.50 元 贷：银行存款\活期存款 2 163.41 元	借：事业支出\科研支出\其他资金支出\基本支出\日常公用经费 941.45 元 事业支出\科研支出\其他资金支出\基本支出\日常公用经费 403.48 元 事业支出\科研支出\其他资金支出\基本支出\日常公用经费 268.98 元 事业支出\科研支出\其他资金支出\基本支出\日常公用经费 549.50 元 贷：资金结存\货币资金 2 163.41 元

四、应付职工薪酬

本科目核算单位按照有关规定应付给职工（含长期聘用人员）及为职工支付的各种薪酬，包括基本工资、国家统一规定的津贴补贴、规范津贴补贴（绩效工资）、改革性补贴、社会保险费（如职工基本养老保险费、职业年金、基本医疗保险费等）、住房公积金等，其中补贴包括差旅费补助。

橡胶所主要业务示例如下：

2021 年 5 月 13 日，A 员工出差儋州试验差旅费合计支出 1 200.00 元，含补助支出 120.00 元，租车费 800.00 元，住宿费 280.00 元。应付职工薪酬具体工资业务详见费用类章节，编制相关会计分录如下：

摘要	财务会计分录	预算会计分录
2021 年 5 月 13 日，A 员工出差儋州试验差旅费合计支出 1 200.00 元，含补助支出 120.00 元，租车费 800.00 元，住宿费 280.00 元	借：业务活动费用\科研活动费用\商品和服务费用 1 200.00 元 应付职工薪酬\其他个人收入 120.00 元 贷：应付职工薪酬\其他个人收入 120.00 元 银行存款\活期存款 120.00 元 银行存款\活期存款 800.00 元 银行存款\活期存款 280.00 元	借：事业支出\科研支出\非财政专项支出\项目支出 1 200.00 元 贷：资金结存\货币资金 120.00 元 资金结存\货币资金 800.00 元 资金结存\货币资金 280.00 元

五、预收账款

本科目核算单位预先收取但尚未结算的款项。橡胶所业务示例如下：

2021 年 4 月 1 日，橡胶所收到从当地政府 A 部门取得的科研项目经费拨款 300 000.00 元，全部用作直接费用。2021 年 12 月 31 日，橡胶所完成项目计划任务，结转合同预收款至科研收入。编制相关会计分录如下：

摘要	财务会计分录	预算会计分录
2021 年 4 月 1 日，橡胶所收到从当地政府 A 部门取得的科研项目经费拨款 300 000.00 元，全部用作直接费用	借：银行存款/活期存款 300 000.00 元 贷：预收账款/合同预收款/直接费用 300 000.00 元	借：资金结存/货币资金 300 000.00 元 贷：事业预算收入/科研预算收入/非同级财政拨款/非财政专项资金 300 000.00 元

（续）

摘要	财务会计分录	预算会计分录
2021年12月31日，橡胶所完成项目计划任务，结转合同预收款至科研收入	借：预收账款/合同预收款/直接费用300 000.00元 贷：事业收入/科研收入/非同级财政拨款300 000.00元	

六、其他应付款

本科目核算单位除应交增值税、其他应交税费、应缴财政款、应付职工薪酬、应付账款、应付政府补贴款以外，其他各项偿还期限在1年内（含1年）的应付及暂收款项，如收取的押金、存入保证金、已经报销但尚未还银行的本单位公务卡欠款等。橡胶所主要业务示例如下：

2021年5月20日，A公司汇入押金5 000.00元；5月23日，A职工用公务卡支付审稿费200.00元，并从非财政项目B支出；5月24日，A科技有限公司按照合同约定汇入一笔设备质量保证金，金额为4 600.00元。

摘要	财务会计分录	预算会计分录
2021年5月20日，A公司汇入押金5 000.00元	借：银行存款\活期存款5 000.00元 贷：其他应付款\押金5 000.00元	
2021年5月23日，A职工用公务卡支付审稿费200.00元，并从非财政项目B支出	借：业务活动费用\科研活动费用\商品和服务费用200.00元 其他应付款\公务卡\非财政拨款还公务卡200.00元 贷：其他应付款\公务卡\非财政拨款还公务卡200.00元 银行存款\活期存款200.00元	借：事业支出\科研支出\非财政专项支出\项目支出200.00元 贷：资金结存\货币资金200.00元
2021年5月24日，A科技有限公司按照合同约定汇入一笔设备质量保证金，金额为4 600.00元	借：银行存款\活期存款4 600.00元 贷：其他应付款\其他应付\其他应付单位\工程设备投标保证金及质保金4 600.00元	

七、预提费用

预提费用：本科目主要核算单位预先提取的已经发生但尚未支付的费用。橡胶所主要用于核算提取的项目间接费用或管理费，业务示例如下：

2021 年 5 月 28 日，按照管理规定从项目 J 提取间接费用或管理费 25 500.00 元；5 月 29 日，从提取的项目间接费用或管理费中支出 5 000.00 元用于购买专用材料。编制相关会计分录如下：

摘要	财务会计分录	预算会计分录
2021 年 5 月 28 日，按照管理规定从项目 J 提取间接费用或管理费 25 500.00 元	借：业务活动费用 \ 科研活动费用 \ 商品和服务费用 25 500.00 元 贷：预提费用 \ 科研项目间接费用或管理费 25 500.00 元	借：非财政拨款结转-项目间接费用或管理费 25 500.00 元 贷：非财政拨款结余-项目间接费用或管理费 25 500.00 元
2021 年 5 月 29 日，从提取的项目间接费用或管理费中支出 5 000.00 元用于购买专用材料	借：预提费用 \ 科研项目间接费用或管理费 5 000.00 元 贷：银行存款 \ 活期存款 5 000.00 元	借：事业支出 \ 科研支出 \ 非财政专项支出 \ 项目支出 5 000.00 元 贷：资金结存 \ 货币资金 5 000.00 元

第四节　收入类与预算收入类

一、收入和预算收入概述

收入是财务会计要素，是指报告期内导致会计主体净资产增加的、含有服务潜力或者经济利益的经济资源的流入。

单位收入主要包括财政拨款收入、事业收入、上级补助收入、附属单位上缴收入、经营收入、非同级财政拨款收入、投资收益、捐赠收入、利息收入、租金收入和其他收入。

单位预算收入是预算会计要素，指政府会计主体在预算年度内依法取得的并纳入预算管理的现金收入。预算收入主要分为：财政拨款预算收入、事业预算收入、上级补助预算收入、附属单位上缴预算收入、经营预算收入、债务预算收入、非同级财政拨款预算收入、投资预算收益、其他预算收入。

二、财政拨款收入与财政拨款预算收入

本科目核算单位从同级政府财政部门取得的各类财政拨款。橡胶所主要涉

及业务如下：

橡胶所已纳入财政国库集中支付改革。2021 年 1 月 1 日，收到财政授权支付到账通知书，财政部门为橡胶所支付了为开展日常业务活动的用款额度 300 000.00 元；2 月 1 日，收到 A 项目的财政拨款 400 000.00 元；3 月 1 日，收到代理银行提供的上年注销额度恢复到账通知书，恢复上年 A 项目结转的财政拨款 500 000.00 元额度。编制相关会计分录如下：

摘要	财务会计分录	预算会计分录
2021 年 1 月 1 日，收到财政授权支付到账通知书，财政部门为橡胶所支付了为开展日常业务活动的用款额度 300 000.00 元	借：零余额账户用款额度/基本支出 300 000.00 元 贷：财政拨款收入/财政授权支付/基本支出 300 000.00 元	借：资金结存/零余额账户用款额度/基本支出 300 000.00 元 贷：财政拨款预算收入/基本支出 300 000.00 元
2021 年 2 月 1 日，收到 A 项目的财政拨款 400 000.00 元；3 月 1 日，收到去年 A 项目结转的财政拨款 500 000.00 元	借：零余额账户用款额度/项目支出 400 000.00 元 贷：财政拨款收入/财政授权支付/项目支出 400 000.00 元	借：资金结存/零余额账户用款额度/项目支出 400 000.00 元 贷：财政拨款预算收入/项目支出 400 000.00 元
2021 年 3 月 1 日，收到代理银行提供的上年注销额度恢复到账通知书，恢复上年 A 项目结转的财政拨款 500 000.00 元额度	借：零余额账户用款额度/项目支出 50 000.00 元 贷：财政应返还额度/财政授权支付/项目支出 50 000.00 元	借：资金结存/零余额账户用款额度/项目支出 500 000.00 元 贷：资金结存/财政应返还额度/财政授权支付/项目支出 500 000.00 元

三、事业收入与事业预算收入

本科目核算单位开展专业业务活动及其辅助活动实现的收入，不包括从同级政府财政部门取得的各类财政拨款。橡胶所主要涉及业务如下：

橡胶所 2021 年 1 月 1 日，与 A 公司签订科研服务合同，为期 1 年，合同约定价款为 100 000.00 元，作为横向项目核算，其中 60 000.00 元用作直接费用，40 000.00 元用作间接费用。2021 年 1 月 3 日，橡胶所收到该公司预付的 100 000.00 元合同款。2021 年 12 月 31 日，橡胶所完成合同规定内容，确认全部科研服务收入。编制相关会计分录如下：

摘要	财务会计分录	预算会计分录
2021 年 1 月 1 日，与 A 公司签订科研服务合同，为期 1 年，合同约定价款为 100 000.00 元，其中 60 000.00 元用作直接费用，40 000.00 元用作间接费用，2021 年 1 月 3 日，橡胶所收到该公司预付的 100 000.00 元合同款	借：银行存款/活期存款 100 000.00 元 贷：预收账款/合同预收款/直接费用 60 000.00 元 预收账款/合同预收款/间接费用 40 000.00 元	借：资金结存/货币资金 100 000.00 元 贷：事业预算收入/科研预算收入/非同级财政拨款/非财政专项资金 100 000.00 元
2021 年 12 月 31 日，橡胶所完成合同规定内容，确认全部科研服务收入	借：预收账款/合同预收款/直接费用 60 000.00 元 预收账款/合同预收款/间接费用 40 000.00 元 贷：事业收入/科研收入/非同级财政拨款 100 000.00 元	

2021 年 1 月 1 日，橡胶所收到 A 公司汇入购买试制产品 10 万元；2 月 1 日，收到 A 公司汇入购买技术服务 20 万元。编制相关会计分录如下：

摘要	财务会计分录	预算会计分录
2021 年 1 月 1 日，橡胶所收到 A 公司汇入购买试制产品 100 000.00 元	借：银行存款/活期存款 100 000.00 元 贷：事业收入/非科研收入/试制产品活动收入 100 000.00 元	借：资金结存/货币资金 100 000.00 元 贷：事业预算收入/非科研预算收入/试制产品预算收入 100 000.00 元
2021 年 2 月 1 日，收到 A 公司汇入购买技术服务 200 000.00 元	借：银行存款/活期存款 200 000.00 元 贷：事业收入/非科研收入/技术活动收入 200 000.00 元	借：资金结存/货币资金 200 000.00 元 贷：事业预算收入/非科研预算收入/技术预算收入 200 000.00 元

四、投资收益与投资预算收益

本科目核算单位股权投资和债券投资所实现的收益或发生的损失。本单位主要涉及业务如下：

2021 年 1 月 1 日，我单位收到被投资公司发放的现金股利 10 万元，编制相关会计分录如下：

摘要	财务会计分录	预算会计分录
2021 年 1 月 1 日，我单位收到被投资公司发放的现金股利 100 000.00 元	借：银行存款/活期存款 100 000.00 元 贷：应收股利 100 000.00 元	借：资金结存/货币资金 100 000.00 元 贷：投资预算收益 100 000.00 元

五、利息收入与其他预算收入

利息收入：本科目核算单位取得的银行存款利息收入。

其他预算收入：本科目核算单位除财政拨款预算收入、事业预算收入、上级补助预算收入、附属单位上缴预算收入、经营预算收入、债务预算收入、非同级财政拨款预算收入、投资预算收益之外的纳入部门预算管理的现金流入，包括捐赠预算收入、利息预算收入、租金预算收入、现金盘盈收入等。

橡胶所主要涉及业务如下：

2021 年 3 月 1 日，橡胶所收到银行基本账户存款利息收入 100 000.00 元，编制相关会计分录如下：

摘要	财务会计分录	预算会计分录
2021 年 3 月 1 日，橡胶所收到银行基本账户存款利息收入 100 000.00 元	借：银行存款/活期存款 100 000.00 元 贷：利息收入 100 000.00 元	借：资金结存/货币资金 100 000.00 元 贷：其他预算收入/利息预算收入 100 000.00 元

六、上级补助收入与上级补助预算收入

本科目核算单位从主管部门和上级单位取得的非财政拨款收入。

橡胶所主要涉及业务如下：

2021 年 1 月 1 日，橡胶所收到上级单位汇入的绩效考核奖励金 10 万元，编制相关会计分录如下：

摘要	财务会计分录	预算会计分录
2021年1月1日，橡胶所收到上级单位汇入的绩效考核奖励金100 000.00元	借：银行存款/活期存款 100 000.00 元 贷：上级补助收入 100 000.00 元	借：资金结存/货币资金 100 000.00 元 贷：上级补助预算收入 100 000.00 元

七、其他收入与其他预算收入

其他收入：本科目核算单位取得的除财政拨款收入、事业收入、上级补助收入、附属单位上缴收入、经营收入、非同级财政拨款收入、投资收益、捐赠收入、利息收入、租金收入以外的各项收入，包括现金盘盈收入、按照规定纳入单位预算管理的科技成果转化收入、无法偿付的应付及预收款项、置换换出资产评估增值等。

其他预算收入：本科目核算单位除财政拨款预算收入、事业预算收入、上级补助预算收入、附属单位上缴预算收入、经营预算收入、债务预算收入、非同级财政拨款预算收入、投资预算收益之外的纳入部门预算管理的现金流入，包括捐赠预算收入、利息预算收入、租金预算收入、现金盘盈收入等。

橡胶所主要涉及业务如下：

2021年1月1日，橡胶所收到税务局汇入的纳税手续费返还款30 000.00元，编制相关会计分录如下：

摘要	财务会计分录	预算会计分录
2021年1月1日，橡胶所收到税务局汇入的纳税手续费返还款30 000.00元	借：银行存款/活期存款 30 000.00 元 贷：其他收入 30 000.00 元	借：资金结存/货币资金 30 000.00 元 贷：其他预算收入/其他 30 000.00 元

第五节　费用类和预算支出类

一、费用和预算支出概述

费用是财务会计要素，是指报告期内导致政府会计主体净资产减少、含有服务潜力或经济利益的经济资源的流出。主要包括业务活动费用、单位管理费用、经营经费、资产处置费用、上缴上级费用、对附属单位补助费用、所得税费用、其他费用共计八个科目。

预算支出是预算会计要素，是指政府会计主体在预算年度内依法发生并纳入预算管理的现金流程。单位预算支出主要包括事业支出、经营支出、上缴上级支出、对附属单位补助支出、投资支出、债务还本支出和其他支出共计八个科目。

二、事业支出与业务活动/单位管理费用

事业支出：本科目核算单位开展专业业务活动及其辅助活动实际发生的各项现金流出，分别按照“财政拨款支出”“非财政专项资金支出”和“其他资金支出”，“基本支出”和“项目支出”等进行明细核算。

业务活动费用：本科目是单位为实现其职能目标，依法履职或开展专用业务活动及其辅助活动所发生的各项费用，是单位会计核算反映和监督的主要对象，也是考核单位职能目标实现情况、事业发展成果、资金使用效益和预算执行情况的主要依据。

橡胶所根据核算需要设置工资福利费用、商品和服务费用、对个人和家庭的补助费用、固定资产折旧费、无形资产摊销费等明细科目进行核算，主要业务示例如下：

2021 年 6 月 2 日，橡胶所发放一笔绩效工资合计 200 000.00 元；6 月 3 日，A 课题组报销一笔科研试验用材料费 4 000.00 元；6 月 30 日，业务部门使用的资产，当月新增固定资产折旧额 12 000.00 元，无形资产摊销额 500.00 元。编制相关会计分录如下：

摘要	财务会计分录	预算会计分录
2021 年 6 月 2 日，橡胶所发放一笔绩效工资合计 200 000.00 元	借：业务活动费用\科研活动费用\工资福利费用 200 000.00 元 应付职工薪酬\绩效工资 200 000.00 元 贷：应付职工薪酬\绩效工资 200 000.00 元 零余额账户用款额度\基本支出\人员经费 200 000.00 元	借：事业支出\科研支出\财政拨款\基本支出\人员经费 200 000.00 元 贷：资金结存\零余额账户用款额度\基本支出\人员经费 200 000.00 元
2021 年 6 月 3 日，A 课题组报销一笔科研试验用材料费 4 000.00 元	借：业务活动费用\科研活动费用\商品和服务费用 4 000.00 元 贷：银行存款\活期存款 4 000.00 元	借：事业支出\科研支出\非财政专项支出\项目支出 4 000.00 元 贷：资金结存\货币资金 4 000.00 元

（续）

摘要	财务会计分录	预算会计分录
2021 年 6 月 30 日，业务部门使用的资产，当月新增固定资产折旧额 12 000.00 元，无形资产摊销额 500.00 元	借：业务活动费用\科研活动费用\固定资产折旧费 12 000.00 元 业务活动费用\科研活动费用\无形资产摊销费 500.00 元 贷：固定资产累计折旧 12 000.00 元 无形资产累计摊销 500.00 元	

单位管理费用：本科目主要是单位本级行政及后勤管理部门开展管理活动发生的各项费用，包括单位行政及后勤管理部门发生的人员经费、办公费、资产折旧（摊销）等费用，以及由单位统一负担的离退休人员经费、工会经费、诉讼费、中介费等。

橡胶所根据核算需要设置工资福利费用、商品和服务费用、对个人和家庭的补助费用、固定资产折旧费、无形资产摊销费等明细科目进行核算，主要业务示例如下：

2021 年 6 月 2 日，橡胶所从财政人员经费支出管理人员工资合计 100 000.00 元；6 月 3 日，A 管理部门在横向项目报销一笔办公费 4 000.00 元；6 月 30 日，行政管理部门使用的资产，当月新增固定资产折旧额 10 000.00 元，无形资产摊销额 300.00 元。编制相关会计分录如下：

摘要	财务会计分录	预算会计分录
2021 年 6 月 2 日，橡胶所从财政人员经费支出管理人员工资合计 100 000.00 元	借：单位管理费用\工资福利费用 100 000.00 元 应付职工薪酬\绩效工资 100 000.00 元 贷：应付职工薪酬\绩效工资 100 000.00 元 零余额账户用款额度\基本支出\人员经费 100 000.00 元	借：事业支出\科研支出\财政拨款\基本支出\人员经费 100 000.00 元 贷：资金结存\零余额账户用款额度\基本支出\人员经费 100 000.00 元

（续）

摘要	财务会计分录	预算会计分录
2021 年 6 月 3 日，A 管理部门在横向项目报销一笔办公费 4 000.00 元	借：单位管理费用＼商品和服务费用 4 000.00 元 贷：银行存款＼活期存款 4 000.00 元	借：事业支出＼科研支出＼非财政专项支出＼项目支出 4 000.00 元 贷：资金结存＼货币资金 4 000.00 元
2021 年 6 月 30 日，行政管理部门使用的资产，当月新增固定资产折旧额 10 000.00 元，无形资产摊销额 300.00 元	借：单位管理费用＼固定资产折旧费 10 000.00 元 单位管理费用＼无形资产摊销费 300.00 元 贷：固定资产累计折旧 10 000.00 元 无形资产累计摊销 300.00 元	

（一）工资发放

2021 年 1 月 1 日，橡胶所根据月工资发放表（表 1）计发工资。

表 1　工资发放表

部门	应发项目				代扣代缴项目						
	基本工资	津贴补贴	绩效工资	通讯补贴	代扣公积金	代扣养老保险	代扣医疗保险	代扣失业保险	代扣职业年金	代扣个税	实发
管理部门	100 000.00	20 000.00	100 000.00	2 000.00	10 000.00	8 000.00	2 000.00	500.00	4 000.00	200.00	197 300.00
业务部门	200 000.00	30 000.00	200 000.00	8 000.00	20 000.00	16 000.00	4 000.00	600.00	8 000.00	400.00	389 000.00
离退休	10 000.00										10 000.00
合计	310 000.00	50 000.00	300 000.00	10 000.00	30 000.00	24 000.00	6 000.00	1 100.00	12 000.00	600.00	596 300.00

摘要	财务会计分录	预算会计分录
2021 年 1 月 1 日，橡胶所根据月工资发放表计发工资（表 1）	借：业务活动费用/科研活动费用/工资福利费用 430 000.00 元 单位管理费用/工资福利费用 220 000.00 元 业务活动费用/科研活动费用/商品和服务费用 8 000.00 元 单位管理费用/商品和服务费用 2 000.00 元 单位管理费用/对个人和家庭的补助费用 10 000.00 元 贷：应付职工薪酬/基本工资（含离退休费）310 000.00 元 应付职工薪酬/国家统一规定的津贴补贴 50 000.00 元 应付职工薪酬/规范津贴补贴（绩效工资）300 000.00 元 应付职工薪酬/改革性补贴 10 000.00 元	
同时	借：应付职工薪酬/基本工资（含离退休费）310 000.00 元 应付职工薪酬/国家统一规定的津贴补贴 50 000.00 元 应付职工薪酬/规范津贴补贴（绩效工资）300 000.00 元 应付职工薪酬/改革性补贴 10 000.00 元 贷：应付职工薪酬/住房公积金 30 000.00 元 应付职工薪酬/机关单位基本养老保险缴费 24 000.00 元 应付职工薪酬/医疗保险 6 000.00 元 应付职工薪酬/失业保险 1 100.00 元 应付职工薪酬/职业年金 12 000.00 元 其他应交税费/应交个人所得税 600.00 元 零余额账户用款额度/基本支出/人员经费 586 300.00 元 零余额账户用款额度/基本支出/日常公用经费 10 000.00 元	借：事业支出/基本支出/人员经费/基本工资 310 000.00 元 事业支出/基本支出/人员经费/津贴补贴 50 000.00 元 事业支出/基本支出/人员经费/绩效工资 300 000.00 元 事业支出/基本支出/日常公用经费/通讯补贴 10 000.00 元 事业支出/基本支出/人员经费/基本退休费 10 000.00 元 贷：资金结存/零余额账户用款额度/基本支出/人员经费 586 300.00 元 资金结存/零余额账户用款额度/基本支出/日常公用经费 10 000.00 元 资金结存/货币资金/公积金个人部分 30 000.00 元 资金结存/货币资金/社保个人部分 31 100.00 元 资金结存/货币资金/职业年金个人部分 12 000.00 元 资金结存/货币资金/个人所得税 600.00 元

（续）

摘要	财务会计分录	预算会计分录
同时	借：银行存款/活期存款/公积金个人部分 30 000.00 元 银行存款/活期存款/社保个人部分 31 100.00元 银行存款/活期存款/职业年金个人部分 12 000.00 元 银行存款/活期存款/个人所得税 600.00 元 贷：零余额账户用款额度/基本支出/人员经费 73 700.00 元	借：资金结存/货币资金/公积金个人部分 30 000.00 元 资金结存/货币资金/社保个人部分 31 100.00 元 资金结存/货币资金/职业年金个人部分 12 000.00 元 资金结存/货币资金/个人所得税 600.00 元 贷：资金结存/零余额账户用款额度/基本支出/人员经费 73 700.00 元

其中，工资代扣的个人部分公积金、社保、职业年金、个税先从零余额账户转入基本账户，再由所在地税务部门从基本账户统一扣缴。编制相关会计分录如下：

（二）缴交公积金

2021 年 1 月 10 日，橡胶所支付全体在职职工本月的住房公积金 60 000.00 元（表 2）。

表 2 单位社保、公积金、职业年金缴费明细表

单位：元

部门	养老保险		医疗保险		失业保险		职业年金		公积金	
	单位部分	个人部分	单位部分	个人部分	单位部分	个人部分	单位部分	个人部分	单位部分	个人部分
管理部门	16 000.00	8 000.00	8 500.00	2 000.00	500.00	500.00	8 000.00	4 000.00	10 000.00	10 000.00
业务部门	32 000.00	16 000.00	17 000.00	4 000.00	600.00	600.00	16 000.00	8 000.00	20 000.00	20 000.00
合计	48 000.00	24 000.00	25 500.00	6 000.00	1 100.00	1 100.00	24 000.00	12 000.00	30 000.00	30 000.00

单位部分公积金从中央财政当年预算中列支，先从零余额账户转入基本账户，与个人部分公积金一并由省住房公积金管理局从我单位基本账户统一扣缴。编制相关会计分录如下：

摘要	财务会计分录	预算会计分录
2021 年 1 月 10 日，橡胶所支付全体在职职工本月的住房公积金 60 000.00 元（表 2）	借：业务活动费用/科研活动费用/工资福利费用 20 000.00 元 单位管理费用/工资福利费用 10 000.00 元 贷：应付职工薪酬/住房公积金30 000.00 元	

（续）

摘要	财务会计分录	预算会计分录
同时	借：银行存款/活期存款 30 000.00 元 贷：零余额用款额度/基本支出/人员经费 30 000.00 元	借：资金结存/货币资金 30 000.00 元 贷：资金结存/零余额账户用款额度/基本支出/人员经费 30 000.00 元
同时	借：应付职工薪酬/住房公积金 60 000.00 元 贷：银行存款/活期存款 60 000.00 元	借：事业支出/基本支出/人员经费 30 000.00 元 贷：资金结存/货币资金 30 000.00 元

（三）缴交职业年金

2021 年 1 月 10 日，橡胶所支付全体在职职工本月职业年金 36 000.00 元（表 2）。单位部分职业年金从中央财政当年预算中列支，先从零余额账户转入基本账户，再与个人部分职业年金，由所在地税务部门从基本账户统一扣缴。编制相关会计分录如下：

摘要	财务会计分录	预算会计分录
2021 年 1 月 10 日，橡胶所支付全体在职职工本月职业年金 36 000.00 元（表 2）	借：业务活动费用/科研活动费用/工资福利费用 16 000.00 元 单位管理费用/工资福利费用 8 000.00 元 贷：应付职工薪酬/职业年金 24 000.00 元	
同时	借：银行存款/活期存款 24 000.00 元 贷：零余额用款额度/基本支出/人员经费 24 000.00 元	借：资金结存/货币资金/24 000.00 元 贷：资金结存/零余额账户用款额度/基本支出/人员经费 24 000.00 元
同时	借：应付职工薪酬/职业年金 36 000.00 元 贷：银行存款/活期存款 36 000.00 元	借：事业支出/基本支出/人员经费 24 000.00 元 贷：资金结存/货币资金 24 000.00 元

（四）缴交社保

2021 年 1 月 10 日，橡胶所支付全体在职职工本月养老、医疗、失业保险共计 105 700.00 元（表 2）。单位部分社保款从中央财政当年预算中列支，先从零余额账户转入基本账户，再与个人部分，由所在地税务部门从基本账户统一扣缴。编制相关会计分录如下：

摘要	财务会计分录	预算会计分录
2021 年 1 月 10 日，橡胶所支付全体在职职工本月养老、医疗、失业保险共计 105 700.00 元（表 2）	借：业务活动费用/科研活动费用/工资福利费用 49 600.00 元 单位管理费用/工资福利费用 25 000.00 元 贷：应付职工薪酬/机关单位基本养老保险缴费/单位部分 48 000.00 元 应付职工薪酬/职工基本医疗保险缴费/单位部分 25 500.00 元 应付职工薪酬/失业保险/单位部分 1 100.00 元	
同时	借：应付职工薪酬/机关单位基本养老保险缴费/单位部分 48 000.00 元 应付职工薪酬/职工基本医疗保险缴费/单位部分 25 500.00 元 应付职工薪酬/失业保险/单位部分 1 100.00 元 应付职工薪酬/机关单位基本养老保险缴费/个人部分 24 000.00 元 应付职工薪酬/职工基本医疗保险缴费/个人部分 6 000.00 元 应付职工薪酬/失业保险/个人部分 1 100.00 元 贷：银行存款/活期存款 105 700.00 元	借：事业支出/基本支出/人员经费/机关单位基本养老保险缴费/单位部分 48 000.00 元 事业支出/基本支出/人员经费/职工基本医疗保险缴费/单位部分 25 500.00 元 事业支出/基本支出/人员经费/失业保险/单位部分 1 100.00 元 贷：资金结存/货币资金 74 600.00 元
同时	借：银行存款/活期存款 74 600.00 元 贷：零余额用款额度/基本支出/人员经费 74 600.00 元	借：资金结存/货币资金/74 600.00 元 贷：资金结存/零余额账户用款额度/基本支出/人员经费 74 600.00 元

三、资产处置费用

本科目核算经批准处置资产时发生的费用，包括转销的被处置资产价值，以及在处置过程中发生的相关费用或者处置收入小于相关费用形成的净支出。橡胶所主要为处置过程中发生的相关费用，业务示例如下：

2021 年 6 月 10 日，橡胶所通过资产清查报废一批资产，属于通过“待处理财产损溢”科目核算的资产处置，固定资产原值为 30 000.00 元，已提取累计折旧 27 000.00 元。6 月 30 日，报经批准处理时，按照处理资产价值为 3 000.00 元。编制相关会计分录如下：

摘要	财务会计分录	预算会计分录
2021 年 6 月 10 日，橡胶所通过资产清查报废一批资产，属于通过“待处理财产损溢”科目核算的资产处置，固定资产原值为 30 000.00 元，已提取累计折旧 27 000.00 元	借：待处理财产损溢—待处理财产价值 3 000.00 元 固定资产折旧 27 000.00 元 贷：固定资产 30 000.00 元	
6 月 30 日，报经批准处理时，按照处理资产价值为 3 000.00 元	借：资产处置费用 3 000.00 元 贷：待处理财产损溢—待处理财产价值 3 000.00 元	

四、上缴上级费用与上缴上级支出

上缴上级费用：本科目反映单位按照规定上缴上级单位款项发生的费用。

上缴上级支出：本科目核算单位按照财政部门和主管部门的规定上缴上级单位款项发生的现金流出。

橡胶所业务示例如下：

2021 年 6 月 12 日，橡胶所按照相关规定，需向上级单位上缴 16 500.00 元款项，用银行存款支付。编制相关会计分录如下：

摘要	财务会计分录	预算会计分录
2021 年 6 月 12 日，橡胶所按照相关规定，需向上级单位上缴 16 500.00 元款项，用银行存款支付	借：上缴上级费用 16 500.00 元 贷：银行存款＼活期存款 16 500.00 元	借：上缴上级支出 16 500.00 元 贷：资金结存＼货币资金 16 500.00 元

第六节　净资产类与预算结余类

一、净资产与预算结余概述

单位的净资产包括累计盈余、专用基金、无偿调拨净资产、权益法调整、本期盈余等。

单位的预算结余包括资金结存、财政拨款结转、财政拨款结余、非财政拨款结转、非财政拨款结余、专用结余、其他结余、非财政拨款结余分配等。

二、以前年度盈余调整

本科目核算单位本年度发生的调整以前年度盈余的事项，包括本年度发生的重要前期差错更正涉及调整以前年度盈余的事项。

橡胶所主要业务示例如下：

2021 年 12 月 7 日，收到上级单位汇入个人补助款 130 000.00 元，按照要求调整期初数，并将“以前年度盈余调整”科目余额对应的财政补助结转人员经费明细余额结转至累计盈余。

编制相关会计分录如下：

摘要	财务会计分录	预算会计分录
2021 年 12 月 7 日，收到上级部门汇入个人补助款 130 000.00 元，按照要求调整期初数，并将“以前年度盈余调整”科目余额对应的财政补助结转人员经费明细余额结转至累计盈余	借：银行存款\活期存款 130 000.00 元 贷：以前年度盈余调整 130 000.00 元 借：以前年度盈余调整 130 000.00 元 贷：累计盈余\财政补助结转\基本支出结转\人员经费 130 000.00 元	借：资金结存\货币资金 130 000.00 元 贷：财政拨款结转\年初余额调整\基本支出\人员经费 130 000.00 元

三、无偿调拨净资产

无偿调拨净资产：本科目核算单位无偿调入或调出非现金资产所引起的净资产变动金额。

橡胶所主要业务示例如下：

2021 年 12 月 8 日，收到其他单位无偿调入一台价值 4 800.00 元的专用设备，并将“无偿调拨净资产”科目对应金额结转至累计盈余。

编制相关会计分录如下：

摘要	财务会计分录	预算会计分录
2021年12月8日，收到其他单位无偿调入一台价值4 800.00元的专用设备，并将“无偿调拨净资产”科目对应金额结转至累计盈余	借：固定资产\外购固定资产\专用设备 4 800.00 元 贷：无偿调拨净资产 4 800.00 元 借：无偿调拨净资产 4 800.00 元 贷：累计盈余\非流动资产基金\固定资产 4 800.00 元	

四、累计盈余

本科目核算单位历年实现的盈余扣除盈余分配后滚存的金额，以及因无偿调入调出资产产生的净资产变动额，按照规定上缴、缴回、单位间调剂结转结余资金产生的净资产变动额，以及对以前年度盈余的调整金额，也通过本科目核算。分别按照事业基金、非流动资产基金（长期投资、固定资产、在建工程、无形资产）、财政补助结转（基本支出结转、项目支出结转）等明细科目进行核算。

橡胶所主要业务示例如下：

2021年12月31日，将各项费用、收入结转至累计盈余科目。

编制相关会计分录如下：

摘要	财务会计分录	预算会计分录
2021年12月31日，将各项费用、收入结转至累计盈余科目	借：事业收入\科研收入\非同级财政拨款 事业收入\科研收入\同级财政拨款 事业收入\非科研收入\技术活动收入 上级补助收入 非同级财政拨款收入\非本级财政拨款 利息收入 其他收入\其他收入 贷：累计盈余	

（续）

摘要	财务会计分录	预算会计分录
2021 年 12 月 31 日	借：累计盈余 贷：业务活动费用＼科研活动费用＼工资福利费用 业务活动费用＼科研活动费用＼商品和服务费用 业务活动费用＼科研活动费用＼对个人和家庭的补助费用 业务活动费用＼科研活动费用＼固定资产折旧费 业务活动费用＼科研活动费用＼无形资产摊销费 单位管理费用＼工资福利费用 单位管理费用＼商品和服务费用 单位管理费用＼对个人和家庭的补助费用 单位管理费用＼固定资产折旧费 单位管理费用＼无形资产摊销费 资产处置费用	
2021 年 12 月 31 日	借：财政拨款收入＼财政授权支付＼基本支出＼人员经费 财政拨款收入＼财政授权支付＼基本支出＼日常公用 财政拨款收入＼财政授权支付＼项目支出 贷：累计盈余＼财政补助结转＼基本支出结转＼人员经费 累计盈余＼财政补助结转＼基本支出结转＼日常公用经费 累计盈余＼财政补助结转＼项目支出结转	

五、资金结存

本科目核算单位纳入部门预算管理的资金的流入、流出、调整和滚存等情况，设置有零余额账户用款额度、货币资金、财政应返还额度等明细科目。

橡胶所业务示例如下：

2021 年 1 月 5 日，橡胶所收到银行汇入定期存款利息 10 125.00 元，滚存入定期存款；2 月 4 日，将 1 000 000.00 元由活期存款转存定期存款；3 月 29 日，收到银行汇入活期存款利息 30 054.74 元。2020 年 12 月 31 日，额度注销，结转财政项目 B 资金 300 000.00 元；2021 年 1 月 29 日，额度恢复，项目 B 到账上年结转资金额度 300 000.00 元；2021 年 2 月 15 日，T 部门从 B 项目支出 3 000.00 元支付印刷费。编制相关会计分录如下：

摘要	财务会计分录	预算会计分录
2021年1月5日，橡胶所收到银行汇入定期存款利息10 125.00元，滚存入定期存款	借：银行存款\定期存款10 125.00元 贷：利息收入10 125.00元	借：资金结存\货币资金10 125.00元 贷：其他预算收入\利息预算收入10 125.00元
2021年2月4日，将1 000 000.00元由活期存款转存定期存款	借：银行存款\定期存款1 000 000.00元 贷：银行存款\活期存款1 000 000.00元	借：资金结存\货币资金1 000 000.00元 贷：资金结存\货币资金1 000 000.00元
2021年3月29日，收到银行汇入活期存款利息30 054.74元	借：银行存款\活期存款30 054.74元 贷：利息收入30 054.74元	借：资金结存\货币资金30 054.74元 贷：其他预算收入\利息预算收入30 054.74元
2020年12月31日额度注销，结转财政项目B资金300 000.00元	借：财政应返还额度\财政授权支付\B项目300 000.00元 贷：零余额账户用款额度\项目支出\B项目300 000.00元	借：资金结存\财政应返还额度\B项目300 000.00元 贷：资金结存\零余额账户用款额度\B项目300 000.00元
2021年1月29日，额度恢复，项目B到账上年结转资金额度300 000.00元	借：零余额账户用款额度\项目支出\B项目300 000.00元 贷：财政应返还额度\财政授权支付\B项目300 000.00元	借：资金结存\零余额账户用款额度\B项目300 000.00元 贷：资金结存\财政应返还额度\B项目300 000.00元
2021年2月15日，T部门从B项目支出3 000.00元支付印刷费	借：业务活动费用\科研活动费用\商品和服务支出3 000.00元 贷：零余额账户用款额度\项目支出\B项目3 000.00元	借：事业支出\科研支出\财政拨款\项目支出3 000.00元 贷：资金结存\零余额账户用款额度\项目支出\B项目3 000.00元

六、财政拨款结转

本科目核算单位取得的同级财政拨款结转资金的调整、结存和滚存情况，设置有年初余额调整、累计结转等明细科目。

橡胶所主要业务示例如下：

2021 年 12 月 31 日，结转各项预算收入、支出至财政拨款结转科目。编制相关会计分录如下：

<table>
<tr><th>摘要</th><th>财务会计分录</th><th>预算会计分录</th></tr>
<tr><td rowspan="2">2021 年 12 月 31 日，结转各项预算收入、支出至财政拨款结转科目</td><td></td><td>借：财政拨款预算收入 \ 基本支出 \ 人员经费 A
财政拨款预算收入 \ 基本支出 \ 日常公用经费 B
财政拨款预算收入 \ 项目支出 C
贷：财政拨款结转 \ 累计结转 \ 基本支出 \ 人员经费 A
财政拨款结转 \ 累计结转 \ 基本支出 \ 日常公用经费 B
财政拨款结转 \ 累计结转 \ 项目支出 C</td></tr>
<tr><td></td><td>借：财政拨款结转 \ 累计结转 \ 项目支出 \ M 项目
贷：事业支出 \ 科研支出 \ 财政拨款 \ 项目支出 \ M 项目</td></tr>
</table>

七、非财政拨款结转

本科目核算单位除财政拨款收支、经营收支以外各非同级财政拨款专项资金的调整、结转和滚存情况，设置有“年初余额调整”“累计结转”等明细科目。

橡胶所主要业务示例如下：

2021 年 12 月 31 日，结转各项非财政项目事业预算收入、事业支出至非财政拨款结转科目。编制相关会计分录如下：

<table>
<tr><th>摘要</th><th>财务会计分录</th><th>预算会计分录</th></tr>
<tr><td rowspan="2">2021 年 12 月 31 日，结转各项非财政项目事业预算收入、事业支出至非财政拨款结转科目</td><td></td><td>借：事业预算收入 \ 科研预算收入 \ 非同级财政拨款 \ 其他资金 \ 项目支出
事业预算收入 \ 科研预算收入 \ 同级财政拨款 \ 非财政专项资金
贷：非财政拨款结转 \ 累计结转</td></tr>
<tr><td></td><td>借：非财政拨款结转 \ 累计结转
贷：事业支出 \ 科研支出 \ 非财政专项资金 \ 项目支出</td></tr>
</table>

八、其他结余

本科目核算单位本年度除财政拨款收支、非同级财政专项资金收支和经营收支以外各项收支相抵后的余额。

橡胶所主要业务示例如下：

2021 年 12 月 31 日，年末，将事业预算收入、上级补助预算收入、非同级财政拨款预算收入、其他预算收入本年发生额中的非专项资金收入以及投资预算收益本年发生额转入本科目，同时，事业支出、其他支出本年发生额中的非同级财政、非专项资金支出，以及上缴上级支出、投资支出转入本科目。编制相关会计分录如下：

摘要	财务会计分录	预算会计分录
2021 年 12 月 31 日，结转各类非专项资金收入		借：其他结余 贷：事业支出 \ 科研支出 \ 其他资金支出 \ 基本支出 \ 人员经费 事业支出 \ 科研支出 \ 其他资金支出 \ 基本支出 \ 日常公用
2021 年 12 月 31 日，结转各类非专项资金支出		借：事业预算收入 \ 非科研预算收入 \ 技术预算收入 \ 其他资金 \ 基本支出 事业预算收入 \ 非科研预算收入 \ 试制产品预算收入 \ 其他资金 \ 基本支出 上级补助预算收入 \ 基本支出 非同级财政拨款预算收入 \ 非本级财政拨款 \ 基本支出 其他预算收入 \ 利息预算收入 贷：其他结余

九、非财政拨款结余分配

本科目核算事业单位本年度非财政拨款结余分配的情况和结果。

橡胶所主要业务示例如下：

2021 年 12 月 31 日，将其他结余科目余额及经营结余的贷方余额（如经营结余年末为借方余额，为经营亏损，不予结转）转入该科目，同时，提取职工福利基金 100 000.00 元。编制相关会计分录如下：

摘要	财务会计分录	预算会计分录
2021 年 12 月 31 日，结转其他结余及经营结余的贷方余额		借：其他结余 经营结余 贷：非财政拨款结余分配
2021 年 12 月 31 日，提取职工福利基金 100 000.00 元		借：非财政拨款结余分配 100 000.00 元 贷：专用结余 100 000.00 元

十、非财政拨款结余

本科目核算单位历年滚存的非限定用途的非同级财政拨款结余资金，主要为非财政拨款结余扣除结余分配后滚存的金额，设置有累计结余等明细科目。

橡胶所主要业务示例如下：

2021 年 12 月 31 日，将“非财政拨款结余分配”科目余额转入非财政拨款结余，计提年度企业所得税 30 000.00 元。2022 年 5 月，汇算清缴后缴纳该款项。编制相关会计分录如下：

摘要	财务会计分录	预算会计分录
2021 年 12 月 31 日，将“非财政拨款结余分配”科目余额转入非财政拨款结余		借：非财政拨款结余分配 贷：非财政拨款结余 \ 累计结余
2021 年 12 月 31 日，计提企业所得税 30 000.00 元	借：所得税费用 贷：其他应交税费—单位应交所得税	
2022 年 5 月，汇算清缴后缴纳该款项	借：其他应交税费 \ 单位应交所得税 贷：银行存款	借：非财政拨款结余 \ 累计结余 贷：资金结存—货币资金

第五章　资产与政府采购管理

第一节　政府采购管理

一、政府采购定义及组织形式

（一）政府采购的定义

政府采购是指各级国家机关、事业单位和团体组织，使用财政性资金采购依法制定的集中采购目录以内的或者采购限额标准以上的货物、工程和服务的行为。

1. 政府采购的内容

采购，是指以合同方式有偿取得货物、工程和服务的行为，包括购买、租赁、委托、雇用等。

货物，是指各种形态和种类的物品，包括原材料、燃料、设备、产品等。

工程，是指建设工程，包括建筑物和构筑物的新建、改建、扩建、装修、拆除、修缮等。

服务，是指除货物和工程以外的其他政府采购对象。

2. 适用范围

适用于橡胶所使用财政性资金和其他资金办理的工程、货物和服务的政府采购。

3. 政府采购的原则

政府采购应当遵循公开透明、公平竞争、公正和诚实信用的原则。

（二）政府采购组织形式

政府采购实行集中采购和分散采购相结合。集中采购的范围由国务院公布的集中采购目录确定。

1. 集中采购

集中采购，是指采购人将列入集中采购目录的项目委托集中采购机构代理采购或者进行部门集中采购的行为。采购人采购纳入集中采购目录（集中采购机构采购部分）的政府采购项目，必须委托集中采购机构代理采购，不得自行组织或委托社会代理机构采购。采购未纳入集中采购目录的政府采购项目，可以自行采购，也可以委托集中采购机构在委托的范围内代理采购。

2. 分散采购

分散采购，是指采购人将采购限额标准以上的未列入集中采购目录的项目自行采购或者委托采购代理机构代理采购的行为。

3. 分散采购限额标准和公开招标数额标准

分散采购限额标准：除集中采购机构采购项目和部门集中采购项目外，各单位自行采购单项或批量金额达到100万元以上的货物和服务的项目、120万元以上的工程项目应按《政府采购法》和《招标投标法》有关规定执行。

公开招标数额标准：政府采购货物或服务项目，单项采购金额达到200万元以上的，必须采用公开招标方式。政府采购工程以及与工程建设有关的货物、服务公开招标数额标准按照国务院有关规定执行。

二、政府采购的方式及程序

（一）政府采购的方式

政府采购采用以下方式：公开招标；邀请招标；竞争性谈判；单一来源采购；询价；国务院政府采购监督管理部门认定的其他采购方式。

公开招标应作为政府采购的主要采购方式。

1. 公开招标

公开招标是指采购人按照法定程序，通过发布招标公告，邀请所有潜在的不特定的供应商参加投标，采购人通过某种事先确定的标准，从所有投标供应商中择优评选出中标供应商，并与之签订政府采购合同的一种采购方式。

采购人采购货物或者服务应当采用公开招标方式的，其具体数额标准，属于中央预算的政府采购项目，由国务院规定；属于地方预算的政府采购项目，由省、自治区、直辖市人民政府规定；因特殊情况需要采用公开招标以外的采购方式的，应当在采购活动开始前获得设区的市、自治州以上人民政府采购监督管理部门的批准。

采购人不得将应当以公开招标方式采购的货物或者服务化整为零或者以其他任何方式规避公开招标采购。

2. 邀请招标

邀请招标是指采购人依法从符合相应资格条件的供应商中，通过随机方式选择三家以上的供应商，并以投标邀请书的方式邀请其参加投标的采购方式。

符合下列情形之一的货物或者服务，可以依照本法采用邀请招标方式采购：

（1）具有特殊性，只能从有限范围的供应商处采购的；

（2）采用公开招标方式的费用占政府采购项目总价值的比例过大的。

采购货物和服务项目以招标方式（公开招标和邀请招标）采购的，自招标文件开始发出之日起至投标人提交投标文件截止之日，不得少于二十日。

3. 竞争性谈判

竞争性谈判是指谈判小组与符合条件的供应商就采购货物、工程和服务事宜进行谈判，供应商按照谈判文件的要求提交响应文件和最后报价，采购人从谈判小组提出的成交候选人中确定成交供应商的采购方式。

符合下列情形之一的货物或者服务，可以依照本法采用竞争性谈判方式采购：

（1）招标后没有供应商投标或者没有合格标的或者重新招标未能成立的；

（2）技术复杂或者性质特殊，不能确定详细规格或者具体要求的；

（3）采用招标所需时间不能满足用户紧急需要的；

（4）不能事先计算出价格总额的。

4. 单一来源

单一来源采购也称直接采购，是指采购人向唯一供应商进行采购的方式。适用于达到了限购标准和公开招标数额标准，但所购商品的来源渠道单一，或属专利、首次制造、合同追加、原有采购项目的后续扩充和发生了不可预见的紧急情况不能从其他供应商处采购等情况。该采购方式的最主要特点是没有竞争性。

符合下列情形之一的货物或者服务，可以依照本法采用单一来源方式采购：

（1）只能从唯一供应商处采购的；

（2）发生了不可预见的紧急情况不能从其他供应商处采购的；

（3）必须保证原有采购项目一致性或者服务配套的要求，需要继续从原供应商处添购，且添购资金总额不超过原合同采购金额百分之十的。

5. 询价

询价是指采购人向有关供应商发出询价单让其报价，在报价基础上进行比较并确定最优供应商的一种采购方式。

采购的货物规格、标准统一、现货货源充足且价格变化幅度小的政府采购项目，可以依照本法采用询价方式采购。

6. 国务院政府采购监督管理部门认定的其他采购方式

财政部为了规范政府采购行为，维护国家利益、社会公共利益和政府采购当事人的合法权益，依据《中华人民共和国政府采购法》第二十六条第一款第六项规定制定了《政府采购竞争性磋商采购方式管理暂行办法》。

竞争性磋商采购方式，是指采购人、政府采购代理机构通过组建竞争性磋商小组（以下简称磋商小组）与符合条件的供应商就采购货物、工程和服务事宜进行磋商，供应商按照磋商文件的要求提交响应文件和报价，采购人从磋商小组评审后提出的候选供应商名单中确定成交供应商的采购方式。

符合下列情形的项目，可以采用竞争性磋商方式开展采购：

（1）政府购买服务项目；

（2）技术复杂或者性质特殊，不能确定详细规格或者具体要求的；

（3）因艺术品采购、专利、专有技术或者服务的时间、数量事先不能确定等原因不能事先计算出价格总额的；

（4）市场竞争不充分的科研项目，以及需要扶持的科技成果转化项目；

（5）按照招标投标法及其实施条例必须进行招标的工程建设项目以外的工程建设项目。

（二）政府采购的程序

1. 公开招标

采用公开招标方式采购的，应当遵循下列程序：

（1）招标公告；

（2）资格预审；

（3）发放招标文件；招标人确认后，招标公司发出招标公告；

（4）投标预备会；

（5）编制、递送投标文件；招标公司在招标人的配合下根据招标策划编制招标文件；

（6）开标；招标公司组织招标人、投标人在招标文件规定的时间进行开标；

（7）评标、中标；评委会审查投标文件进行初步评审、详细评审和澄清，最终确定中标人。招标公司根据评委会意见出具评标报告，招标人根据评标报告确定中标人；

（8）合同谈判与签订。

2. 邀请招标

采用邀请招标方式采购的，应当遵循下列程序：

（1）投标人资格预审公告。招标采购单位应当在政府采购信息发布指定媒体上发布投标人资格预审公告，公布投标人资格条件，资格预审公告的期限不得少于7个工作日。

（2）投标人资格审查。投标人应当在资格预审公告期结束之日起3个工作日前，按公告要求提交资格证明文件，由招标采购单位对其资格文件进行审查。

（3）邀请投标人。采购人和招标采购单位从审核合格投标人中随机邀请3家以上的投标人，并向其发出投标邀请书。

（4）签订委托代理采购协议、编制招标文件。

（5）发布招标公告、发售招标文件、招标答疑及修改、投标、组建评标委员会、开标、评标、定标、公告评标结果、发出中标通知书、签订合同、组织履约验收、支付采购资金等环节参照公开招标程序执行。

3. 竞争性谈判

采用竞争性谈判方式采购的，应当遵循下列程序：

（1）成立谈判小组。谈判小组由采购人的代表和有关专家共三人以上的单数组成，其中专家的人数不得少于成员总数的三分之二。

（2）制定谈判文件。谈判文件应当明确谈判程序、谈判内容、合同草案的条款以及评定成交的标准等事项。

（3）确定邀请参加谈判的供应商名单。谈判小组从符合相应资格条件的供应商名单中确定不少于三家的供应商参加谈判，并向其提供谈判文件。

（4）谈判。谈判小组所有成员集中与单一供应商分别进行谈判。在谈判中，谈判的任何一方不得透露与谈判有关的其他供应商的技术资料、价格和其他信息。谈判文件有实质性变动的，谈判小组应当以书面形式通知所有参加谈判的供应商。

（5）确定成交供应商。谈判结束后，谈判小组应当要求所有参加谈判的供应商在规定时间内进行最后报价，采购人从谈判小组提出的成交候选人中根据符合采购需求、质量和服务相等且报价最低的原则确定成交供应商，并将结果通知所有参加谈判的未成交的供应商。

4. 单一来源

采用单一来源方式采购的，应当遵循下列程序：

（1）成立谈判小组。根据规定，谈判小组成员必须由三人以上的单数组成。其中专家人数应为总数的三分之二以上，采购人代表也应作为谈判小组成员之一。

（2）组织谈判并确定成交供应商。谈判小组与供应商进行谈判，达成一致意见后，谈判结果也得到了采购人的认可之后，就可以填写单一来源采购审核表了。注意这里确定成交的供应商应遵循符合采购人需求且成交价格低于市场平均价的原则。

（3）成交供应商提交履约保证金。

（4）组织签约采购合同。

（5）项目经办人对整个采购过程中形成的采购资料按照相关规定进行归档。

（6）合同的履行与验收。对于那些采用单一来源采购方式并且金额比较大的项目，采购人需做好有关项目的验收和跟踪管理工作。

5. 询价

采取询价方式采购的，应当遵循下列程序：

（1）成立询价小组。询价小组由采购人的代表和有关专家共 3 人以上的单数组成，其中专家的人数不得少于成员总数的三分之二。询价小组应当对采购项目的价格构成和评定成交的标准等事项作出规定。

（2）确定被询价的供应商名单。询价小组根据采购需求，从符合相应资格条件的供应商名单中确定不少于 3 家的供应商，并向其发出询价通知书让其报价。

（3）询价。询价小组要求被询价的供应商一次报出不得更改的价格。

（4）确定成交供应商。采购人根据符合采购需求、质量和服务相等且报价最低的原则确定成交供应商，并将结果通知所有被询价的未成交的供应商。

6. 竞争性磋商

采取竞争性磋商方式采购的，应当遵循下列程序：

（1）发布采购公告，采购人委托采购代理机构发布采购公告。

（2）邀请供应商，采购代理机构从省级以上财政部门建立的供应商库中随机抽取或者采购人和评审专家分别书面推荐的方式邀请不少于 3 家符合相应资格条件的供应商参与竞争性磋商采购活动。

采取采购人和评审专家书面推荐方式选择供应商的，采购人和评审专家应当各自出具书面推荐意见。采购人推荐供应商的比例不得高于推荐供应商总数的 50%。

采用公告方式邀请供应商的，采购人、采购代理机构应当在省级以上人民政府财政部门指定的政府采购信息发布媒体发布竞争性磋商公告。

（3）成立磋商小组，磋商小组由采购人代表和评审专家共 3 人以上单数组成，其中评审专家人数不得少于磋商小组成员总数的 2/3。采购人代表不得以评审专家身份参加本部门或本单位采购项目的评审。采购代理机构人员不得参加本机构代理的采购项目的评审。

（4）评标。

（5）确定成交供应商，磋商小组应当根据综合评分情况，按照评审得分由高到低顺序推荐 3 名以上成交候选供应商，并编写评审报告。

三、政府采购信息公开

为深入贯彻落实党的十八届三中、四中全会精神，按照深化财税体制改革、实施公开透明预算制度的总体部署，根据《中华人民共和国政府采购法》《中华人民共和国政府采购法实施条例》《中华人民共和国政府信息公开条例》《党政机关厉行节约反对浪费条例》等法律法规的规定，财政部要求做好政府采购信息公开工作。

（一）总体要求

建立健全责任明确的工作机制、简便顺畅的操作流程和集中统一的发布渠道，确保政府采购信息发布的及时、完整、准确，实现政府采购信息的全流程公开透明。

（二）公开范围及主体

1. 采购项目信息，包括采购项目公告、采购文件、采购项目预算金额、采购结果等信息，由采购人或者其委托的采购代理机构负责公开；

2. 监管处罚信息，包括财政部门作出的投诉、监督检查等处理决定，对集中采购机构的考核结果，以及违法失信行为记录等信息，由财政部门负责公开；

3. 法律、法规和规章规定应当公开的其他政府采购信息，由相关主体依法公开。

（三）公开渠道

中央预算单位的政府采购信息应当在财政部指定的媒体上公开，地方预算单位的政府采购信息应当在省级（含计划单列市，下同）财政部门指定的媒体上公开。财政部指定的政府采购信息发布媒体包括中国政府采购网（www.ccgp.gov.cn）、《中国财经报》《中国政府采购报》《中国政府采购杂志》《中国财政杂志》等。省级财政部门应当将中国政府采购网地方分网作为本地区指定的政府采购信息发布媒体之一。

为了便于政府采购当事人获取信息，在其他政府采购信息发布媒体公开的政府采购信息应当同时在中国政府采购网发布。对于预算金额在500万元以上的地方采购项目信息，中国政府采购网各地方分网应当通过数据接口同时推送至中央主网发布（相关标准规范和说明详见中国政府采购网）。政府采购违法失信行为信息记录应当在中国政府采购网中央主网发布。

四、政府采购与部门预算的关系

从货币形态上来讲，部门预算包含政府采购预算，它侧重于货币形态，它全面、系统地反映单位的所有收入来源和支出项目；部门预算改变了财政性资金按性质归口和按单位交叉管理的做法，将各类不同性质的资金统一编制到使用这些资金的部门，全面、准确地反映政府收支活动。它不仅包括财政预算内收支，也包括预算单位自行组织的各项收支。

部门预算将预算细化到部门、下属单位及其每个具体的用款项目和内容，不仅列示出收入和支出总量，更详细列示具体的支出项目，便于社会各界监督，因此编制部门预算已成为当前财政改革的一项重要内容。

政府采购预算则是部门预算的有机组成部分，政府采购预算侧重于从实物形态，对列入政府采购品目、属于政府采购范围的大宗实物购置、工程基建维修和公共服务项目等作详细的概预算安排，是部门预算的细化和延伸。政府采购与部门预算互为补充，不可相互替代。

五、政府采购业务流程

（一）业务环节描述

1. 项目前期阶段

项目前期阶段主要包含：项目申报、预算编制、采购计划申报、采购方式变更审批、进口产品备案、采购参数编制。

2. 项目采购阶段

项目采购阶段主要包含：代理委托、招标文件编制、招标管理、合同管理。

3. 验收付款阶段

验收付款阶段主要包含：到货验收、技术培训、项目决算审计、档案管理、列增资产、付款。

（二）业务流程图

以橡胶所为例，以下业务流程展示了橡胶所政府采购业务全过程管理。

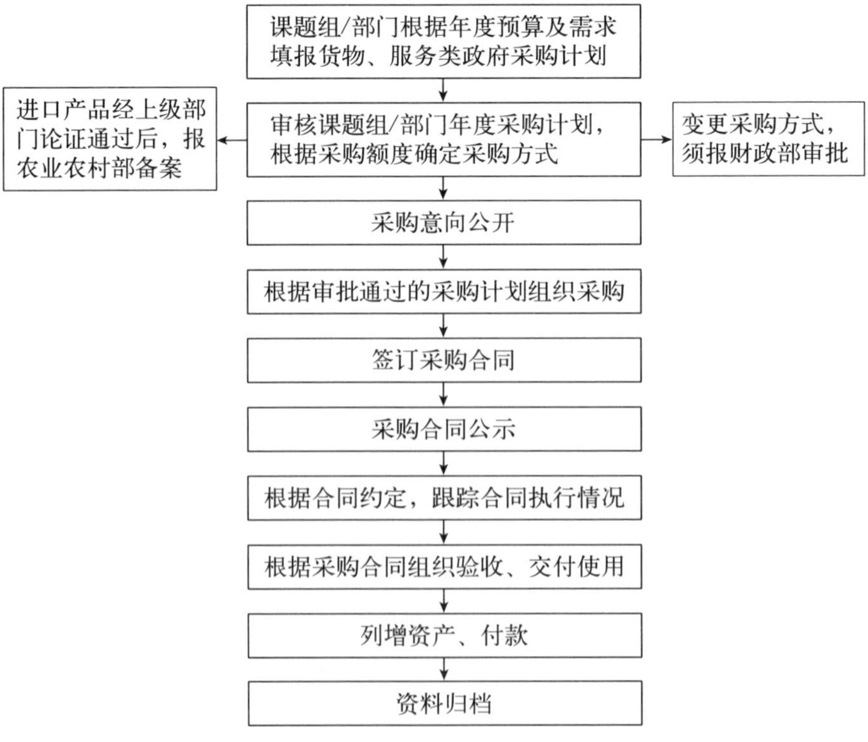

六、政府采购注意要点

（一）政府采购管理的主要风险点

1. 与供应商有利益关系，有倾向性指定供应商或品牌；

2. 虚高预算；

3. 不按规定选择采购方式；

4. 未按规定报送进口产品备案材料；

5. 设备选型及参数编制时不能完全满足科研需求；

6. 委托没有代理资质的采购机构代理采购；

7. 应集中采购的项目未通过集中采购中心或集中采购平台进行采购，应招标的项目未开展招标采购，或以化整为零方式规避招标；

8. 应该签订合同的经济业务未履行合同签订手续；合同主要条款不完整，对买卖双方责任约定不清晰；

9. 降低验收标准，将不符合质量、数量标准的物资作为合格产品；

10. 手续不完备，未按程序履行合同付款手续。

（二）政府采购管理的主要防控措施

1. 加强教育，杜绝与供应商的不正当关系；同时各课题组（部门）不能直接进行政府采购，由专门人员负责；

2. 核实原有项目预算，同时货比三家确定预算（必要时邀请专家进行咨询）；

3. 仔细核对集中采购目录和政府采购规定，选择符合规定的采购方式进行采购；

4. 根据进口设备采购管理办法，严格按照要求进行进口产品的备案，未经备案的进口产品不得进行采购；

5. 加强市场调研，多些对比，选择满足科研需求的设备及相关配置；按照申报要求提供三家以上品牌的技术参数及报价，邀请相关领域专家论证，在论证合理后在分管领导或相关会议审议确认后进行采购。

6. 委托招标采购代理机构采购前，需充分进行市场调研，选择符合相关资质的招标代理公司，经相关会议审议确认后选定招标代理公司；

7. 严格按计划执行，应集中采购的项目需通过集中采购中心或集中采购平台进行采购；减少或避免非招标采购；

8. 按照本单位合同范本签订合同；严格执行合同审批程序；

9. 严格依据合同标准进行验收；由各课题组（或部门）组成专业的验收小组，大于 10 万元的仪器设备由所内所外（3 人或 3 人以上单数）专家组成验收小组，形成验收意见；

10. 严格按合同约定付款，严格履行单位付款审批流程，且付款材料必须齐全，付款前须向财务部门提供合同、发票、验收单等。

第二节 国有资产管理

一、国有资产的定义及管理原则

事业单位国有资产，是指单位占有、使用，依法确认为国家所有，能以货币计量的各种经济资源的总称，即事业单位的国有（公共）财产。

事业单位国有资产包括国家拨给事业单位的资产，事业单位按照国家规定运用国有资产组织收入形成的资产，以及接受捐赠和其他经法律确认为国家所有的资产，其表现形式为流动资产、固定资产、无形资产和对外投资等。

（一）事业单位国有资产的表现形式

事业单位国有资产具体包括通过以下方式取得或者形成的资产：

1. 使用财政资金形成的资产。

2. 接受调拨或者划转、置换形成的资产。

3. 接受捐赠并确认为国有的资产。

4. 其他国有资产。

（二）事业单位国有资产的管理体制

事业单位国有资产实行国家统一所有，实行分级监管，单位直接支配的管理体制。各级财政部门是事业单位国有资产管理的职能部门，对事业单位的国有资产实施综合管理。事业单位对本单位占有、使用的国有资产实施具体管理，包括资产配置、资产使用、资产处置、产权界定、产权纠纷调处、产权登记、资产清查、资产统计报告和监督检查等工作。在实际工作中，多数事业单位设有专门的资产管理部门或资产管理岗位，由资产管理人员负责本单位具体的资产管理工作。

（三）事业单位国有资产的管理原则

事业单位国有资产管理活动，应当坚持资产管理与预算管理相结合的原则，推行实物费用定额制度，促进事业资产整合与共享共用，实现资产管理和预算管理的紧密统一；应当坚持所有权和使用权相分离的原则；应当坚持资产管理与财务管理、实物管理与价值管理相结合的原则。

二、国有资产配置、使用和处置

（一）事业单位资产配置

资产配置是事业单位根据单位履行职能和事业发展的需要，结合存量资产情况、资产配置标准、绩效目标和财政承受能力等因素，通过调剂、租用、购置、建设和接受捐赠等方式配备资产的行为。

资产配置应当符合以下条件：

1. 现有资产无法满足本单位履行职能的需要。

2. 难以与其他单位共享、共用相关资产。

3. 资产处置后需要更新。

4. 难以通过市场购买产品或者服务的方式代替资产配置，或者采取市场购买方式的成本过高。

5. 其他适用于资产配置的情形。

资产配置应当优先通过调剂方式解决，能通过单位内部调剂方式配置的，原则上不重新购置。确实无法调剂的，应当本着控制成本、节约资金、方便使用的原则，对租用、购置、建设等方式进行综合分析和可行性论证，选择最优方式进行配置。

对于事业单位长期闲置、低效运转或者超标准配置的资产，可根据工作需要进行调剂或纳入公物仓统一管理。调剂程序按照无偿调拨（划转）的规定执行。法律、行政法规另有规定的，依照其规定。

事业单位通过租用、购置、建设等方式配置资产，应当提出资产配置需求，按规定编制年度新增资产配置相关预算和资产配置计划，按程序经农业农村部审核后报有关部门审批。资产配置应当符合规定的配置标准。没有资产配置标准或暂未纳入新增资产配置相关预算和资产配置计划编报范围的，应当从严控制，合理配置。

事业单位申请购置规定范围内及规定限额以上资产的，须履行如下程序：

（1）单位资产管理部门会同财务部门、业务部门在全面盘点资产情况基础上，根据职能履行和事业发展需要，依据资产配置标准，综合考虑资产的存量、增减变动和机构人员情况等因素，提出下一年度拟新购置资产的品目、数量和所需经费等，经单位领导班子集体研究同意后，纳入单位年度新增资产配置等相关预算和资产配置计划。

新增大型仪器设备须经农业农村部计划财务司组织评议后，方可编入单位年度新增资产配置等相关预算和资产配置计划。

（2）农业农村部计划财务司根据资产存量状况、人员编制和有关资产配置标准及新增大型仪器设备评议结果等，对事业单位年度新增资产配置等相关预算和资产配置计划进行审核，报有关部门审批。

事业单位购置纳入政府采购范围的资产，应当按照国家有关政府采购的规定执行。

（二）事业单位资产使用

事业单位国有资产的使用包括单位自用和对外投资、出租、出借、担保等方式。权属关系不明确或者存在权属纠纷的资产，不得用于对外投资、出租、出借。除法律法规另有规定外，事业单位利用国有资产对外投资、出租、出借和担保等。应当进行必要的可行性论证，坚持集体决策，严格审查程序，强化后期跟踪，并提出申请，经主管部门审核同意后，按照规定逐级报批。

事业单位应建立健全自用资产的购置、验收、领用、使用、保管和维护等内部管理流程，定期对资产进行清查盘点，做到账账、账卡、账实相符；加强对本单位专利权、商标权、著作权、土地使用权、非专利技术等无形资产的管理，及时纳入账内核算；加强完工项目形成资产管理，尚未办理竣工财务决算手续的，应自达到预定可使用状态之日起，及时转增资产，防止国有资产流失。

事业单位应建立资产领用收回制度。资产领用应经主管领导批准。资产出库时保管人员应及时办理出库手续。办公用资产应落实到人，使用人离职时，所用资产应按规定收回。

事业单位对外投资收益以及利用国有资产出租、出借和担保等取得的收入应当纳入单位预算，统一核算，统一管理。

（三）事业单位资产处置

国有资产处置，是指事业单位国有资产产权的转移及核销。

1. 处置方式

事业单位国有资产处置方式包括无偿划转、对外捐赠、转让、置换、报废、损失核销等。

2. 处置范围

处置范围包括因技术原因确需淘汰或者无法维修、无维修价值的资产，涉及盘亏等非正常损失的资产，已超过使用年限且无法满足现有工作需要的资产，因自然灾害等不可抗力造成毁损、灭失的资产，因单位分立、合并、改制、撤销、隶属关系改变或者部分职能、业务调整等而移交的资产，发生产权变动的资产，以及依照国家有关规定需要处置的其他资产。

3. 处置程序

事业单位国有资产处置应遵循公开、公正、公平和竞争择优的原则，按照规定权限履行审批手续，未经批准不得自行处置。

事业单位拟处置的国有资产权属应当清晰，取得或者形成的方式应当合法合规，权属关系不明或者存在权属纠纷的，应当按照有关规定界定权属后予以处置。

被设置为担保物的国有资产处置，应当符合《中华人民共和国民法典》等法律的有关规定。

事业单位处置公务用车，应当符合《党政机关公务用车管理办法》等有关规定。

事业单位处置国有资产的，除法律、行政法规另有规定外，按以下权限予以审批：

（1）处置单位价值或者批量价值（账面原值，下同）1 500 万元以上（含 1 500 万元）的国有资产，应当逐级审核通过后报财政部当地监管局审核，审核通过后由上级部门报财政部审批。

（2）处置单位价值或批量价值 500 万元以上（含 500 万元）、1 500 万元以下的国有资产，报上级部门审批。

（3）处置单位价值或批量价值 500 万元以下的国有资产，由事业单位自行审批。

事业单位应当在规定权限内根据实际及时处置国有资产；一个月度内分散处置的国有资产原则上按同一批次汇总计算批量价值。

事业单位处置国有资产应当通过资产管理信息系统同步履行审批程序，并确保纸质文件与电子文件一致，未通过资产管理信息系统报送的，不予受理相关业务。授权范围内的资产处置事项同样应当通过资产管理信息系统同步上传批复文件等相关材料。

在突发公共卫生事件或者国家重大自然灾害等应急情况下，相关单位可本着急事急办、特事特办的原则，经领导班子集体决策后处置国有资产，待应急事件结束后按处置权限履行报备手续。

除国家另有规定外，事业单位转让、拍卖、置换国有资产等，应当依法进行资产评估，并按照国有资产评估管理有关规定进行核准或者备案。

重大资产处置事项，应由单位领导班子集体研究决定。

事业单位经审批后需处置的资产，统一交由中央行政事业单位国有资产处置平台处置。

三、国有资产评估、资产清查及资产报告

（一）事业单位国有资产评估

1. 事业单位国有资产评估的情形

事业单位有下列情形之一的，应当对相关国有资产进行评估：

（1）整体或者部分改制为企业；

（2）以非货币性资产对外投资；

（3）合并、分立、清算；

（4）资产出售、出让、拍卖、转让、置换；

（5）整体或者部分资产租赁给非国有单位；

（6）确定涉讼资产价值；

（7）法律、行政法规规定的其他需要进行评估的事项。

除此之外，事业单位有下列情形之一的，可以不进行资产评估：

（1）经批准事业单位整体或者部分资产无偿划转；

（2）部属事业单位与部行政机关之间、部属事业单位之间、部属事业单位与部系统外行政事业单位之间发生合并、资产划转、置换和转让；

（3）国家设立的中央级研究开发机构将其持有的科技成果转让、许可或者作价投资给国有全资企业的；

（4）发生其他不影响国有资产权益的特殊产权变动行为，报经有关部门确认可以不进行资产评估的。

2. 事业单位国有资产评估的要求

事业单位国有资产评估项目实行核准制和备案制。国有资产评估工作应当依据《国有资产评估管理办法》（国务院令第 91 号），委托具有资产评估资质的评估机构进行。事业单位应当如实向资产评估机构提供有关情况和资料，并对所提供的情况和资料的真实性和合法性负责。事业单位不得以任何形式干预资产评估机构独立执业。

国家设立的中央级研究开发机构，将其持有的科技成果转让、许可或者作价投资给非国有全资企业的，由单位自主决定是否进行资产评估。

资产出售、出让、转让，应按资产评估报告所确认的评估价值作为市场竞价的参考依据，意向交易价格未达到评估结果 90%的，应当按规定权限重新报批。

（二）事业单位国有资产清查

1. 事业单位国有资产清查的情形

事业单位有下列情形之一的，应当进行资产清查：

（1）根据国家专项工作要求或者本级政府及有关部门实际工作需要，被纳入统一组织的资产清查范围的；

（2）进行重大改革或者改制的；

（3）遭受重大自然灾害等不可抗力造成资产严重损失的；

（4）会计信息严重失真或者国有资产出现重大流失的；

（5）会计政策发生重大变更，涉及资产核算方法发生重要变化的；

（6）有关部门认为应当进行资产清查的其他情形。

2. 事业单位国有资产清查的程序

资产清查工作根据组织主体不同，分别按照以下程序进行：

（1）事业单位在主管部门、同级财政部门的监督指导下明确本单位资产清查工作机构，制定资产清查工作实施方案，根据方案组织清查，必要时可委托社会中介机构对清查结果进行专项审计，并形成资产清查报告按规定逐级上报。财政部门和主管部门对报送的资产清查结果进行审核确认。

(2) 由事业单位组织开展的资产清查工作。事业单位应当向主管部门提出资产清查立项申请，说明资产清查的原因，明确清查范围和基准日等内容，经主管部门同意立项后，在主管部门的监督指导下明确本单位资产清查工作机构，制定实施方案，根据方案组织清查，必要时可委托社会中介机构对清查结果进行专项审计，并形成资产清查报告按规定逐级上报至主管部门审核确认。

事业单位可以委托依法设立的，具备与所承担工作相适应的专业人员和专业胜任能力的会计师事务所等社会中介机构对资产清查结果进行专项审计。财政部门或者主管部门认为必要时，可以直接委托社会中介机构对资产清查结果进行专项审计或复核。

资产清查工作专项审计费用，按照"谁委托，谁付费"的原则，由委托方承担。

涉密单位资产清查结果可由内审机构开展审计。如确需社会中介机构进行专项审计的，应当按照国家保密管理的规定做好保密工作。

3. 事业单位国有资产清查的内容

资产清查工作内容主要包括：单位基本情况清理、账务清理、财产清查和完善制度等。

(1) 单位基本情况清理是指对应当纳入资产清查工作范围的所属单位户数、机构及人员状况等基本情况进行全面清理。

(2) 账务清理是指对行政事业单位的各种银行账户、各类库存现金、有价证券、各项资金往来和会计核算科目等基本账务情况进行全面核对和清理。

(3) 财产清查是指对行政事业单位的各项资产进行全面的清理、核对和查实。行政事业单位对清查出的各种资产盘盈、损失和资金挂账应当按照资产清查要求进行分类，提出相关处理建议。

(4) 完善制度是指针对资产清查工作中发现的问题，进行全面总结、认真分析，提出相应整改措施和实施计划，建立健全资产管理制度。

4. 事业单位国有资产清查报告

完成上述资产清查工作之后，需要形成资产清查报告。资产清查报告主要包括下列内容：

(1) 工作报告。主要反映本单位的资产清查工作基本情况和结果，应当包括本单位资产清查的基准日、范围、内容、结果，基准日资产及财务状况，对清查中发现的问题的整改措施和实施计划。

(2) 清查报表。按照规定在信息系统中填报的资产清查报表及相关纸质报表。

(3) 专项审计报告。社会中介机构对行政事业单位资产清查结果出具的经注册会计师签字的专项审计报告。

（4）证明材料。清查出的资产盘盈、资产损失和资金挂账等的相关凭证资料和具有法律效力的证明材料。

（5）其他需要提供的备查材料。

（三）事业单位国有资产信息管理与资产报告

1. 事业单位国有资产信息管理

事业单位应当按照国有资产管理信息化的要求，及时将资产变动信息录入管理信息系统，对本单位资产实行动态管理，并在此基础上做好国有资产统计和报告工作。事业单位按照职责对本单位资产报告的真实性、准确性和完整性负责。

2. 事业单位国有资产报告

事业单位国有资产报告是事业单位财务会计报告的重要组成部分。事业单位应当按照相关部门规定及要求每年编制本单位行政事业性国有资产管理情况报告，并逐级报送相关部门。同时，要及时、准确编制行政事业性国有资产月报，夯实行政事业性国有资产管理情况报告的数据基础。

每年年末，根据资产管理、预算管理等工作需要，在日常管理基础上编制报送反映行政事业单位年度资产占有、使用、变动等情况。资产年报由国有资产报表、填报说明和分析报告三部分组成。

国有资产报表包括单户表和汇总表。单户表反映本单位国有资产总体情况、存量情况、配置使用处置等管理情况，以及土地、房屋、车辆和公共基础设施、政府储备物资、文物文化资产、保障性住房等重要资产情况；汇总表按照预算管理级次逐级汇总编报。

填报说明是对资产报表填报口径、审核情况、数据差异情况以及其他编报相关情况的说明。

分析报告是按照国有资产报告制度有关要求，对资产总体情况以及配置、使用、处置、收益等管理情况，资产管理保障单位运转、支持事业发展、提供社会公共服务等工作情况，当前资产管理中存在的突出问题的整改措施等的分析和总结。

事业单位应建立健全国有资产档案管理制度。资产配置、使用和处置过程中形成的各种决议、合同、协议、章程、批示、批准文件及各类凭证等资料，按照国家标准规范，全面、完整、及时地整理归集后，移交本单位档案管理机构统一保管。

四、资产与财务的关系

资产管理与财务管理贯穿于行政事业单位管理的全过程，单位的经济业务活动需要资产人员与财务人员进行客观的记录，单位的财务状况需要用会计语言进行描述，通过大量的财务数据进行分析、整合，为单位决策层提供有用的信息。随着国家对科技创新的高度重视，农业科研事业单位要不断丰富资产管理与财务管理的内涵，贯彻落实科技“放管服”改革，为单位科研创新能力的提升提供财力支撑和保障。同时，随着预算绩效管理改革、新的政府准则制度的出台，资产与财务管理部门要进一步提高认识，主动变革，提高政策把握能力，不断提升财务、资产管理科学化、规范化和精细化管理水平，助力单位可持续发展。

五、资产管理业务流程

（一）业务环节描述

1. 前期阶段

前期阶段主要包含：提出年度配置需求、编制年度资产配置预算。

2. 审批阶段

审批阶段主要包含：本单位领导班子审议，经上一级（院）主管部门审核、报农业农村部审核、报财政部审批。

3. 实施阶段

实施阶段主要包含：资产购置、资产入账、资产使用、资产清查盘点、资产处置。

（二）业务流程图

以橡胶所为例，以下业务流程图展示了橡胶所资产全过程管理。

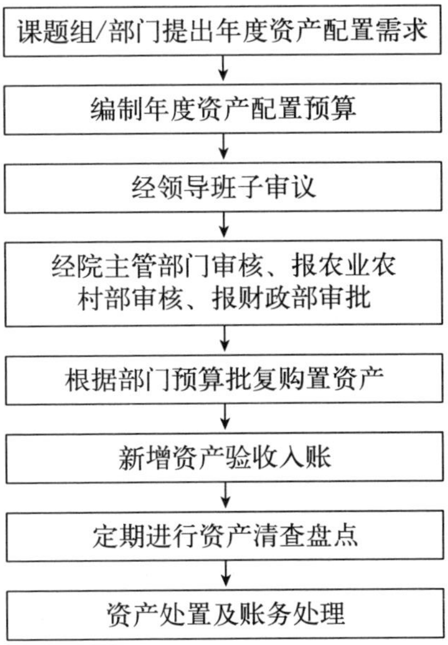

六、资产管理注意事项

（一）资产管理的主要风险点

1. 未按规定编制配置预算，无法实施采购；

2. 通用办公设备及办公家具超标准配置，违反厉行节约等相关规定；

3. 新增资产信息不准确或不完整，财务账和资产账不一致；

4. 资产长期闲置或使用率低；

5. 资产信息管理不到位，资产的使用部门、使用人、存放地点等变更未及时在资产管理信息系统中调整；

6. 未按权限规定进行资产处置；

7. 资产转让未按要求进行公开；

8. 资产处置后未及时进行相关账务处理。

（二）资产管理的防控措施

1. 加强课题组与部门之间沟通协调和信息共享，避免出现漏报或错报资产配置预算的现象，确保基础数据全面完整；

2. 严格执行《中央行政单位通用办公设备家具配置标准》，禁止出现超标准配置现象；

3. 新增资产入账时要确保新增资产的相关信息准确、完整，选准资产分类，确保财务账和资产账中的资产分类、资产名称、数量、金额等一致；

4. 定期进行资产清查、盘点，全面准确掌握资产使用状况，对长期闲置或使用率低的资产统筹安排、调剂共享，提高资产的使用效益；

5. 资产处置工作应由资产管理部门牵头组织，对拟处置资产进行评估、论证，经单位领导班子审议通过后，根据权限范围逐级报批；

6. 事业单位转让国有资产，应当以公开竞争方式进行，严格控制非公开协议方式，可以通过相应公共资源交易平台进行；

7. 资产处置完成后，单位应当及时进行资产账和财务账的销账，保证两者一致；处置收益应在扣除相关税金、评估费、拍卖佣金等费用后，按照政府非税收入管理和财政国库收缴管理的规定上缴中央国库，实行“收支两条线”管理。

第六章　项目管理

第一节　建设工程项目管理

橡胶所建设工程项目投资主要为中央预算内直接投资，目前主要有农业基本建设项目及改善科研条件专项。有关中央预算内直接投资的管理办法可以参照《中央预算内直接投资项目管理办法》《基本建设项目建设成本管理规定》《农业农村部中央预算内直接投资农业建设项目管理办法》《农业部所属预算单位修缮购置项目经费管理办法》《中央级科学事业单位改善科研条件专项资金管理办法》等规定执行。本章节主要为了扩展财务项目管理知识，规范项目管理，提高项目经费使用绩效，从建设工程项目投资组成方面阐述项目投资各阶段的管理要点、风险防控点。

一、建设工程项目投资概述

建设工程项目投资，一般是指进行某项工程建设花费的全部费用。生产性建设工程项目总投资包括建设投资和铺底流动资金两部分：非生产性建设工程项目总投资则只包括建设投资。

建设投资，由设备及工器具购置费、建筑安装工程费、工程建设其他费用、预备费（包括基本预备费和涨价预备费）和建设期利息组成。

设备及工器具购置费，是指按照建设工程设计文件要求，建设单位（或其委托单位）购置或自制达到固定资产标准的设备和新建、扩建项目配置的首套工器具及生产家具所需的费用。设备及工器具购置费由设备原价、工器具原价和运杂费（包括设备成套公司服务费）组成。在生产性建设工程中，设备及工器具投资主要表现为其他部门创造的价值向建设工程中的转移，但这部分投资是建设工程项目投资中的积极部分，它占项目投资比重的提高，意味着生产技术的进步和资本有机构成的提高。

建筑安装工程费，是指建设单位用于建筑和安装工程方面的投资，它由建筑工程费和安装工程费两部分组成。建筑工程费是指建设工程涉及范围内的建筑物、构筑物、场地平整、道路、室外管道铺设、大型土石方工程费用等。安装工程费是指主要生产、辅助生产、公用工程等单项工程中需要安装的机械设备、电器设备、专用设备、仪器仪表等设备的安装及配件工程费，以及工艺、供热、供水等各种管道、配件、闸门机等供电外线安装工程费用等。

工程建设其他费用，是指未纳入以上两项费用，根据设计文件要求和国家有关规定应由项目投资支付的以及为保证工程建设顺利完成和交付使用后能够正常发挥效用而发生的一些费用。工程建设其他费用可分为三类：第一类是土地使用费，包括土地征用及迁移补偿费和土地使用权出让金、安置补助费、青苗补偿费；第二类是建设单位管理费、可研报告编制费、勘察设计费、研究试验费、建设工程监理费、预结算费等；第三类是与未来单位生产经营有关的费用，包括联合试运转费、生产准备费、办公和生活家具购置费等。

二、建设工程项目投资组成

（一）建设项目总投资的构成

建设项目总投资含固定资产投资和流动资产投资两部分，我国现行的固定性资产投资主要划分为建筑安装工程费、工程建设其他费、设备及工器具费用、预备费、建设期贷款利息等项。具体构成内容如下表所示：

费用名称			
建设工程项目总投资	固定资产投资	工程费用	建筑安装工程费
			设备及工器具购置费
		工程建设其他费用	建设管理费：建设单位管理费、代建管理费、监理费、招标投标费、社会中介机构审查费及其他管理性质的费用
			建设用地费：土地征用及迁移补偿费、土地复垦及补偿费、森林植被恢复费、土地征用税、耕地占用税等
			可行性研究费
			研究试验费
			勘察设计费
			环境影响评价费
			劳动安全卫生评价费
			场地准备及临时设施费
			引进技术和进口设备其他费
			工程保险费
			联合试运转费
			特殊设备安全监督检验费

（续）

费用名称			
建设工程项目总投资	固定资产投资	工程建设其他费用	市政公用设施配套费
			专利及专有技术使用费
			系统集成等信息工程的费用支出
			生产准备费
			办公和生活家具购置费
		预备费	基本预备费
			涨价预备费
		建设期融资费用	包括项目建设期间发生的各类借款利息、债券利息及其他债务利息支出等
	流动资产投资	流动资金	

（二）建筑安装工程费用的组成（按费用构成划分）

2013年国家住房城乡建设部、财政部联合印发实施的《建筑安装工程费用项目组成》通知（建标〔2013〕44号）中规定，建筑安装工程费按照费用构成要素划分：由人工费、材料（包含工程设备，下同）费、施工机具使用费、企业管理费、利润、规费和税金组成。其中人工费、材料费、施工机具使用费、企业管理费和利润包含在分部分项工程费、措施项目费、其他项目费中。

1. 人工费：是指按工资总额构成规定，支付给从事建筑安装工程施工的生产工人和附属生产单位工人的各项费用。内容包括：

（1）计时工资或计件工资：是指按计时工资标准和工作时间或对已做工作按计件单价支付给个人的劳动报酬。

（2）奖金：是指对超额劳动和增收节支支付给个人的劳动报酬。如节约奖、劳动竞赛奖等。

（3）津贴补贴：是指为了补偿职工特殊或额外的劳动消耗和因其他特殊原因支付给个人的津贴，以及为了保证职工工资水平不受物价影响支付给个人的物价补贴。如流动施工津贴、特殊地区施工津贴、高温（寒）作业临时津贴、高空津贴等。

（4）加班加点工资：是指按规定支付的在法定节假日工作的加班工资和在法定日工作时间外延时工作的加点工资。

（5）特殊情况下支付的工资：是指根据国家法律、法规和政策规定，因病、工伤、产假、计划生育假、婚丧假、事假、探亲假、定期休假、停工学习、执行国家或社会义务等原因按计时工资标准或计时工资标准的一定比例支付的工资。

2. 材料费：是指施工过程中耗费的原材料、辅助材料、构配件、零件、半成品或成品、工程设备的费用。内容包括：

（1）材料原价：是指材料、工程设备的出厂价格或商家供应价格。

（2）运杂费：是指材料、工程设备自来源地运至工地仓库或指定堆放地点所发生的全部费用。

（3）运输损耗费：是指材料在运输装卸过程中不可避免的损耗。

（4）采购及保管费：是指为组织采购、供应和保管材料、工程设备的过程中所需要的各项费用。包括采购费、仓储费、工地保管费、仓储损耗。工程设备是指构成或计划构成永久工程一部分的机电设备、金属结构设备、仪器装置及其他类似的设备和装置。

3. 施工机具使用费：是指施工作业所发生的施工机械、仪器仪表使用费或其租赁费。

（1）施工机械使用费：以施工机械台班耗用量乘以施工机械台班单价表示，施工机械台班单价应由下列七项费用组成：

① 折旧费：指施工机械在规定的使用年限内，陆续收回其原值的费用。

② 大修理费：指施工机械按规定的大修理间隔台班进行必要的大修理，以恢复其正常功能所需的费用。

③ 经常修理费：指施工机械除大修理以外的各级保养和临时故障排除所需的费用。包括为保障机械正常运转所需替换设备与随机配备工具附具的摊销和维护费用，机械运转中日常保养所需润滑剂。擦拭的材料费用及机械停滞期间的维护和保养费用等。

④ 安拆费及场外运费：安拆费指施工机械（大型机械除外）在现场进行安装与拆卸所需的人工、材料、机械和试运转费用以及机械辅助设施的折旧、搭设、拆除等费用；场外运费指施工机械整体或分体自停放地点运至施工现场或由一施工地点运至另一施工地点的运输、装卸、辅助材料及架线等费用。

⑤ 人工费：指机上司机（司炉）和其他操作人员的人工费。

⑥ 燃料动力费：指施工机械在运转作业中所消耗的各种燃料及水、电等。

⑦ 税费：指施工机械按照国家规定应缴纳的车船使用税、保险费及年检费等。

（2）仪器仪表使用费：是指工程施工所需使用的仪器仪表的摊销及维修费用。

4. 企业管理费：是指建筑安装企业组织施工生产和经营管理所需的费用。内容包括：

（1）管理人员工资：是指按规定支付给管理人员的计时工资、奖金、津贴补贴、加班加点工资及特殊情况下支付的工资等。

（2）办公费：是指企业管理办公用的文具、纸张、账表、印刷、邮电、书报、办公软件、现场监控、会议、水电、烧水和集体取暖降温（包括现场临时宿舍取暖降温）等费用。

（3）差旅交通费：是指职工因公出差、协调工作的差旅费、住勤补助费，市内交通费和误餐补助费，职工探亲路费，劳动力招募费，职工退休、退职一次性路费，工伤人员就医路费，工地转移费以及管理部门使用的交通工具的油料、燃料等费用。

（4）固定资产使用费：是指管理和试验部件及附属生产单位使用的属于固定资产的房屋、设备、仪器等的折旧、大修、维修或租赁费。

（5）工具用具使用费：是指企业施工生产和管理使用的不属于固定资产的工具、器具、家具、交通工具和检验、试验、测绘、消防用具等的购置、维修和摊销费。

（6）劳动保险和职工福利费：是指由企业支付的职工退职金、按规定支付给离休干部的经费，集体福利费、夏季防暑降温、冬季取暖补贴、上下班交通补贴等。

（7）劳动保护费：是企业按规定发放的劳动保护用品的支出。如工作服、手套、防暑降温饮料以及在有碍身体健康的环境中施工的保健费用等。

（8）检验试验费：是指施工企业按照有关标准规定，对建筑以及材料、构件和建筑安装物进行一般鉴定、检查所发生的费用，包括自设试验室进行试验所耗用的材料等费用。不包括新结构、新材料的试验费，对构件做破坏性试验及其他特殊要求检验试验的费用和建设单位委托检测机构进行检测的费用，对此类检测发生的费用，由建设单位在工程建设其他费用中列支。但对施工企业提供的具有合格证明的材料进行检测不合格的，该检测费用由施工企业支付。

（9）工会经费：是指企业按工会法有关规定的全部职工工资总额比例计提的工会经费。

（10）职工教育经费：是指按职工工资总额的规定比例计提，企业为职工进行专业技术和职业技能培训，专业技术人员继续教育、职工职业技能鉴定、职业资格认定以及根据需要对职工进行各类文化教育所发生的费用。

（11）财产保险费：是指施工管理用财产、车辆等的保险费用。

（12）财务费：是指企业为施工生产筹集资金或提供预付款担保、履约担保、职工工资支付担保等所发生的各种费用。

（13）税金：是指企业按规定缴纳的房产税、车船使用税、土地使用税、印花税等。

（14）其他：包括技术转让费、技术开发费、投标费、业务招待费、绿化费、广告费、公证费、法律顾问费、审计费、咨询费、保险费等。

5. 利润：是指施工企业完成所承包工程获得的盈利。

6. 规费：是指按国家法律、法规规定，由省级政府和省级有关权力部门规定必须缴纳或计取的费用。包括：

（1）社会保险费

① 养老保险费：是指企业按照规定标准为职工缴纳的基本养老保险费。

② 失业保险费：是指企业按照规定标准为职工缴纳的失业保险费。

③ 医疗保险费：是指企业按照规定标准为职工缴纳的基本医疗保险费。

④ 生育保险费：是指企业按照规定标准为职工缴纳的生育保险费。

⑤ 工伤保险费：是指企业按照规定标准为职工缴纳的工伤保险费。

（2）住房公积金：是指企业按规定标准为职工缴纳的住房公积金。

（3）工程排污费：是指按规定缴纳的施工现场工程排污费。

其他应列而未列入的规费，按实际发生计取。

7. 税金：是指国家税法规定的应计入建筑安装工程造价内的营业税、城市维护建设税、教育费附加以及地方教育费附加。

（三）建筑安装工程费用项目组成（按造价形成划分）

建筑安装工程费按照工程造价形成由分部分项工程费、措施项目费、其他项目费、规费、税金组成，分部分项工程费、措施项目费、其他项目费包含人工费、材料费、施工机具使用费、企业管理费和利润。

1. 分部分项工程费：是指各专业工程的分部分项工程应予列支的各项费用。

（1）专业工程：是指按现行国家计量规范划分的房屋建筑与装饰工程、仿古建筑工程、通用安装工程、市政工程、园林绿化工程、矿山工程、构筑物工程、城市轨道交通工程、爆破工程等各类工程。

（2）分部分项工程：指按现行国家计量规范对各专业工程划分的项目。如房屋建筑与装饰工程划分的土石方工程、地基处理与桩基工程、砌筑工程、钢筋及钢筋混凝土工程等。

各类专业工程的分部分项工程划分见现行国家或行业计量规范。

2. 措施项目费：是指为完成建设工程施工，发生于该工程施工前和施工过程中的技术、生活、安全、环境保护等方面的费用。内容包括：

（1）安全文明施工费

① 环境保护费：是指施工现场为达到环保部门要求所需要的各项费用。

② 文明施工费：是指施工现场文明施工所需要的各项费用。

③ 安全施工费：是指施工现场安全施工所需要的各项费用。

④ 临时设施费：是指施工企业为进行建设工程施工所必须搭设的生活和生产用的临时建筑物、构筑物和其他临时设施费用。包括临时设施的搭设、维修、拆除、清理费或摊销费等。

（2）夜间施工增加费：是指因夜间施工所发生的夜班补助费、夜间施工降效、夜间施工照明设备摊销及照明用电等费用。

（3）二次搬运费：是指因施工场地条件限制而发生的材料、构配件、半成品等一次运输不能到达堆放地点，必须进行二次或多次搬运所发生的费用。

（4）冬雨季施工增加费：是指在冬季或雨季施工需增加的临时设施、防滑、排除雨雪，人工及施工机械效率降低等费用。

（5）已完工程及设备保护费：是指竣工验收前，对已完工程及设备采取的必要保护措施所发生的费用。

（6）工程定位复测费：是指工程施工过程中进行全部施工测量放线和复测工作的费用。

（7）特殊地区施工增加费：是指工程在沙漠或其边缘地区、高海拔、高寒、原始森林等特殊地区施工所增的费用。

（8）大型机械设备进出场及安拆费：是指机械整体或分体自停放场地运至施工现场或由一个施工地点运至另一个施工地点，所发生的机械进出场运输及转移费用及机械在施工现场进行安装、拆卸所需的人工费、材料费、机械费、试运转费和安装所需的辅助设施的费用。

（9）脚手架工程费：是指施工需要的各种脚手架搭、拆、运输费用以及脚手架购置费的摊销（或租赁）费用。

措施项目及其包含的内容详见各类专业工程的现行国家或行业计量规范。

3. 其他项目费

（1）暂列金额：是指建设单位在工程量清单中暂定并包括在工程合同价款中的一笔款项。用于施工合同签订时尚未确定或者不可预见的所需材料、工程设备、服务的采购，施工中可能发生的工程变更、合同约定调整因素出现时的工程价款调整以及发生的索赔、现场签证确认等的费用。

（2）计日工：是指在施工过程中，施工企业完成建设单位提出的施工图纸以外的零星项目或工作所需的费用。

（3）总承包服务费：是指总承包人为配合、协调建设单位进行的专业工程发包，对建设单位自行采购的材料、工程设备等进行保管以及施工现场管理、竣工资料汇总整理等服务所需的费用。

4. 规费：是指按国家法律、法规规定，由省级政府和省级有关权力部门规定必须缴纳或计取的费用。包括：

（1）社会保险费

① 养老保险费：是指企业按照规定标准为职工缴纳的基本养老保险费。

② 失业保险费：是指企业按照规定标准为职工缴纳的失业保险费。

③ 医疗保险费：是指企业按照规定标准为职工缴纳的基本医疗保险费。

④ 生育保险费：是指企业按照规定标准为职工缴纳的生育保险费。

⑤ 工伤保险费：是指企业按照规定标准为职工缴纳的工伤保险费。

（2）住房公积金：是指企业按规定标准为职工缴纳的住房公积金。

（3）工程排污费：是指按规定缴纳的施工现场工程排污费。

其他应列而未列入的规费，按实际发生计取。

5. 税金：是指国家税法规定的应计入建筑安装工程造价内的营业税、城市维护建设税、教育费附加以及地方教育费附加。

三、建设工程项目各阶段投资管理

（一）决策阶段的工程造价管理

1. 投资估算的定义

投资估算是在对项目的建设规模、产品方案、工艺技术和设备方案、工程进度及项目实施进度等进行研究并基本确定的基础上，估算项目所需资金总额（包括建设投资和流动资金）。

投资估算是拟建项目编制项目建议书、可行性研究报告的重要组成部分，是项目决策的重要依据之一。

2. 投资估算的作用

（1）投资估算是项目主管部门审批项目建议书和可行性研究报告的依据之一；

（2）投资估算是项目筹资决策和投资决策的重要依据，对确定融资方式、项目经济评价和方案比选起着重要作用；

（3）投资估算既是编制初步设计概算的依据，又对初步设计概算起控制作用，是项目投资控制目标之一。

3. 投资估算的编制和成果质量控制要点

（1）充分考虑估算指标等基础数据的时效性，避免简单套用原有的已建同类项目的基础资料。对此，应结合当地设备和材料价格、运杂费率、有关的定额、指标、标准和相关规定等因素随时间而发生的变化情况，对拟采用的已建同类项目的有关指标进行调整。

（2）考虑基础数据的适应性，不应随意套用有关指标。对此，一方面要注意，如套用的指标与具体工程之间的标准和条件有差异时，应加以局部换算和调整；另一方面要注意，应密切结合实际工程的特点，以正确反映其设计参数，切勿盲目地单纯套用一种单位指标。

（3）投资估算的漏项问题。由于投资估算时建设单位对项目建设往往只是粗略的想法，编制人员缺少明确的依据文件，因此，容易漏掉一些工作内容，如某些辅助工程、配套工程等。对此，建设单位尽量把建设内容考虑全面，必要时结合项目现场情况编制规划。

（4）对有关费用的计取应准确，特别是对工程或设备实体以外的费用，如工程建设其他费用等，不应盲目地根据经验进行估算，或者干脆取一比例包打天下，最终造成项目实施时该部分资金缺口较大。对此，应充分了解项目实际需要，如项目所在地市政接口、项目的排污、稀缺资源使用等情况，以及项目所在地有关政策法规文件和收费标准，在此基础上对工程实体以外的费用做出相对准确的估算。

（二）设计阶段的工程造价管理

1. 优化设计方案

在设计单位完成设计方案后，建设单位组织设计单位、使用单位及有关专家进行充分研讨，对项目功能实现、景观协调、技术经济进行全面评估，特别是技术经济评估，要做多方案比选，选出技术先进、经济合理的最优方案。

2. 深化初步设计

初步设计是概算的基础，只有依据完善的初步设计才能编制出准确概算。要使初步设计尽量完善，只有深化初步设计，使初步设计深度达到编制概算的要求。在初步设计完成之后，建设单位一方面检查初步设计是否达到国家规定的深度，另一方面要求概算编制人员检查初步设计是否达到编制概算的深度。

3. 细化施工图设计

施工图不仅是项目施工的依据，也是招投标的依据，一份质量差的施工图不仅不能保障顺利施工，还会出现大量设计变更和工程洽商，造成施工期间工程造价无法控制，同时，质量差的施工图还会造成招标期间的理解偏差，不仅影响招投标活动，还会影响工程结算。施工图设计时要强调细节，分部分项做法、材料选用要交代清楚，各专业图纸要交圈、配套。施工图完成后除了设计单位自身校核外，建设单位不仅要请专业人员进行审查，还要让编制预算或工程量清单的单位对施工图进行校核，不断完善施工图设计。

4. 限额设计

限额设计是指按照批准的可行性研究报告中的投资限额进行初步设计，按照批准的初步设计概算进行施工图设计的过程。将上一阶段审定的投资额作为下一设计阶段投资控制的总体目标。将项目总额目标层层分解后确定各专业、各工种或各分部分项工程的分项目标。

限额设计的实施是建设工程造价目标的动态反馈和管理过程，可分为目标制定、目标分解、目标推进和成果评价 4 个阶段。

（1）目标制定：限额设计的目标包括：造价目标、进度目标、质量目标、安全目标及环境目标。各目标之间既相互关联又相互制约，应统筹兼顾，全面考虑，追求技术经济合理的最佳整体目标。

（2）目标分解：首先，将上一阶段确定的投资额分解到建筑、结构、电气、给排水和暖通等各个专业。其次，将投资限额再分解到各个单项工程、单位工程、分部工程及分项工程。最后，将各细化的目标明确到相应的设计人员，制定明确的限额设计方案。

（3）目标推进：在初步设计方案完成后，及时编制初步设计概算，并进行初步设计方案的技术经济分析，直至满足限额要求。初步设计只有在满足各项功能要求并符合限额设计目标的情况下，才能作为下一阶段的限额目标给予批准。在施工图设计完成后，进行施工图设计的技术经济论证，分析施工图预算是否满足设计限额要求，以供设计决策者参考。

（4）成果评价：通过对设计成果的评价，总结经验和教训，作为指导和开展后续工作的重要依据。

5. 限额设计方面存在问题及对策建议

限额设计在我国已推行多年，从行政审批方面也出台了相应的法规、制度等，各建设单位、设计单位也普遍具备了限额设计的意识。但从多年的工程实践看，限额设计效果还存在很大问题，概算超估算、预算（招标控制价或合同价）超概算的情形普遍存在，在有些项目中还表现得比较突出，造成工程实施阶段管理难度加大，甚至最终导致项目调概。

究其原因，主要有两个方面：一是上一设计阶段深度不够，或设计质量较差，造成据此计算和批准的投资额无法作为下一阶段设计的控制目标；二是建设单位前期研究不够，造成设计过程中项目变更较多。对此，应做好以下几个方面的工作。

（1）建设单位在项目策划阶段认真做好研究，特别是工艺方案、技术路线要清，建设条件要落实，建设场地状况要清楚，建设规划要完善，项目所在地的政策法规要了解，为工程设计和建设实施提供充分的依据，减少或避免设计过程中的变更。

（2）设计单位增强限额设计意识和理念，严格按照限额设计程序和要求推进设计工作，有问题及时与建设单位沟通解决，对不符合限额设计要求的设计文件不予批准。

（3）设计单位、建设单位应加强对设计文件的审查，保证设计文件的质量、当下一阶段设置合理的控制目标。

6. 设计概算

设计概算是在初步设计阶段，由设计单位按照设计要求概略地计算拟建工程从立项开始到交付使用为止全过程所发生的建设费用的文件。

设计概算分为单位工程概算、单项工程综合概算、建设工程总概算三级。

单位工程概算分为建筑单位工程概算和设备（工器具、仪器）及安装工程概算两大类，是确定各单位工程建设费用的文件，是编制单项工程综合概算的依据。

单项工程综合概算是确定单项工程所需建设费用的文件，是根据单项工程内各单位工程概算汇总编制而成。

建设工程总概算是确定整个建设工程从立项到竣工验收全过程所需费用的文件。它由各单项工程综合概算以及工程建设其他费和预备费概算汇总编制而成。

设计概算是从最基本的单位工程概算编制开始逐级汇总而成。

7. 设计概算的编制和成果质量控制要点

（1）注意设计概算编制依据的合法性、有效性和适用范围：设计概算一般依据国家或地方授权机关批准或发布的概算定额、预算定额、单位工程估价表及相关的费用标准等编制。编制设计概算不得擅自提高定额、指标或费用标准，同时要注意采用项目当地现行的定额、指标或费用标准。另外，要注意定额、指标或费用标准的适用范围，如对改造项目，要根据改造范围和内容的不同，选择使用新建工程定额还是房屋修缮工程定额等。

（2）注意设计概算的编制深度；对一般大中型项目的设计概算，应有完整的编制说明和三级设计概算文件。编制说明要对设计概算的编制依据、编制方法、概算总值以及其他需要说明的问题作出说明。各级概算文件的格式和内容应符合要求，应符合逐级汇总编制的要求，各级之间要内容统一、数据一致。

除个别情况外，各单位工程概算应有相应的概算书，不宜再出现投资估算时按单位指标估算的情况。对仪器设备、工器具等要有详细的费用清单。

（3）设计概算应根据可行性研究报告和主管部门的立项批复编制，投资规模应符合立项批复的要求。对设计概算总值超出立项批复金额10%以上的，应高度重视，重点分析，通过设计文件进行调整。对调整后仍超出立项批复金额10%以上的，应进行技术经济论证，重新申报立项。

（4）对工程量较大、造价较高、对整体造价影响较大的子目应重点关注，多角度复核，保证概算工程量的准确。

（5）所采用的人工、主要材料、设备、机械等价格应符合项目所在地价格水平，需要调整的应按当地有关计价规定进行调整。

（6）对工程建设其他费，应在落实土地征用、房屋拆迁、市政配套等外部条件，办理交通、绿化、消防、人防、环保、文物保护等专项许可的基础上，结合计价规定和国家发布的取费文件以及当地出台的收费文件等计算，各项费用的费率和计取标准应符合国家、行业和地方有关规定。

（7）对预备费的计算应选择适当的比例，不应过高，也不宜过低。

（三）招标采购阶段的工程造价管理

1. 工程量清单

工程量清单计价方式，是在建设工程招投标中，招标人自行或委托具有资质的中介机构编制反映工程实体消耗和措施性消耗的工程量清单，并作为招标文件的一部分提供给投标人，由投标人依据工程量清单自主报价的计价方式。

（1）工程量清单：载明建设工程分部分项工程项目、措施项目、其他项目的名称和相应数量以及规费、税金等内容的明细清单。

（2）招标工程量清单：招标人依据国家标准、招标文件、设计文件以及施工现场实际情况编制，随招标文件发布供投标人投标报价的工程量清单，包括说明和表格。

2. 工程量清单计价的要点

（1）使用国有资金投资的建设工程发承包，必须采用工程量清单计价。

（2）工程量清单应采用综合单价计价。

（3）招标工程量清单必须作为招标文件的组成部分，其准确性和完整性应由招标人负责。

（4）招标工程量清单是工程量清单计价的基础，应作为编制招标控制价、投标报价、计算或调整工程量、索赔等的依据之一。

（5）招标工程量清单应以单位（项）工程为单位编制，应由分部分项工程项目清单、措施项目清单、其他项目清单、规费和税金项目清单组成。

（6）分部分项工程项目清单必须载明项目编码、项目名称、项目特征、计量的位和工程量，并且必须根据相关工程现行国家计量规范规定的项目编码、项目名称、项目特征、计量单位和工程量计算规则进行编制。

（7）工程量必须以承包人完成合同工程应予计量的工程量确定。当发现招标工程量清单中出现缺项、工程量偏差，或因工程变更引起工程量增减时，应按承包人在履行合同义务中完成的工程量计算。

（8）招标工程量清单中项目特征不符、工程量清单缺项、工程量偏差等瑕疵带来的工程造价增减变化均由发包人承担。

3. 工程量清单编制的主要风险

（1）分部分项工程项目清单的 5 个要件：项目编码、项目名称、项目特征、计量单位和工程量。

（2）对项目特征描述方面的风险：包括工程量清单项目特征描述与施工图纸不一致、项目特征描述不到位或描述错误等。

工程量清单5个要件中，项目特征极为重要，其重要性主要表现在3个方面：一是项目特征是用来表述分部分项清单项目的实质内容，用于区分同一清单条目下各个具体的清单项目的依据，二是项目特征决定了工程实体的实质内容，直接决定工程实体的自身价值，是确定综合单价的前提，三是项目特征是履行合同义务的基础。

在工程实践中，相对于工程量计算而言，工程量清单编制者往往对项目特征描述的准确性重视不够，导致出现大量清单项目特征描述不清，甚至漏项、错误等情况，引起纠纷和索赔，给建设单位带来损失。

（3）工程量清单缺项。

（4）工程量计算有误，导致工程施工过程中，应予计量的实际工程量与招标工程量清单出现偏差。

4. 风险防范对策建议

（1）加强对施工图纸质量的审查把关，在督促设计单位做好内审，特别是图纸会签时做好各专业图纸核对的基础上，必要时聘请专家专门对图纸的错、漏、碰、缺等情况进行重点核查。

（2）有条件时，可委托两家造价咨询单位同时编制工程量清单，或委托一家编制另一家审查。通过比对、审查发现问题，核对后确定最终结果。

（3）在工程量清单编制过程中做好图纸的核对工作。

对工程量清单编制过程中发现图纸存在的错、漏、碰、缺等问题，受时间所限，清单编制单位往往简单化地自行决定做法，并在清单编制说明中简要说明。因在施工过程中，如设计单位最终明确的做法与之不一致，将给建设单位带来较大风险。为此、应要求清单编制单位遇到图纸问题时不可简单化自行处理，而是要将问题提交建设单位，由设计单位对问题作出明确决定。一方面可保证清单的准确性；另一方面可通过该过程进一步完善施工图纸。

（4）工程量清单编制完成后，亦可与初步设计概算批复、施工图预算对比审查，对工作内容、清单项目、工程量的偏差进行分析、核对。

（5）对分部分项工程量清单项目特征描述进行重点审查。与施工图纸的做法要求进行比对，结合相应的施工规程规范要求，逐一审查各清单项目的特征描述，保证特征描述准确、齐全，宁重复勿遗漏。

5. 招标控制价

（1）招标控制价的定义：招标控制价是指招标人根据国家或省级、行业建设主管部门颁发的有关计价依据和办法，按设计施工图纸计算的，对招标工程限定的最高工程造价。

（2）招标控制价的编制主体：《建设工程工程量清单计价规范》规定国有资金投资的建设工程招标，招标人必须编制招标控制价。

招标控制价应由具有编制能力的建设单位或受其委托具有相应资质的工程造价咨询单位编制。

6. 招标控制价的编制和成果质量控制要点

（1）招标控制价是工程施工招标时控制投标价格，进而影响合同价格的重要指标。因此应合理、准确地设置招标控制价，不得过高或过低。

（2）招标控制价应依据拟定的招标文件和招标工程量清单编制。

（3）招标控制价编制时应充分考虑工程施工现场情况、工程特点，并根据常规施工方案确定措施项目等有关费用或价格。

（4）综合单价中应包括招标文件中规定的应由投标人承担的风险范围及其费用。

（5）招标控制价采用的价格信息是工程造价管理机构通过工程造价信息发布的价格，对工程造价信息没有发布的应参照市场价，因此需要招标控制价编制人员对市场有充分的了解。

（6）合理确定暂估价材料、设备范围，单价应与招标工程量清单中列出的单价一致。

（7）对建设单位自行发包的专业工程，根据建设单位要求施工单位对分包单位的配合和服务情况，合理计取总承包服务费。

（8）根据工程特点和设计图纸的情况，合理确定暂列金额。

（9）有条件时，建设单位可委托两家造价咨询单位同时编制招标控制价，并进行审查、核对。

（10）将招标控制价与概算批复投资进行比较。如招标控制价超过概算批复投资，则需对超出原因进行分析，特别是与设计概算进行比对分析，分析重点：施工图设计内容与初步设计图纸有无变化、初步设计概算有无漏项、工料机价格有无重大偏离、概算批复是否合理等。在分析的基础上采取必要措施对招标控制价进行调整。

7. 工程合同价款

发承包双方在工程合同中约定的工程造价，即包括分部分项工程费、措施项目费、其他项目费、规费和税金的合同总金额。

8. 合同价款的确定原则

（1）采用招标发包的工程，其合同价款应为投标人中标价，即投标人投标报价。

（2）不实行招标的工程合同价款，应在建设单位和施工单位双方认可的工程价款基础上，由双方在合同中约定。

对不实行招标的工程，可由拟选定的施工单位根据施工图纸、施工现场情况施工组织设计等编制报价文件，由建设单位或其委托的中介单位审核后作为合同价款的确定依据。

（四）施工阶段的工程造价管理

1. 预付工程款

（1）预付工程款的定义

在开工前，发包人按照合同约定预先支付给承包人用于购买合同工程施工所需的材料、工程设备，以及组织施工机械和人员进场等的款项。

预付工程款的数额、支付时间和抵扣方式应在合同条款中约定。

（2）预付工程款的数额和支付时间

根据工程具体情况，在合同中约定的预付工程款数额可以是绝对数，如50万元、100万元等，也可以是相对数，如合同金额的10%、15%等。一般情况下，包工包料工程的预付款支付比例不得低于合同价款（扣除暂列金额）的10%，不宜高于合同价款（扣除暂列金额）的30%。

合同中约定的预付工程款支付时间可表述为：合同签订后一个月内支付、工程开工日前7天内支付等。

对重大工程项目，预付工程款按年度工程计划逐年支付。

合同中规定了预付款保函时，预付工程款应在承包人向发包人提供了与预付工程款等额的预付款保函后支付。

（3）预付工程款的抵扣

预付款起扣点的规定：预付款起扣点一般是按照工程款拨付的进度百分比规定，如预付工程款为合同金额的30%，可规定从工程进度款支付至合同金额的50%时开始抵扣，或规定工程付款累计至合同金额的80%时开始抵扣，等等。也可按照工程的形象进度规定预付款起扣点，如工程地下工程完工后抵扣多少、工程主体结构完成后抵扣多少等。

对于工期较短、造价较低的工程，无须分期抵扣，一般只规定累计付款的截止点即可。

每次扣款的额度规定：每次抵扣的预付工程款金额可以为固定金额，如50万元，100万元等，也可以是预付工程款的固定百分比，如预付款的10%、15%等，也可以随进度款按所付预付款同比例抵扣。规定应确保预付工程款在付款截止前全部扣回。

2. 工程计量和工程进度款支付

工程进度款是指在合同工程施工过程中，发包人按照合同约定对付款周期内承包人完成的合同价款给予支付的款项，也是合同价款期中结算支付。

工程进度款是在工程计量的基础上进行支付的。

工程计量是指发承包双方根据合同约定，对承包人完成合同工程的数量进行的计算和确认。

（1）工程计量的原则

① 工程量必须按照相关工程现行国家计量规范规定的工程量计算规则计算。

② 工程量必须以承包人完成合同工程应予计量的工程量确定。

③ 工程计量应根据合同约定，选择按月或按工程形象进度分段计量。

④ 应确保对“已完合格工程”，即承包人已按照施工图纸的要求施工完毕，并经监理单位验收合格的工程项目进行计量，对未经监理单位验收或验收不合格的项目不予计量。

⑤ 因承包人原因造成超出合同工程范围施工或返工的工程量，发包人不予计量。

⑥ 当发现招标工程量清单中出现缺项、工程量偏差，或因工程变更引起工程量增减时，应按承包人在履行合同义务中实际完成的工程量计算。

⑦ 对采用施工图预算方式发包形成的总价合同，除工程变更引起的工程量增减外，应按照总价合同内各项目的工程量作为承包人结算的最终工程量，不再按实调整。

（2）工程进度款的支付

根据合同约定，工程进度款可按月支付，也可按工程形象进度进行支付。

工程进度款应采用上述工程计量的结果，严格按照合同规定的工程单价进行计算。

经发承包双方确认调整的合同价款，应与工程进度款同期支付。

应按照合同规定的时限进行工程进度款的支付。

3. 合同价款调整

合同价款调整是指在合同价款调整因素出现后，发承包双方根据合同约定，对具体合同价款进行变动的提出、计算和确认。

合同价款调整因素主要包括：法律法规变化、工程变更、项目特征不符、工程量清单缺项、工程量偏差、计日工、物价变化、暂估价、不可抗力、提前竣工、误期赔偿、索赔、现场签证、暂列金额等。

（1）项目特征不符、工程量清单缺项、工程量偏差

该部分均属于招标工程量清单误差造成的合同价款的调整。通过采取适当的防范工程量清单风险的措施，可消除工程量清单的大部分误差，但很难做到全部杜绝。

在施工阶段，从造价控制的角度，可通过合同条款的制定，及早解决工程量清单误差问题，及早了解误差对总投资的影响，从而在后续造价控制中做到心中有数，更有针对性。

比如，可在合同中规定：“要求施工单位在合同签订后或工程开工后 1 个月内，对工程量清单进行复核，对清单误差问题以书面形式提出，过期不再受

理。”从而督促施工单位及时解决清单误差的问题。

（2）洽商变更费用的管理

① 工程开工前组织监理人员和施工单位人员及时熟悉施工图纸，尽早发现施工图纸的错、漏、碰、缺等问题，向建设单位报告，与设计单位联系，争取在开始施工前解决。

② 施工过程中，明确洽商变更的确认程序，特别是明确建设单位对工程变更的知情权和确认权，避免让施工单位私自找设计单位变更。

③ 洽商变更的书写要明确。洽商变更是施工和监理的依据，也是计算洽商变更费用的依据，所以一定要明确、无歧义。洽商变更的内容主要是要将洽商变更的事由、原因、做法等描述清楚，做到施工、结算都有据可循，必要时可有预算人员参与起草。

④ 及时处理洽商变更费用。对每一份已生效的洽商变更，要求施工单位在规定时间内填写洽商变更费用报审表报监理单位审核，一方面建设单位能做到对费用变化心中有数；另一方面可保证施工单位及时获得洽商变更工程款，减少索赔诱因。

⑤ 为防止施工单位随意高估冒算洽商变更费用，减少审核工作量，提高审核效率，可在合同中规定对高估冒算的处罚条款。

（3）暂估价材料、设备及整项暂估的专业分包工程价差的管理

暂估价是指招标人在工程量清单中提供的用于支付必然发生但暂时不能确定价格的材料、工程设备的单价以及专业工程的金额。

暂估价材料、设备是指在工程招标阶段，在工程量清单中给出暂估价的材料、设备；暂估价的专业工程是指在工程招标阶段，在工程量清单中给出整项暂估价的专业分包工程。

对于非暂估价材料、设备，投标时由施工单位自主报价，结算时不做调整；对于暂估价材料、设备，投标时施工单位必须以工程量清单中给定的暂估价计算，结算时按照建设单位确认的实际采购价格调整正负价差；对于暂估价的专业工程，投标按时施工单位按照给定的价格整项计入投标报价，结算时按建设单位确认的分包合同价格调整正负价差。

对于暂估价，建设单位对其造价进行控制的核心是对暂估价材料、设备实际采购价和专业分包工程实际分包价格的确认。

应在合同中明确规定暂估价材料、设备和暂估价专业工程的采购方式、程序。

如果相关暂估价的材料、设备或专业工程分包根据法律、法规、规章及规范性文件的要求属于依法必须招标的范围或达到招标规模时，必须采用招标采购的方式；如果相关暂估价的材料、设备或专业工程分包根据法律、法规、规章及规范性文件的要求不属于依法必须招标的范围或未达到招标规模时，必须

在合同中明确规定采购方式和程序，比如可采用招标采购的方式，也可采用询价比较、竞争性谈判等方式。

无论采取哪种方式，建设单位都应坚持主动控制、以我为主、强化竞争的原则。

对市场的充分了解是做好价格确认工作的前提。

（4）费用索赔的管理

尽量按照施工合同的规定履行好自己的职责，并督促设计、监理等单位认真履行职责，减少费用索赔的诱因。

比如督促设计单位按照规定时限提交设计变更文件；避免错误的监理指令；按合同规定时限进行工程进度款支付等。

对可能出现的索赔事件进行有效的防范。比如对出现了大的社会事件如奥运会召开，可能会对工程施工造成不利影响，或预见到自身履约可能存在问题时，可提前与施工单位沟通，尽早通过施工计划的调整，争取做到整体施工不受影响。

对施工单位提出的索赔意向及时处理，特别应注意要在合同规定的时限内给予答复。

对确已形成索赔事实的，应按合同规定对索赔费用进行认真、细致的核对。

4. 工程竣工结算

工程竣工结算是指施工单位按照施工合同和设计文件的规定完成施工并经验收合格后，与建设单位进行的最终工程价款结算。

工程竣工结算分为单位工程竣工结算、单项工程竣工结算和工程项目竣工总结算。

（1）工程竣工结算的程序

施工合同规定的工程竣工结算基本程序：工程竣工验收合格后，施工单位在定时间内编制完成工程竣工结算报告，提交监理单位进行审核，监理单位在合同定时间内审核完毕并经建设单位同意后，审核结果作为建设单位和施工单位结算工程款的依据。一般情况下，建设单位可委托有资质的工程造价咨询单位对监理单位审核的结果进行审计。

（2）工程竣工结算的控制要点

① 工程竣工结算应由施工单位编制，不是由建设单位或监理单位编制，也不是由建设单位委托造价咨询单位编制。

② 工程竣工结算的编制和审核应符合合同规定的原则。工程竣工结算费用由合同价款和前述各项合同价款调整项目的费用汇总组成，一般不应根据施工图纸或竣工图纸再行计算。

③ 为防止施工单位盲目做高结算费用，减少审核工作量，提高审核效率，

可在合同中规定相应的处罚条款。

④ 在工程竣工结算的审核中立足发挥监理单位的作用，不提倡将工程竣工结算直接交由工程造价咨询单位审核。同时，考虑到监理单位能力和水平参差不齐，鼓励建设单位在监理单位对工程竣工结算审核的基础上，委托有资质的工程造价咨询单位对监理单位审核的结果进行审计。

⑤ 引入工程建设造价全过程跟踪审计，应视为一项好的做法。但应注意理清与监理单位工程造价控制之间的关系，确定好工作流程。原则上应把握对工程施工过程中的任一造价管理事项，应先由监理单位控制，后由造价咨询单位审计，这样可促进监理单位提高造价控制工作的质量，也可提高工作效率。应注意避免二者之间的工作交叉和工作越位。

第二节　条件建设项目财务管理

橡胶所条件建设项目包含两类，一类是基本建设项目，主要包含农业基本建设项目、自筹基本建设项目；另一类是改善条件建设专项，主要包含房屋修缮类项目、基础设施改造类项目、仪器设备购置类项目以及仪器设备升级改造等四类项目。

基本建设项目财务管理制度依据主要有《基本建设项目竣工财务决算管理暂行办法》（财建〔2016〕503 号）、《中央基本建设项目竣工财务决算审核批复操作规程》（财办建〔2018〕2 号）、《中国热带农业科学院基本建设项目竣工财务决算管理暂行办法》（热科院财〔2019〕383 号）等。

改善条件建设专项财务管理制度依据主要有《中央级科学事业单位改善科研条件专项资金管理办法》（财教〔2021〕100 号）、《中国热带农业科学院修缮购置专项管理工作规程（试行）》（热科院财〔2022〕106 号）等。

一、基本建设项目财务内控管理

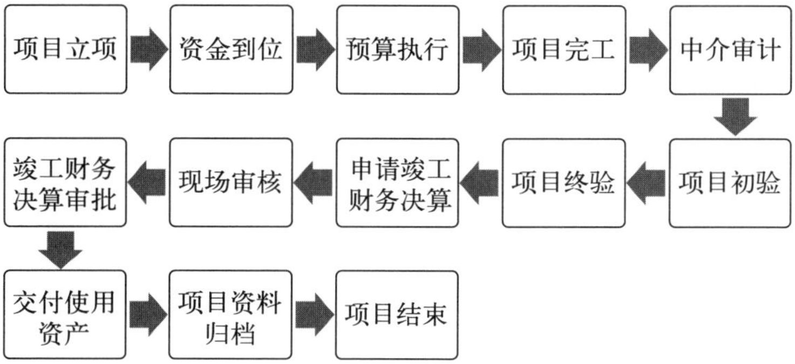

（一）经费支出规范性审核

项目是否按专项核算；辅助核算项设置是否明晰，如待摊费用是否设置核算明细项，支出经济分类设置是否规范；支出会计科目使用是否准确；各项资金支付依据是否充分，是否有提供合同、工程进度、工程结算材料、设备购置申请及验收材料等，支付程序是否符合规定，资金支付是否按合同约定执行，附件材料是否齐全等，支付预付款时对方是否如期按约定汇入履约保证金，支付尾款时是否有预留质保金或对方汇入质保金等。

（二）中介审计

已完工的基建项目，项目承担单位需按规定聘请中介机构进行专项审计，并按项目出具审计报告。财务部门应对审计报告中财务方面的数据进行逐一核对，业务部门应对审计报告中项目立项及工程概况、概算与投资支出对比、项目执行、绩效及资产列增等内容进行审核。农业基本建设项目验收应提供的材料包含：专项审计报告、项目竣工财务决算报告、项目竣工财务决算审核报告。格式详见附件 1 基本建设项目审计报告参考模板、附件 2 基本建设项目竣工财务决算报告、附件 3 基本建设项目竣工财务决算审核报告。

（三）审计报告财务审核要点

一是对审计报告进行形式审核，查看审计报告内容是否完整，审计报告正文是否按规定格式编制，是否存在漏项问题；二是审核审计报告正文和附件财务方面的信息是否正确：项目名称是否与上级部门的批复内容一致（依据：项目初步设计和概算批复、预算批复）；审计依据是否准确（所列的管理办法是否是最新的有效文件）；是否编制了概算批复与完成投资对照表、概算批复数是否与项目初步设计和概算批复文件一致；完成投资数是否正确，业务部门提供的完成投资数与财务账上数据是否一致；资产列增是否正确，资产归类是否规范、待摊费用分摊是否准确等。

（四）编制竣工财务决算材料

根据《基本建设项目竣工财务决算管理暂行办法》要求，项目初验阶段财务部门应提供项目竣工财务决算报表及说明、项目竣工财务决算审核报告等，该材料可委托中介机构编制，项目执行单位业务部门和财务部门加强沟通，共同对中介机构提交的材料进行认真审核。审核要点：中介提供的材料是否齐全、格式是否正确，材料中的各项数据是否正确、是否与审计报告中的数据一致。

（五）项目初验

项目完成工程验收，中介机构出具审计报告、竣工财务决算资料后，项目单位可申请项目初验。项目初验阶段财务部门主要配合提供与拟验收项目相关的记账凭证、项目支出总账和明细账、审计报告、项目竣工财务决算报表及说明、项目竣工财务决算审核报告等。项目初验结束后，业务部门和财务部门需根据初验专家意见进行整改，完成整改后可申请终验。财务部门对照初验财务专家意见进行材料的修改完善。

（六）项目终验

初验通过的项目还需申请终验，项目终验阶段财务部门主要配合提供与拟验收项目相关的记账凭证、项目支出总账和明细账、项目竣工财务决算报表及说明、项目竣工财务决算审核报告等。

（七）竣工财务决算审核需提交的材料

完成终验的项目后还需拟文向热科院财务处提请竣工财务决算审核申请，申请材料主要包括：项目竣工财务决算验收的申请、竣工财务决算审核表、竣工财务决算审核报告、竣工财务决算报表、竣工财务决算说明、项目竣工财务决算的专项审计报告、项目实施情况总结报告、项目竣工验收表、项目初设批复、项目验收合格证书等相关材料。财务根据热科院竣工财务决算审核批复材料列增资产。

（八）竣工财务决算审核要点

一是工程价款结算是否正确，是否按照合同约定和国家有关规定执行，有无多算和重复计算工程量、高估冒算材料费问题。

二是待摊费用支出及其分摊是否合理、正确，在编制项目竣工财务决算时，项目建设单位应当按照规定将待摊投资支出按合理比例分摊计入交付使用资产价值、转出投资价值和待核销基建支出。

三是项目是否按照批准的概算、预算内容执行，有无超标准、超规模、超概算、超预算建设问题。

四是项目资金是否全部到位，会计核算是否规范，资金使用是否合理，有无挤占、挪用问题。

五是项目形成资产是否全面反映，计价是否准确，转出投资接受单位是否落实。

六是项目建设过程中历次检查和审计所提的重大问题是否已经整改到位。

七是待核销基建支出和转出投资是否有依据。

八是审计报告、竣工财务决算报表、竣工财务决算审核表、项目竣工验收表等表间数据是否一致。

九是尾工工程及预留费用是否控制在概算范围内，预留的金额和比例是否合理。

十是项目建设是否履行基本建设管理程序，是否符合国家有关建设管理制度要求等。

十一是项目建设内容以设备购置、房屋及其他建筑物购置为主且附有部分建筑安装工程的，可以简化项目竣工财务决算编报内容、报表格式和批复手续；设备购置、房屋及其他建筑物购置，不用单独编报项目竣工财务决算。

附件 1

基本建设项目审计报告参考模板

（参考格式）

本审计报告编写提纲可分为两个部分，第一部分是审计报告正文，包含建设单位的基本情况、项目基本情况、工程资金来源情况、项目收支情况、形成的资产及债权债务结算情况、项目执行情况、审计存在问题及建议、其他需要说明的事项等八方面的内容。第二部分是附表，包含项目概况表、项目竣工财务决算表、资金情况明细表、交付使用资产总表、交付使用资产明细表、待摊投资明细表、待核销基建支出明细表、转出投资明细表、项目收支明细表、项目往来资金明细表等十张附表。具体内容如下：

一、建设单位的基本情况

二、项目基本情况

（一）项目概况

（二）项目立项及概算批复情况

（三）建设单位和相关施工单位

（四）项目开工时间

（五）项目完成情况（含工程建设内容以及资金使用情况）

三、工程资金来源情况

四、项目收支情况（包含项目资金结存情况、工程投资完成审核情况）

五、形成的资产及债权债务结算情况

六、项目执行情况

（一）概算执行情况

（二）合同执行情况

（三）招投标制度执行情况

（四）基本建设工程支出账目设置情况

七、审计存在问题及建议

八、其他需要说明的事项

基本建设项目审计报告需填写以下表格：

① 项目概况表；

② 项目竣工财务决算表；

③ 资金情况明细表；

④ 交付使用资产总表；

⑤ 交付使用资产明细表；

⑥ 待摊投资明细表；

⑦ 待核销基建支出明细表；

⑧ 转出投资明细表；

⑨ 项目收支明细表；

⑩ 项目往来资金明细表。

表格具体内容略。

附件 2

基本建设项目竣工财务决算报告

（参考格式）

本报告编写提纲可分为两个部分，第一部分是报告正文，包含项目概况；会计账务处理、财产物资清理及债权债务的清偿情况；项目建设资金计划及到位情况，财政资金支出预算、投资计划及到位情况；项目建设资金使用、项目结余资金分配情况；项目概（预）算执行情况及分析，竣工实际完成投资与概算差异及原因分析等十四方面的内容。第二部分是附表，包含项目概况表、项目竣工财务决算表、资金情况明细表、交付使用资产总表、交付使用资产明细表、待摊投资明细表、待核销基建支出明细表、转出投资明细表、项目收支明细表、项目往来资金明细表等十张附表。具体内容如下：

一、项目概况

项目概况包括项目立项批复、招投标、实施执行、完成投资情况等；

二、会计账务处理、财产物资清理及债权债务的清偿情况；

三、项目建设资金计划及到位情况，财政资金支出预算、投资计划及到位情况；

四、项目建设资金使用、项目结余资金分配情况；

五、项目建设形成各类资产、资产交付情况；

六、项目概（预）算执行情况及分析，竣工实际完成投资与概算差异及原因分析；

七、尾工工程情况；

八、历次审计、检查、审核、稽察意见及整改落实情况；

九、主要技术经济指标的分析、计算情况；

十、项目管理经验、主要问题和建议；

十一、预备费动用情况；

十二、项目建设管理制度执行情况、政府采购情况、合同履行情况；

十三、征地拆迁补偿情况、移民安置情况；

十四、需说明的其他事项。

基本建设项目竣工财务决算报告需填写以下表格：

① 项目概况表；

② 项目竣工财务决算表；

③ 资金情况明细表；

④ 交付使用资产总表；

⑤ 交付使用资产明细表；

⑥ 待摊投资明细表；

⑦ 待核销基建支出明细表；

⑧ 转出投资明细表；

⑨ 项目收支明细表；

⑩ 项目往来资金明细表。

表格具体内容略。

附件 3

基本建设项目竣工财务决算审核报告

（参考格式）

本报告编写提纲可分为两部分，第一部分是报告正文，包含审核基本情况、审核结论、管理建议等三方面的内容。第二部分是附表，包含项目竣工财务决算审核汇总表、资金情况审核明细表、待摊投资审核明细表、交付使用资产审核明细表、转出投资审核明细表、待核销基建支出审核明细表等六张附表。具体内容如下：

一、审核基本情况

（一）基建财务管理基础工作情况

单位执行有关基本建设投资财务管理的各项法律、法规和制度情况等。

（二）项目实施情况

1. 项目建设地点、参建单位及供应商（包括：项目设计单位、预算编制单位、招标代理单位、勘察单位、结算审核单位、施工单位、监理单位、设备供货商）等情况。

2. 项目档案资料收集情况。

（三）投资计划下达和项目资金到位情况

1. 项目立项批复情况，包括：项目可行性研究报告的批复，批复初步设计和概算（建设地点、工程建设规模、核定概算总投资、建设年限等）等。

2. 项目资金到位情况。

（四）项目完成投资情况

1. 项目投资支出情况。

2. 项目投资新增固定资产情况。

（1）交付使用资产等情况；

（2）基建转出投资情况；

（3）待核销基建支出。

（五）项目竣工验收情况

中介审计情况、项目竣工验收情况、是否取得农业建设项目竣工验收合格证书。

二、审核结论

（一）项目建设内容完成情况。

（二）项目经费使用成效，形成固定资产情况。

（三）项目档案资料整理情况。

审核结论：

三、管理建议

基本建设项目竣工财务决算审核报告需填写如下表格：

① 项目竣工财务决算审核汇总表；

② 资金情况审核明细表；

③ 待摊投资审核明细表；

④ 交付使用资产审核明细表；

⑤ 转出投资审核明细表；

⑥ 待核销基建支出审核明细表。

表格具体内容略。

四、改善科研条件专项

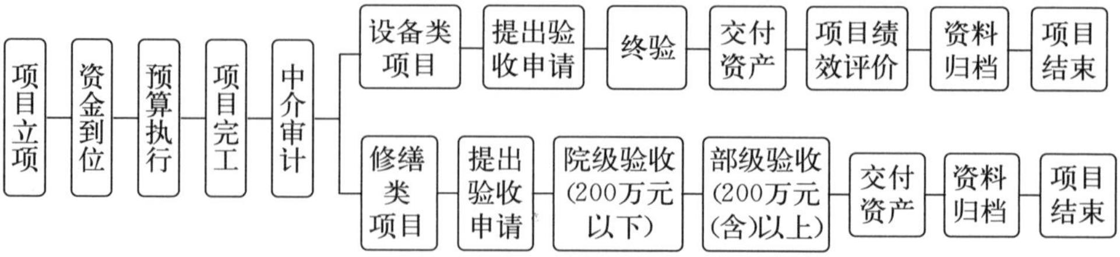

（一）经费支出规范性审核

项目是否按专项核算；支出会计科目使用是否正确；资金支付依据是否充分，是否提供合同、工程进度材料、工程结算材料、进口设备是否提供报关单、原产地证明、设备验收材料等，支付程序是否符合规定，资金支付是否按合同约定执行，附件材料是否齐全；支付预付款时对方是否如期按约定汇入履约保证金，支付尾款时是否有预留质保金或对方汇入质保金等。

（二）中介审计

已实施完成的修购项目，项目承担单位需按规定聘请中介机构进行专项审计，并按项目出具审计报告。财务部门应对审计报告中财务方面的数据进行逐一核对，业务部门应对审计报告中项目立项、实施、绩效及资产列增等内容进行审核。审计报告格式详见附件4改善科研条件专项审计报告（参考格式）。

（三）审计报告财务审核注意要点

一是对审计报告进行形式审核，查看审计报告内容是否完整，附件是否齐全；二是审核审计报告正文和附件财务方面的信息是否正确：项目名称是否与上级部门的批复内容一致（依据：实施方案批复、预算批复）、审计依据是否准确（所列的管理办法是否是最新的有效文件），项目预算是否正确（即项目总预算、分项预算是否与批复一致），是否编制了项目实施批复与实际完成情况对比表、数据是否正确，资产列增是否正确等。

（四）项目验收要求及程序

1. 申请验收应具备的条件

完成项目实施方案中规定的全部内容；系统整理了项目档案资料并分类立卷，各类资料齐全、完整，包括前期工作文件、实施阶段工作文件、招标投标和政府采购文件、验收材料及财务档案资料等；维修改造类项目应完成“四方”验收，涉及环境保护、劳动安全卫生及消防设施等有关内容的，须经相关主管部门审查合格；仪器设备购置类项目已完成设备验收并试运行。

2. 验收程序

预算金额200万元（含）以上的房屋修缮、基础设施改造类项目由科技教育司组织验收；200万元以下、60万元（含）以上的修缮改造项目，仪器设备购置和升级改造类项目由中国热科院组织验收；60万元以下的修缮改造项目由橡胶所自行组织验收。

附件4

改善科研条件专项审计报告

（参考格式）

本专项审计报告可分为五部分，分别是报告封面，目录，报告正文，会计师事务所营业执照及注册会计师资格证书复印件，审计报告附件等五方面的内容。审计报告正文可包含项目单位基本情况、项目基本情况、项目预算安排与执行情况、新增固定资产情况、专项经费结余情况、项目经费管理和使用中存在的主要问题及建议、审计意见、其他需要说明的事项等八方面的内容。根据专项类型，审计报告附件可分为两类，分别是房屋修缮和基础设施改造类项目和仪器设备购置类项目。房屋修缮和基础设施改造类项目审计报告附件可包含项目基本情况表、财政专项经费决算表、项目支出明细表、新增固定资产明细表、履约保证金及质保金明细表等5张附表。仪器设备购置类项目审计报告附件可包含项目基本情况表、财政专项经费决算表、项目支出明细表、新增固定资产明细表、履约保证金及质保金明细表等5张附表。具体内容如下：

一、封面

应包括：项目年度、项目单位、项目类别、项目名称和项目编码。

二、目录

三、报告正文内容

（一）项目单位基本情况

简要说明项目依托单位情况，主要包含：成立时间、统一社会信用代码、住所、法定代表人、经费来源、业务范围等。

（二）项目基本情况

1. 项目立项情况

简要说明项目基本情况。主要包括：批复文号、项目名称、项目经费预算，项目起止时间、项目批复实施内容（应与实施方案一致）等。

2. 项目实施情况

（1）项目管理制度和会计核算情况，主要包括项目管理制度建立健全情况、会计核算、经费开支审批程序等。单位资产管理制度及执行情况。执行政府采购的情况。

（2）简要描述招标代理、设计、采购，施工单位和承担的任务。

（3）简要描述项目实际完成的建设内容与实施方案对比情况（下表）。

项目建设内容批复与实际完成情况对比表（修缮类项目）

内容	实施方案批复	项目完成情况	变更情况
项目建设地点			
项目建设内容、规模			
项目总投资及资金来源			
项目建设期			

项目购置内容预算批复与实际完成情况对比表（购置类项目）

内容	实施方案批复	实际购置完成情况	变更情况
项目购置内容及数量			
项目购置内容及数量			

3. 项目绩效完成情况

结合项目申报书和实施方案，重点描述项目绩效批复、绩效完成以及项目实施成效。

（三）项目预算安排与执行情况

1. 预算安排情况

实施方案批复文件号，预算批复数。简要描述项目支出范围。预算调整是否符合相关规定，是否履行相关程序。

2. 项目经费到位情况

3. 预算执行情况

（1）项目经费使用情况。

简要描述该项目预算批复与实际执行对比情况。

财政专项经费决算表（修缮类项目）

单位：万元

序号	支出项目	预算下达数	实际执行数	结余数
1	设备购置费			
2	材料费			

（续）

序号	支出项目	预算下达数	实际执行数	结余数
3	劳务费			
4	水电动力费			
5	设计费			
6	运输费			
7	安装调试费			
8	其他费用			
合计				

财政专项经费决算表（设备购置类项目）

单位：万元

序号	支出项目	预算下达数	实际执行数	结余数
1	设备购置费			
2	其他费用			
合计				

（2）项目经费支出和审定情况

简要描述项目经费支出数和审计认定支出数，如有差异要说明原因（下表）。

修缮类项目支出审计认定表

单位：元

序号	项目名称	项目经费支出金额	审计认定支出金额
1	设备购置费		
2	材料费		
3	劳务费		
4	水电动力费		
5	设计费		
6	运输费		
7	安装调试费		
8	其他费用		
	……		
	合 计		

仪器设备项目的设备购置、使用及存放管理情况，要与预算批复的设备购置清单对比，如有差异要说明原因（下表）。

设备购置类项目支出审计认定表

单位：元

序号	项目名称	项目经费支出金额	审计认定支出金额
1			
2			
……			
	合　计		

（四）新增固定资产情况

分项说明新增固定资产类型、数量、金额。

（五）专项经费结余情况

经费结余的金额及形成原因。如有自筹经费则说明自筹配套经费金额及使用情况。

（六）项目经费管理和使用中存在的主要问题及建议

逐项列示审计过程中发现的问题，问题依据的有关制度规定，并提出审计建议。

（七）审计意见

综合评价，提出项目审计内容与活动的总体意见、结论。包括：专项资金使用合规性，是否发现资金使用过程中存在弄虚作假、虚领瞒报、损失浪费及其他违规违纪行为，是否符合专项经费管理制度以及有关会计制度等规定。

（八）其他需要说明的事项

会计师事务所审计过程中发现的问题，要与项目依托单位充分沟通，交换审计意见。对于审计发现的问题，项目单位能够按照审计要求自行纠正的，会计师事务所可在审计报告中“其他需要说明的事项”中予以披露，不作为审计问题反映。

四、会计师事务所营业执照及注册会计师资格证书复印件

五、审计报告附件

审计报告附件分两种：（一）房屋修缮和基础设施改造类项目；（二）仪器设备购置类项目。均需将填写好的表格（表格见“报告正文内容”部分）作为报告附件。

第三节　科研项目经费管理

一、科研项目概述

科研项目是指橡胶所主持或参与研究的科研项目（以下简称“项目”）。经费来源包括中央或地方财政直接拨付或合作项目主持单位转拨到橡胶所的科研项目资金、单位自筹资金以及其他渠道获得的资金。

二、科研项目内控管理流程

科研项目内控管理流程一般包括：单位内部开展项目立项评审、项目申报、主管部门评审、纳入项目库、编报“一上”项目预算、编报“二上”项目预算、项目立项批复、项目执行、项目预算调剂、绩效监控、项目验收、项目绩效评价（包括项目年度绩效自评和现场绩效评价）、项目归档等环节。

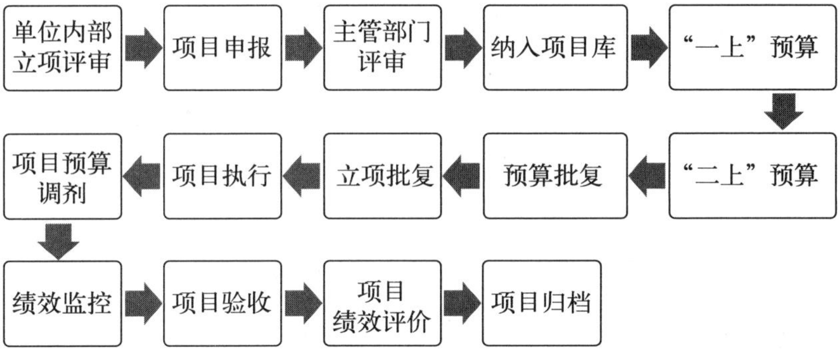

三、科研项目经费分类

（一）经费来源分类

根据经费来源的不同，我所科研项目可分为三类，包含中央、地方科研项目，部门预算项目，横向项目经费。

1. 中央、地方科研项目

此类项目经费通过单位基本存款账户核算，包含科技部、国家自然科学基金委员会、各地方科技及行业主管部门等来源的项目。此类项目预算编制、预算调剂、预算执行、结余资金管理均适用于《国务院办公厅关于改革完善中央财政科研经费管理的若干意见》（国办发〔2021〕32号），执行科研项目支出分类，预算科目精简为设备费、业务费（包含材料费、测试化验加工费、燃料动力费、出版/文献/信息传播/知识产权事务费、会议/差旅/国际合作交流、其他支出）、劳务费（包含劳务费和专家咨询费）和间接经费四大类。

2. 部门预算项目

此类项目经费通过国库集中支付核算，包含社会公益类科研机构改革专项、基本科研业务费、现代农业产业技术体系建设专项，亚洲合作资金，农业技术试验示范与服务支持、农业资源调查与保护利用等。此类项目支出按照《财政部批复的年度政府预算支出经济分类》执行。商品和服务支出科目主要包含印刷费、咨询费、邮电费、差旅费、维修（护）费、会议费、专用材料费、劳务费、委托业务费、其他交通费用等。资本性支出科目包含办公设备购置、专用设备购置、信息网络及软件购置更新等。每类部门预算项目开支范围不一样，执行中还需对照项目主管部门出台的专项管理规定、项目任务书、项目预算批复文件、合同或协议等。

3. 横向项目经费

此类项目是指我所在开展科研活动中以市场委托或购买服务等方式取得的经费，此类经费一般需要单位开具税务发票，主要包括开展横向科研、科技成果转化、其他事业单位委托我所提供相关服务活动、其他业务等取得的各项经费和收入。此类项目支出范围按照双方签订的合同或协议执行。

（二）项目开支范围分类

根据项目类型，项目开支范围可包括直接费用和间接费用。项目直接费、间接费的支出内容、金额、比例和条件，除执行本办法外，还需执行项目主管部门相关专项管理规定、项目任务书、项目预算批复文件等。

四、科研项目预算编制要点

天然橡胶是国家战略物资，中央一号文件多次明确提到要支持天然橡胶科学事业的发展，我所近年来获批的各类经费来源广泛，获资助额度创新高，主要有科技部的重点研发计划项目、农业农村部开放式重大专项、海南省科技重大专项等。为提高我所重大专项获批成功率，财务骨干主动、提早参与项目立项阶段预算审核工作，协助项目负责人把好各类重大专项资金管理政策要求及预算编报要点，成效显著。

（一）中央、地方科研项目

1. 主要制度法规

自财政部、科技部发布《关于调整国家科技计划和公益性行业科研专项经费管理办法若干规定的通知》（财教〔2011〕434 号）以来，我国开启了科技领域“放管服”改革，党中央国务院、地方科技主管部门陆续发布了一系列“放管服”改革文件，一方面有利于营造良好科研环境，让科研人员从“繁杂事务性中解脱出来”，大幅减轻科研人员负担，有效激发科研人员创新创造活力。另一方面强化项目承担单位在经费监管、科研诚信建设、绩效目标完成等方面的主体责任，建立以科研诚信为基础的经费监管新模式。

随着《国务院办公厅关于改革完善中央财政科研经费管理的若干意见》（国办发〔2021〕32号）出台，科研领域放权力度前所未有，但这不意味着，国家和有关部门放松经费监管，相反，近年来巡视、审计、财会监督等力度不断加码，项目承担单位应自觉提高认识，落实落细单位内控监督管理，确保单位各类经费接得住、管得好。本章节列出了中央、地方以及我所最新出台的经费管理制度。

序号	制度名称	文号
	中央科研项目	
1	《关于进一步完善中央财政科研项目资金管理等政策的若干意见》	中办发〔2016〕50号
2	《国务院关于优化科研管理提升科研绩效若干措施的通知》	国发〔2018〕25号
3	《国务院办公厅关于改革完善中央财政科研经费管理的若干意见》	国办发〔2021〕32号
4	《财政部 科技部关于中央财政科技计划（专项、基金等）经费管理新旧政策衔接有关事项的通知》	财教〔2021〕173号
5	《国家重点研发计划资金管理办法》	财教〔2021〕178号
6	《国家重点研发计划项目综合绩效评价工作规范（试行）》	国科办资〔2018〕107号
7	《科技部办公厅关于进一步完善国家重点研发计划项目综合绩效评价财务管理的通知》	国科办资〔2021〕137号
8	《国家自然科学基金资助项目资金管理办法》	财教〔2021〕177号
	地方科研项目	
1	《关于改革完善省级财政科研经费管理的若干措施》	琼府办〔2022〕20号
2	《海南省科技条件平台专项和经费管理暂行办法》	琼科规〔2022〕1号
3	《海南省科技合作专项和经费管理暂行办法》	琼科规〔2022〕2号
4	《海南省软科学项目和经费管理办法》	琼科规〔2022〕14号
5	《海南省自然科学基金专项和经费管理暂行办法》	琼科规〔2021〕12号
6	《海南省重点研发专项和经费管理暂行办法》	（琼科规〔2021〕18号）
	单位内部管理制度	
1	《中国热带农业科学院橡胶研究所科研项目经费财务管理暂行办法》	橡胶所财〔2022〕26号

（续）

序号	制度名称	文号
2	《国家重点研发计划"热带作物高效育种技术与品种创制"项目资金管理办法》	橡胶所财〔2022〕27号
3	《中国热带农业科学院橡胶研究所差旅费暂行管理办法（修订）》	橡胶所财〔2022〕29号
4	《中国热带农业科学院橡胶研究所科研诚信管理暂行办法》	橡胶所科〔2021〕21号
5	《中国热带农业科学院橡胶研究所科研项目间接经费管理办法》	橡胶所科〔2021〕45号
6	《中国热带农业科学院橡胶研究所编制外聘用人员管理办法（试行）》	橡胶所办〔2020〕41号
7	《中国热带农业科学院橡胶研究所经费支出审签规程》	橡胶所财〔2019〕16号
8	《中国热带农业科学院橡胶研究所财务管理办法》	橡胶所财〔2019〕39号
9	《中国热带农业科学院橡胶研究所项目支出绩效评价办法（试行）》	橡胶所财〔2017〕36号
10	《中国热带农业科学院橡胶研究所科研财务助理管理办法（试行）》	橡胶所财〔2017〕27号

2. 预算总体审核要点

项目（课题）收入预算规范性审核：项目（课题）单位是否根据单位财力状况，结合项目（课题）任务实际需要，全面、完整、真实、准确填报项目（课题）收入预算，涉及提供配套经费的，单位配套经费来源是否合理、合法，是否提供了相关书面证明材料。

项目（课题）单位资格规范性审核：承担单位对项目（课题）资金管理使用负有法人责任，按照"谁申报项目（课题）、谁承担研究任务、谁管理使用资金"的要求，如法人单位实际承担研究任务且管理使用资金，不应以上级单位的名义申报；如以法人单位名义申报的，应由本单位组织任务实施并管理使用资金，不得将资金转拨给其下级法人单位，如科研院及下属的研究所等。课题预算应以课题为单元编报，无须再将课题预算拆分成参与单位或子任务进行编报。

项目（课题）支出预算的开支范围和开支标准总体要求：项目（课题）单位应当按照政策相符性、目标相关性和经济合理性原则，科学、合理、真实地编制预算。单位对直接费用各项支出不得简单按比例编列。

项目（课题）支出预算数据勾稽关系审核：资金支出预算合计是否等于资金收入预算合计；项目预算总支出是否与各子课题间汇总数据一致；各子课题明细预算是否与课题总预算一致；预算测算文字说明是否与相关表格数据表述一致。

项目（课题）大额支出必要性和合理性审核：是否对项目（课题）各科目支出主要用途、与课题任务的相关性、必要性及测算依据进行详细说明。

3. 各预算科目支出审核要点

根据《国务院办公厅关于改革完善中央财政科研经费管理的若干意见》（国办发〔2021〕32 号），我所中央地方科研项目预算科目由原来的“设备费、材料费、测试化验加工费、燃料动力费、出版/文献/信息传播/知识产权事务费、会议/差旅/国际合作交流、劳务费、专家咨询费、其他支出”等九大类精简为“设备费、业务费、劳务费和间接经费”四大类。下面我们逐一对其具体支出范围和预算编制要求进行详细说明。

（1）设备费

设备费是指在项目实施过程中购置或试制专用仪器设备，对现有仪器设备进行升级改造，以及租赁外单位仪器设备而发生的费用。计算类仪器设备和软件工具可在设备费科目列支。

a. 编制设备费预算应注意的问题

一是加强统筹协调，避免重复购置。应当严格控制设备购置，鼓励开放共享、自主研制、租赁专用仪器设备以及对现有仪器设备进行升级改造，避免重复购置。

二是落细落实 10 万元（含）以上设备采购预算。应对购置仪器设备重点予以说明，包括设备的主要性能指标、主要技术参数和用途，对项目（课题）研究的作用，购置单台套 50 万元（含）以上的仪器设备，还需重点说明购买的必要性和数量的合理性等。购置单台套 10 万元（含）以上的设备，需提供 3 家以上报价单。如果是独家代理或生产，可提供 1 家报价单，但应予以说明。

三是合理归集试制设备费支出。一类是为完成项目（课题）任务而研制的零部件或工具性产品，其试制设备发生的相关成本（含直接相关的小型仪器设备费、材料费、测试加工费、燃料动力费等）应列入试制设备费科目，试制 10 万元（含）以上仪器设备需提供相应成本清单；另一类是项目（课题）主要任务就是研制该设备，其支出应当分别在设备费、材料费、测试化验加工费、燃料动力费、劳务费等科目编列测算。

四是准确归类设备费所属四个明细科目。由于间接费用提取的基数为直接费用扣除设备购置费后的金额，因此编制设备费预算时应准确归类购置设备费、试制设备费、设备改造费以及设备租赁费，不得为提高间接费用水平将设备购置费列入试制设备费、设备改造费以及设备租赁费。

五是正确认识设备改造费。设备改造费一般由零部件、材料等成本和安装调试等费用构成。因安装使用新增设备而对实验室进行小规模维修改造的费用，可在设备改造费中编列。

六是正确认识设备租赁费。设备租赁费主要包括设备的租金、安装调试费、维修保养费及其他相关费用等。不得编列承担单位自有仪器设备的租赁费用。

七是设备费支出原则上与项目（课题）任务密切相关。中央财政资金原则上不应编列生产性设备的购置费、基建设施的建造费、实验室的常规维修改造费以及属于承担单位支撑条件的专用仪器设备购置费，并严格控制常规或通用仪器设备的购置。

b. 不允许列支的事项

不得列支电脑、打印机等办公、通用设备及其维修费用。不得购买与项目无关的仪器设备。

（2）业务费

业务费是指在项目实施过程中消耗的各种材料、辅助材料等低值易耗品的采购、运输、装卸、整理等费用，发生的测试化验加工、燃料动力、出版/文献/信息传播/知识产权事务、会议/差旅/国际合作交流等费用，以及其他相关支出。

① 材料费：是指在项目（课题）实施过程中消耗的各种原材料、辅助材料、低值易耗品等的采购及运输、装卸、整理等费用。

a. 预算编制应注意的问题：应避免与试制设备费中的材料重复编列。中央财政资金中不应编列用于生产经营和基本建设的材料。与专用设备同时购置的备品、备件等可纳入设备费预算，单独购置备品、备件等可纳入材料费预算。

b. 不允许列支的事项：不得列支通用办公耗材，如 U 盘、打印纸、硒鼓、墨盒等办公费用；不得虚构材料支出。

② 测试化验加工费：是指在项目（课题）实施过程中支付给外单位（包括承担单位内部独立经济核算单位）的检验、测试、化验及加工等费用。

a. 预算编制应注意的问题：单次或累计费用在 10 万元（含）以上的测试化验加工项目，应详细说明其与项目（课题）研究任务的相关性、必要性，以及次数、价格等测算依据，并详细说明承接测试化验加工业务的外单位（包括承担单位内部独立经济核算单位）所具备的资质或相应能力。

b. 不允许列支的事项：应由承担单位完成的研究任务，不得以测试化验加工费的名义分包。不得虚构测试化验内容、提高测试化验支出标准等。不得委托不具备相关业务资质、能力或经营范围不符的单位开展测试化验加工任务，或被委托单位未出具相关资质证明。不得以测试化验加工费的名义转包科研任务。

③ 燃料动力费：是指在项目（课题）实施过程中直接使用的相关仪器设备、科学装置等运行发生的水、电、气、燃料消耗费用等。

a. 预算编制应注意的问题：应按照相关仪器、科学装置等预计运行时间和所消耗的水、电、气、燃料等预算编报时价格测算，在测算过程中还应提供各参数来源或分摊依据、测算方法等。

b. 不允许列支的事项：承担单位的日常水、电、气、暖消耗等费用不应在此科目编列，应在间接费用中解决。

④ 出版/文献/信息传播/知识产权事务费：是指在项目（课题）实施过程中，需要支付的出版费、资料费、专用软件购买费、文献检索费、查新费、专业通信费、专利申请及其他知识产权事务等费用。

a. 预算编制应注意的问题：

一是出版费主要包括项目（课题）研究任务产生的论文、专著、标准、图集等出版费用。资料费主要包括项目（课题）研究任务必需的图书、学术资料、数据资源等购买费用，以及与项目（课题）任务相关的资料翻译、打印、复印、装订等费用。

二是购买单价在 10 万元（含）以上的专用软件，应说明专用软件的主要技术指标和用途，购买的必要性和数量的合理性等，并需提供 3 家以上报价单。如果专用软件为独家代理或生产，可提供 1 家报价单，但应予以说明。中央财政资金中不应编列通用性操作系统、办公软件等非专用软件的购置费。委托外单位开发的单价在 10 万元（含）以上的定制软件，应说明定制软件的用途，定制的必要性、数量的合理性等。如项目（课题）主要任务目标为软件开发，不应将课题研究的主要任务通过定制软件的方式外包，其研发软件发生的费用应计入相应科目中，不计入本科目。

三是中央财政资金中不应编列日常手机和办公固定电话的通信费、日常办公网络费和电话充值卡费用等。

四是专利申请及其他知识产权事务费用：为完成本项目（课题）研究目标而申请专利的费用，以及该专利在项目（课题）实施周期内发生的维护费用，和办理其他知识产权事务发生的费用，如计算机软件著作权、集成电路布图设计权、临床批件、新药证书等。

b. 不允许列支的事项：

一是不得列支与本项目无关的或项目执行期以外的费用，如专利年维护费、项目执行期之前投稿的论文版面费、专利申请费等。

二是不得在此科目列支论文润色费，若确实需要，应从间接费用中的管理费中列支。

三是不得列支通用性操作系统、办公软件等非专用软件费用。

四是不得列支日常办公用途的固定电话和手机通信费、网络费、电话充值卡等费用。

五是若项目（课题）任务目标为软件开发，不得以定制或者购买软件的形式将任务外包。

⑤ 会议/差旅/国际合作交流费：是指在项目（课题）实施过程中发生的差旅费、会议费和国际合作交流费。承担单位和科研人员应当按照实事求是、精简高效、厉行节约的原则，严格执行国家和单位的有关规定，统筹安排使用。

a. 预算编制应注意的问题：

会议费：是指在项目（课题）实施过程中承担单位为组织开展学术研讨、咨询以及协调项目（课题）等活动而发生的会议费用。

会议费预算编制应注意：一是可按照会议类别（如学术交流研讨、咨询座谈、验收等）对会议次数、规模、开支标准等进行说明，无需对每次会议做单独的测算和说明。二是会议次数、天数、人数以及会议费开支范围、标准等，科研院所应按照财政部以及单位内部制定的管理办法测算。

差旅费：是指在项目（课题）实施过程中开展科学实验（试验）、科学考察、业务调研、学术交流等所发生的外埠差旅费、市内交通费用等。

差旅费预算编制应注意：一是可按照差旅类别（如科学实验/试验、科学考察、业务调研、学术交流等）对出差次数、人数、人均出差费用等进行分类说明，无需对每一次出差事项做单独的测算和说明。二是预算中若涉及乘坐交通工具等级和住宿费标准等，科研院所应按照财政部及单位内部制定的管理办法测算。

国际合作交流费：是指项目（课题）实施过程中课题研究人员出国（境）及外国专家来华的费用。

国际合作交流费预算编制应注意：

一是国际合作交流费应根据国际合作交流的类型，如项目（课题）研究人员出国（境）进行的学术交流、考察调研等，海外专家来华进行的技术培训、业务指导等，分别说明相关活动与项目（课题）研究任务的相关性、必要性。

二是课题研究人员出国（境）和外国专家来华应与项目（课题）研究任务相关，在编报预算时应合理考虑出国（境）目的地、外国专家主要工作内容、出国（境）或来华的天数、出国（境）批次数和出国（境）团组人数等。出国（境）费用应按照国家的相关规定测算。外国专家来华工作发生的住宿费、差旅费，应参考国内同行专家的标准编报。

三是参加与项目（课题）研究任务相关的国内和国际学术交流会议的注册费，以及因项目（课题）研究任务需要，邀请国内外专家、学者和有关人员参加会议，对确需负担的城市间交通费、国际旅费、签证费等可列入会议/差旅/国际合作交流费科目。

b. 会议/差旅/国际合作交流费不允许列支的事项：不得列支与项目研究内容无关的会议/差旅/国际合作交流费。不得虚构会议事项，或通过提供虚假参会人员名单、伪造参会人员签字等方式报销会议费。不得列支旅游费、景点门票等个人消费支出。

⑥ 其他支出：是指在项目实施过程中除上述支出范围之外的其他相关支出，如财务验收审计费用、在农业、林业等领域发生的土地租赁费、邮寄费等。其他支出应当在申请预算时详细说明。

其他支出不允许列支的事项：不得列支与项目无关的费用，如各种罚款、捐款、赞助、投资及招待费、礼品费或其他个人家庭消费等支出。不得与前述预算科目的支出内容重复列支。

（3）劳务费

劳务费是指在项目实施过程中支付给参与项目的研究生、博士后、访问学者和项目聘用的研究人员、科研辅助人员等的劳务性费用，以及支付给临时聘请的咨询专家的费用等。

① 劳务费：是指在项目（课题）实施过程中支付给参与项目（课题）的研究生、博士后、访问学者以及项目（课题）聘用的研究人员、科研辅助人员等的劳务性费用。

劳务费预算编制应注意的问题：

一是劳务费预算不设比例限制，应根据科研人员以及相关人员参与项目（课题）的全时工作时间、承担的任务等因素据实编制并进行说明。

二是单位应有健全的劳务费管理办法，对访问学者、项目（课题）聘用研究人员应有细化的管理要求。在单位的相关管理规定中应明确访问学者的资格认定、审批或备案程序、归口管理部门及公开公示等内容，并制定岗位设立、工作协议、日常管理、发放标准等方面的具体规定。

三是编列研究生、博士后等人员的劳务费，应综合考虑参与项目（课题）研究的人月数、本单位研究生、博士后的科研劳务费发放管理制度规定，并结合本地区和本领域科研单位的研究生、博士后平均发放水平据实测算。

四是编列访问学者劳务费用时，应对其承担研究任务的必要性、投入工作时间的合理性以及费用标准予以重点说明。访问学者的资格应符合承担单位制订的相关管理规定，并经承担单位审批或备案程序确认。课题组成员不得以访问学者名义在项目下各课题中编列劳务费。

五是编列项目（课题）聘用研究人员劳务费时，应对其承担研究任务的必要性、投入工作时间的合理性等予以重点说明。项目（课题）聘用研究人员应当为承担单位通过劳务派遣方式或者签订劳动合同、聘用协议等方式为项目（课题）聘用的研究人员。

六是编列项目（课题）聘用的科研辅助人员劳务费时，应对参与相关工作的必要性、投入的工作时间、工作量等进行测算说明。项目（课题）聘用的科研辅助人员包括：与项目（课题）科研工作相关的操作员、实验员等辅助工作人员；项目（课题）组因研究任务需要临时聘用人员，如科学考察、野外实验勘探等临时用工、农业季节性用工等；以及为项目（课题）组提供服务的科研助理、科研财务助理等。

七是承担单位为事业单位的，在编人员不得编列劳务费；承担单位为企业的，除为项目（课题）实施专门聘用的人员外，其他人员不得编列劳务费。上述人员可在项目（课题）间接费用的绩效支出中列支。

八是项目聘用人员劳务费开支标准，参照当地科学研究和技术服务业从业人员平均工资水平，根据其在项目研究中承担的工作任务确定，其由单位缴纳的社会保险补助、住房公积金等纳入劳务费科目开支。

② 专家咨询费：是指在项目（课题）实施过程中支付给临时聘请的咨询专家的费用。

专家咨询费预算编制应注意的问题：

一是咨询专家是指承担单位在项目（课题）实施过程中，临时聘请为项目（课题）研发活动提供咨询意见的专业人员。包括高级专业技术职称人员和其他专业人员。

二是专家咨询费应按照财政部关于中央财政科研项目专家咨询费管理的有关规定编列。

三是专家咨询费的发放应当按照国家有关规定由单位代扣代缴个人所得税。编列专家咨询费预算时，可将代扣代缴的个人所得税编列在内。

四是访问学者和项目（课题）聘用的研究人员应在劳务费中编列，不应在本科目中编列。

五是专家咨询费不得支付给参与本项目及所属课题研究和管理的相关工作人员，不能列支博士、硕士研究生因学位论文答辩、论文修改发生的相关费用。

劳务费和专家咨询费不允许列支的事项：不得虚构人员名单，虚报、冒领劳务费和专家咨询费。

（4）间接费用：是指承担单位在组织实施项目过程中发生的无法在直接费

用中列支的相关费用。主要包括：承担单位为项目研究提供的房屋占用，日常水、电、气、暖消耗，有关管理费用的补助支出，以及激励科研人员的绩效支出等。

一是间接费用由承担单位统筹安排使用。项目承担单位应当建立健全间接费用的内部管理办法，公开透明、合规合理使用间接费用，处理好分摊间接成本和对科研人员激励的关系。绩效支出安排应当与科研人员在项目工作中的实际贡献挂钩。

二是课题中有多个单位的，间接费用在总额范围内由课题承担单位与参与单位协商分配。承担单位不得在核定的间接费用以外，再以任何名义在项目资金中重复提取、列支相关费用。

三是课题间接费用实行总额控制，按照直接费用扣除设备购置费后的一定比例核定，由项目承担单位统筹安排使用。其中，500 万元以下的部分，间接费用比例为不超过 30%，500 万元至 1 000 万元的部分为不超过 25%，1 000 万元以上的部分为不超过 20%；对数学等纯理论基础研究项目，间接费用比例进一步提高到不超过 60%。项目承担单位可将间接费用全部用于绩效支出，并向创新绩效突出的团队和个人倾斜。课题间接费用无须编制预算说明。

4. 项目支出科目与部门预算经济分类的对应关系，见下表：

项目开支范围	国办发〔2021〕32 号分类	支出科目	部门预算经济分类
直接费用	设备费	设备费	购置或试制专用仪器设备，对现有仪器设备进行升级改造，计入“其他资本性支出-专用/通用设备购置”；租赁外单位仪器设备而发生的费用，计入“商品和服务支出-租赁费”
	业务费	材料费	“商品和服务支出-专用材料费”
		测试化验加工费	“商品和服务支出-委托业务费”
		燃料动力费	强调仪器设备、专用科学装置等运行发生的可以单独计量的水、电、气、燃料消耗费用等，计入“商品和服务支出-水费/电费/专用燃料费”。
		出版/文献/信息传播/知识产权事务费	“商品和服务支出-印刷费”
			“其他资本性支出-信息网络及软件购置更新”
			“商品和服务支出-邮电费”

（续）

项目开支范围	国办发〔2021〕32号分类	支出科目	部门预算经济分类
直接费用	业务费	会议费	“商品和服务支出-会议费”
		差旅费	“商品和服务支出-差旅费”
			“商品和服务支出-其他交通费用”
		国际合作与交流费	项目研究过程中项目研究人员出国及赴港澳台计入“商品和服务支出-因公出国（境）费用”
			外国专家来华及港澳台专家来内地工作的费用计入“商品和服务支出-差旅费”等支出科目
		其他	“商品和服务支出-维修（护）费”
			项目审计费用计入“商品和服务支出-委托业务费”
			土地租金、基地有偿使用费用计入“商品和服务支出-租赁费/委托业务费”
	劳务费	劳务费	“商品和服务支出-劳务费”
		专家咨询费	“商品和服务支出-咨询费”
间接费用	间接费用	管理费用	“商品和服务支出-水费”
			“商品和服务支出-电费”
			“商品和服务支出-办公费”
			“商品和服务支出-办公设备购置”
		项目绩效	项目绩效计入“人员经费支出-工资福利支出-绩效工资”

（二）部门预算项目

1. 正确认识部门预算项目

我所部门预算项目主要包含202外交支出、206科学技术类支出以及213农林水支出。202外交支出主要亚洲合作资金；206科学技术类支出主要包含基本科研业务费、现代农业产业技术体系建设专项、社会公益类科研机构改革专项等；213农林水支出主要包含农业技术试验示范与服务支持、物种品种资源保护费、农业国际交流与合作等。

序号	项目分类	项目名称	科目编码
1	202 外交支出	亚洲合作资金	2020599
2	206 科学技术类支出	基本科研业务费	2060302
		现代农业产业技术体系建设专项	2060302
		社会公益类科研机构改革专项	2060302
3	213 农林水支出	农业技术试验示范与服务支持	2130106
		物种品种资源保护费	2130135
		农业国际交流与合作	2130114

2. 熟悉部门预算项目资金管理规定

为了管好、用好部门预算项目经费，项目负责人及财务人员要系统学习部门预算项目经费管理制度，熟悉各专项资金支持方向、经费开支范围、不允许开支的内容、项目结转和结余资金管理、绩效评价等规定，橡胶所各类部门预算项目资金管理相关制度详见《部门预算项目经费管理主要管理制度依据》。

部门预算项目经费管理主要制度依据

序号	制度名称	文号
1	关于《中央级公益性科研院所基本科研业务费专项资金管理办法》有关问题的补充通知	财教〔2021〕203 号
2	《中央级公益性科研院所基本科研业务费专项资金管理办法》	财教〔2016〕268 号
3	《现代农业产业技术体系建设专项管理办法》	农科教发〔2022〕3 号
4	《农业技术试验示范与服务支持项目资金管理办法》	农财发〔2018〕1 号
5	《物种品种资源保护费项目资金管理办法》	农财发〔2018〕7 号
6	农业部办公厅关于印发《农业部重大专用设施运行费管理办法》	农办财〔2016〕33 号
7	《中国热带农业科学院橡胶研究所科研项目经费财务管理暂行办法》	橡胶所财〔2022〕26 号
8	《中国热带农业科学院橡胶研究所社会公益类科研机构改革专项管理办法》	橡胶所财〔2022〕28 号
9	《国家天然橡胶产业技术体系建设专项资金管理暂行办法》	橡胶所科〔2022〕45 号

3. 部门预算项目预算审核要点

为了从源头上提高预算编制质量，提升预算管理科学化和精细化水平，本章节从具体项目入手，系统总结和分析了橡胶所现有部门预算项目预算申报注意事项，详见《部门预算项目预算申报注意事项》。

部门预算项目预算申报注意事项

<table>
<tr><th>序号</th><th>项目分类</th><th>项目名称</th><th>注意事项</th></tr>
<tr><td colspan="4">共性要点</td></tr>
<tr><td>1</td><td colspan="3">因部门预算项目要严格按照《财政部批复的年度政府预算支出经济分类》执行，暂不支持商品和服务支出科目与资本性支出科目之间跨类调整，因此项目负责人要科学编制项目预算，从源头把好预算编制质量，坚持“过紧日要求”，从严从紧控制资本性支出预算，鼓励设备开放共享
项目绩效目标要与项目绩效指标保持一致；项目绩效指标设置要科学、合理、完整，绩效指标要“量化可评”，绩效目标、绩效指标要与预算匹配，突出核心、关键指标，绩效指标分值权重设置要合理等</td></tr>
<tr><td colspan="4">分项审核要点</td></tr>
<tr><td>2</td><td>202 外交支出</td><td>亚洲合作资金</td><td>一是不支持办公费、办公设备购置费、公务用车运行维护费、培训费（国内）等支出；
二是不得开支工资福利；
三是不得列支管理费支出；
四是根据科研实际，本专项可适当预算国外培训费、因公出国（境）费用等与项目相关的必要支出；
五是邀请外国专家来华及港澳台专家来内地参加国际会议或培训等支出应计入“商品和服务支出-差旅费”等支出科目；
六是科学合理编制因公出国（境）费用各子项支出，如国际旅费、城市间交通、护照签证费等</td></tr>
<tr><td>3</td><td>206 科学技术类支出</td><td>基本科研业务费</td><td>一是不支持办公费、办公设备购置费、公务用车运行维护费、培训费等支出；
二是不得分摊单位办公费用、公共管理和运行费用（含科研房屋占用费），不得开支罚款、捐赠、赞助、投资等，不得购置办公设备，不得偿还单位债务，不得用于实验室等科研平台的运行费用，严禁以任何方式谋取私利；
三是其他支出预算时要细化，具体包含土地租赁费、维修维护费、审计费等</td></tr>
<tr><td>4</td><td></td><td>现代农业产业技术体系建设专项</td><td>一是不支持公务用车运行维护费、因公出国（境）费用、培训费等支出；
二是严禁用于开支有工资性收入的人员工资、奖金、津补贴和福利支出，严禁用于支付各种罚款、捐款、赞助、投资等，严禁以任何方式变相谋取私利；
三是管理费比例不超过扣除设备费后的 8%，由依托单位管理和使用</td></tr>
</table>

（续）

序号	项目分类	项目名称	注意事项
5	213 农林水支出	农业技术试验示范与服务支持	一是不得用于编制内人员的基本支出，不得用于基本建设支出，不得用于计提项目管理费及其他与项目无关的支出； 二是项目主管司局通过政府购买服务方式支付给承担单位的农业技术试验示范与服务支持项目资金，其开支范围按照政府购买服务有关规定执行，一般实行负面清单管理
6		物种品种资源保护费	一是不得用于编制内人员的基本支出，不得用于基本建设支出，不得用于计提项目管理费及其他与项目无关的支出； 二是项目主管司局通过政府购买服务方式支付给承担单位的物种品种资源保护费项目资金，其开支范围按照政府购买服务有关规定执行

（三）横向项目

为了贯彻落实《中共中央办公厅 国务院办公厅关于进一步完善中央财政科研项目资金管理等政策的若干意见》（中办发〔2016〕50 号）精神，规范横向项目经费管理，橡胶所制定了《中国热带农业科学院橡胶研究所横向经费使用管理办法（试行）》（橡胶所财〔2017〕35 号）。

横向科研经费支出实行合同（协议）约定优先原则。合同（协议）中有明确经费支出规定的，严格按照合同（协议）规定支出。合同（协议）中无经费支出规定的，其支出范围除参照财政科研项目开支科目外，还可以列支管理费、科研绩效支出等，但不得列支与科研工作无关的费用。管理费主要用于补偿单位为项目开展提供的仪器设备及房屋，水、电、气、暖消耗，及有关管理费用等。

五、科研项目预算执行

（一）禁止事项

未经批准增加预算外单位（承担单位），擅自将转拨资金至不在任务书中的单位（含其下属单位或结构）。

未经批准擅自调整合作单位间经费预算和外拨资金。

未按约定的进度或任务进展情况及时将经费转拨协作单位，影响项目任务进展。

配套经费未完全兑现，自筹资金到位率低于 80%，配套经费支出与课题相关性依据不足。

预算执行率偏低，经费预算执行进度与任务执行进度严重不匹配。

化整为零，将大额单项经济业务支出拆分多笔业务支付，故意规避内控监管。

随意调账变动支出，为提高预算执行率从其他项目调入支出，影响账务核算严肃性及准确性。

（二）科研项目执行要求

各类项目经费要按项目进行核算，专款专用，项目负责人应当严格按照资金开支范围和标准办理支出，不得擅自外拨资金，不得利用虚假票据套取资金，不得通过编造虚假劳务合同、虚构人员名单等方式虚报冒领劳务费和专家咨询费，不得通过虚构测试化验内容、提高测试化验支出标准等方式违规开支测试化验加工费，严禁列支旅游费、景点门票等与项目不相关费用，严禁开支招待费、礼品费等不合理支出，严禁使用项目资金支付各种罚款、捐款、赞助、投资等。不得随意调账、随意修改记账凭证。已结题中央地方纵向项目结余资金不得用于管理费支出如水费、电费、物业管理费支出。

六、预算调剂

项目预算总额调剂，项目预算总额不变、课题间预算调剂，变更课题承担单位、课题参与单位，由项目牵头单位或课题承担单位逐级向专业机构提出申请，专业机构审核评估后，按有关规定批准。课题预算总额不变、课题参与单位之间预算调剂的，由项目牵头单位审批，报专业机构备案。

项目必须按任务书批复的预算实施。在项目总预算不变的情况下，需要调整科目预算的，须由项目负责人提出申请，按照主管部门和所内程序，履行相关审批程序。

根据经费来源的不同，我所科研项目预算调剂实行分级分类管理。

（一）中央、地方科研项目，横向项目

设备费预算调剂，履行单位内部审批程序，由单位法人或其授权的领导审批。项目间接费用预算总额不得调增，可调减用于直接费用。除设备费外的其他直接费用及间接费用的调剂，由项目负责人履行审批程序后进行调整。

（二）部门预算项目

此类项目支出按照《财政部批复的年度政府预算支出经济分类》执行，暂不支持商品和服务支出科目与资本性支出科目之间跨类调整。

社会公益类科研机构改革专项类项目的商品和服务支出科目间的预算调剂由课题（部门）负责人根据科研活动实际需要自主安排。

除社会公益类科研机构改革专项以外的项目，商品和服务支出科目间的预算调剂审批程序的如下：1. 项目负责人为非课题组（部门）负责人，由项目负责人提出申请，报课题（部门）负责人审批；2. 项目负责人为课题组负责人，由项目负责人提出申请，报研究室主任审批；项目负责人为部门负责人，

由项目负责人提出申请，经科技处、财务处审核，报分管财务领导审批。

七、决算及结余资金管理

项目执行结束，科技处应统一提供拟验收项目清单给财务处，财务处统一提供项目收支总账、明细账，项目负责人根据项目验收要求及时清理账目与资产，如实编制项目资金决算并提交财务处审核，形成项目结题验收报告，上报项目主管部门。

项目通过结题验收后，科技处应及时将项目主管部门发布的结题结果通知发送给财务处及项目负责人。已结题的项目如还有结余经费的，项目负责人需填写中国热带农业科学院橡胶研究所科研项目结余经费使用确认表，并履行所内审批程序后归原项目组使用。科技处、财务处共同负责结余资金统筹使用与预算执行管理。项目未通过验收，结余经费及使用不合理经费将被收回。

八、项目财务审计与验收

项目结束后，主管部门需委托专业机构对项目进行验收，项目单位需根据明细账对照任务书经费预算编制项目经费支出决算表，并根据主管部门要求委托会计师事务所对经费使用情况进行审计。财务方面验收材料一般包括：经费决算表、经费调整表、经费支出总账、明细账、按支出分类经费支出大额凭证及相关附件，包括发票、合同、银行转账票据、劳务费发放表、委托业务成果证明等材料。

科研项目验收财务主要负责以下工作：一是根据科技处发送的拟验收项目清单，分项目、按年度导出项目总账和明细账发送给项目负责人；二是审核项目负责人填报的经费收支决算表（审核要点：决算表中的预算是否与任务书中预算一致，各支出科目小计是否与明细账一致，各支出科目归类是否正确，各支出是否有不符合专项规定的支出等）；三是协助课题组开展审计工作，审核审计报告；四是协助科技处做好结余资金统筹使用与预算执行管理。

九、绩效评价

我所科研项目经费绩效评价执行《中国热带农业科学院橡胶研究所项目支出绩效评价办法》，同时执行项目主管部门相关专项管理规定，遵循“谁支出、谁自评”原则，由各业务归口管理部门牵头组织，财务处和相关课题组配合共同完成。

十、信息公开与监督

如有必要，科研项目管理及经费使用情况应按上级主管部门要求和单位管理需要在一定范围内进行公示。

项目经费的管理和使用应接受国家财政部门、审计部门及相关上级主管部门的检查与监督。单位和项目负责人应积极配合并提供有关资料。

财务处、科技处等业务管理部门要加强对项目经费的监督和检查，严格项目经费使用和管理的审批手续，建立健全项目经费使用和管理的监督约束机制。

项目负责人及业务归口管理部门要加强对外拨经费的监督管理，根据项目管理需要组织外拨经费执行情况专项检查，发现问题要及时下发整改通知，督促整改到位。科研人员要依法依规使用项目经费，按项目计划开展业务活动。

业务管理部门要加强项目及经费管理制度的宣传与培训，强化科研人员的责任和诚信意识，对违背承诺与诚信要求的，加强责任追究，对严重失信行为实行联合惩戒，按我所科研诚信管理暂行办法执行。

第七章　合同管理

一、合同的内涵

合同是民事主体之间设立、变更、终止民事法律关系的协议。根据《中华人民共和国民法典》，合同类型包括：买卖合同，供用电、水、气、热力合同，赠予合同，借款合同，保证合同，租赁合同，融资租赁合同，保理合同，承揽合同，建设工程合同，运输合同，技术合同，保管合同，仓储合同，委托合同，物业服务合同，行纪合同，中介合同，合伙合同等。其中大部分合同与行政事业单位的日常经济活动密切相关。

二、合同的主要风险点

合同业务内控流程主要包含：合同订立、合同履行、纠纷处理以及合同归档等环节，如果以上环节的内控执行不到位，都会存在一定的风险。

（一）合同订立环节

1. 未能有效建立健全单位合同管理制度，对应签订合同的经济业务未能签订合同，或者违规签订担保、投资和借贷合同，导致单位经济利益遭受损失。重大经济业务合同签约前未及时履行单位“三重一大”审批程序。

2. 对合同另一方的资格或资质审查不严格，对方不具备履行合同的资格或资质，导致合同无效或引发潜在风险。

3. 对技术要求高或法律关系复杂的经济业务，未组织相关领域专家开展可行性论证和专业审核，导致对合同条款审核不到位，可能导致单位面临诉讼风险或造成经济损失。

4. 主观有意将重大合同拆分成标的较小的若干小合同，规避国家有关规定和单位内部严格的审批流程，导致经济活动违法违规。

5. 合同经办部门未能公允反映合同标的物的真实价格，导致合同价款虚高，导致经济活动违法违规。

6. 部分服务合同未能明确标的物的单价和数量等关键要素，导致合同内容不实，无法判断合同价款是否真实、公允。

7. 未明确合同授权审批和签署权限，合同专用章保管不善，可能发生未经授权或超越权限审批合同的情形。

8. 合同签订审批流程执行不到位，合同经办人员有意绕过业务归口管理部门审核，直接送给单位领导审批，可能导致合同执行有风险。

（二）合同履行环节

1. 未能按照合同约定的期限、金额和方式开展收款或付款，可能导致单位利益受损或面临诉讼的风险。

2. 对合同缺乏有效监管，在合同履行过程中未能持续关注合同另一方的资信状况变化，导致单位遭受损失；疏于追踪管理，未能及时收到已到期的合同款项等。

（三）合同纠纷处理环节

1. 未能有效建立合同纠纷处理机制，纠纷处理不及时、处理方式不当，导致单位利益、信誉以及形象受损。

2. 未能及时收集到对方违约的有力证据，导致单位处于不利地位。

3. 未能按照合同约定及时开展责任追究工作，导致单位经济利益遭受损失。

（四）合同登记归档环节

1. 合同归口管理部门不明确，导致合同文本不规范、登记不全，流转不顺和保管不善；合同归档不及时、归档文件不完整等。

2. 未建立合同信息安全保密机制，导致合同签订与履行涉及的不宜公开的内容泄露，导致单位或国家利益受损。

三、合同的风险管控措施

合同是行政事业单位开展对外经济业务往来的重要依据，加强合同管理，是规范对外经济行为、维护单位合法权益的必然要求。近年来，我国持续推进创新驱动发展战略，中央和地方不断加大对科研的投入力度，行政事业单位资金来源多元化，投资主体多样化，经费支出日益增大，面对的市场主体日趋复杂化，签订的各类经费支出合同越来越多，金额越来越大，行政事业单位要高度重视合同管理，把合同管理作为单位内部控制管理的重要组成部分，系统梳理合同管理的薄弱环节，强化合同的归口管理，切实履行好合同的分级分类留痕审批程序，防范风险，确保各项支出规范、安全、高效。

（一）建立健全合同管理制度

面对日益增多的经费投入、日趋复杂的市场环境，为了切实维护单位合法权益，行政事业单位应建立健全合同管理制度，明晰合同经办部门、归口管理部门、审批部门以及审批人的职责和边界；明确合同订立的范围和条件，合同全过程的内控审批流程和要求；严禁违规签订担保、投资和借贷合同；严禁超越权限审批合同或未经授权擅自以单位名义对外签订合同；强化部门间的协同配合，实现合同管理与预算管理、收支管理相结合，确保单位经济活动合法合规有序开展。

（二）严把经济合同订立审核关口

对照单位合同管理制度中有关合同订立的范围和条件，强化事前监督。合同订立包括合同调查、谈判、拟订、审核、签署。

1. 合同调查环节

行政事业单位在开展大额委托业务费、物资和设备采购、大型修缮工程、大型基建工程施工招标等重大支出行为时，在合同订立前，行政事业单位一定要对合同另一方开展资格、资信审查，查看拟签订的合同业务是否在对方的经营范围内、对方的纳税业务是否正常、开户银行是否正常、对方是否有履约能力、商业信誉是否良好等。

2. 合同谈判环节

一是重点关注合同核心内容和关键信息，如合同标的数量、单价、质量或技术标准、合同价格的确定方式与合同价款的支付方式、履约期限、违约责任和争议解决方式、合同变更或解除条件等。

二是对影响重大、技术复杂以及法律关系复杂的合同还应提请权威专家和法律顾问审核，出具书面审核意见。

3. 合同文本拟定环节

一是国家或行业有合同示范文本的，合同经办部门应优先选择，同时要结合单位实际，在合同示范文本的基础上进行适当修改。

二是对于没有标准文本的，合同归口管理部门应适时发布合同范本，同时做到内容全面、合同标的额计算准确、质量有标准、检验有方法、付款方式明确可操作、违约责任及违约金（赔偿金）的计算方法准确、文字表达严谨。

4. 合同审核环节

一是合同审核应坚持“四个原则”，即合法性、经济性、严密性和可行性。重点关注合同的主体、内容和形式是否合法；合同内容是否有利于维护单位利益；合同另一方是否具有履约能力；合同权利和义务、违约责任和争议解决条款是否明确等。

二是落实落细合同审批内控流程。借助信息化平台，实现合同线上留痕审批管理，防止事后补签合同，篡改合同条款以及越级审批等问题。

三是充分发挥合同归口管理部门、业务经办部门、财务部门、法律顾问之间的协同联动作用，合同归口管理部门、法律顾问主要审查合同会签的程序是否正确、审查违约职责、争议管辖权等条款是否合法、完整、明确、可操作、文字表达是否严谨；经办部门应对质量条款、技术要求等内容进行审核；财务部门应对合同标的额计算、价款收取或支付条款、支出方向等方面进行审核。

5. 合同签订环节

一是行政事业单位要遵循合法、审慎、诚信原则，增强法律意识和责任意识，严格履行单位合同内控审批程序后，方可办理合同签字盖章，对外正式签订的合同应由单位法定代表人或由其授权的代理人签名或加盖有关印章。

二是严格合同专用章保管制度。单位合同专用章必须由专人保管，保管人应当记录合同专用章使用情况以备备查。

三是采用加盖骑缝章、防伪印记等方式防止已签署的合同被篡改。

四是合同专用章保管人员还应把好最后一道关，认真核实拟盖章的合同文本是否严格按照相关审批人提出的意见修改文本。

（三）合同履行环节

1. 对合同履行情况适时监控

对可能出现的违约行为，应及时预警，并立即采取有效措施将合同损失降到最低。

2. 加强对合同的监督审查

对合同没有约定或约定不明确的重要内容，双方应对原有合同进行补充；对条款有误或存在欺诈行为的合同，以及因政策调整、市场环境变化等客观因素可能导致单位利益受损的合同，双方应友好协商并及时办理合同变更或解除；合同的变更和解除需采用书面形式，严禁在原合同上涂改、添加。

3. 及时结算合同价款

业务经办部门要主动跟踪合同履约情况，在合同结算期限内提早将审批手续完整的材料提交给财务部门进行价款结算，财务部门依据合同条款，认真审核结算材料，及时办理价款结算和进行账务处理；对到期应收未收的款项，财务部门协助业务部门及时催收到期欠款。

（四）落实落细合同登记归档工作

合同归口管理部门要落实落细合同登记归档工作，要对单位签订的所有合同文本进行统一分类和连续编号，统一盖章；定期对合同进行统计、分类和归档，详细登记合同的订立、履行、结算、补充或变更、解除等情况，实行对合同的全过程管理。应加强合同信息安全保密工作，未经批准，不得以任何形式泄露合同订立与履行过程中涉及的不能公开的内容。

（五）妥善处理合同纠纷

一是在合同中要明确纠纷处理办法及相关审批权限和处理责任，未经授权审批，任何人不得向对方做出承诺或实质性答复。

二是发生合同纠纷时，合同归口管理部门和业务部门应在规定时效内与对方协商谈判，对影响重大、技术复杂以及法律关系复杂的合同还应聘请相关专家和法律顾问参与纠纷处理，如合同纠纷处理能达成一致的，双方应签订书面协议；如果无法达成一致，要第一时间向单位相关负责人报告，根据合同约定选择仲裁或诉讼方式解决。

四、案例分析

橡胶所高度重视合同管理工作，已建立健全合同内部管理制度，明确了单位领导、合同归口管理部门、合同经办部门、财务部门等部门的职责和边界，同时聘请法律顾问把好合同“签订关口”，实现了合同全流程线上审批留痕管理，适时跟踪合同履行，及时办理价款结算，妥善处理合同纠纷，及时做好合同统一登记归档管理，有利于防范法律风险，避免损失，维护单位合法权利、良好信誉和形象。

（一）合同类型

根据业务类型和职能部门职责定位，橡胶所合同可分为七类，具体包含：科研项目合同、成果转化类合同、条件建设和维修改造类合同、采购和服务类合同、资产出租出借合同、战略合作协议、其他类合同。

（二）合同内控管理流程

见下。

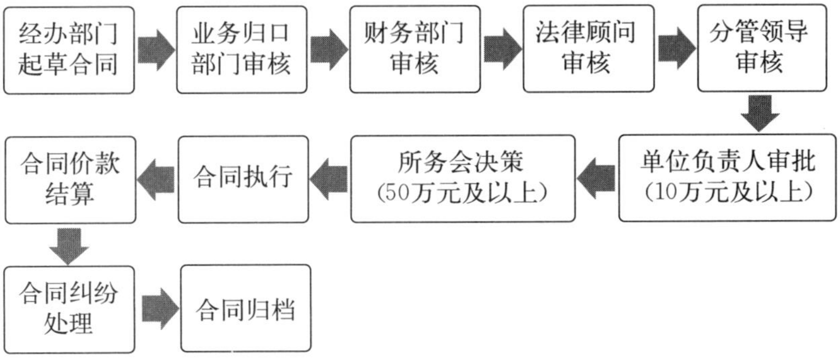

（三）合同内控管理要点

一是合同实行统一归口管理。橡胶所办公室积极担当作为，勇挑合同归口管理重担，牵头管理单位签订的各类合同，合同管理实现“四个统一”，即统一登记、统一复核、统一盖章、统一归档。办公室还会根据内外部环境变化，结合管理需求，不定期发布各类合同范本，极大方便橡胶所职工办理合同业务，积极维护单位合法权益。

二是合理授权让合同审批提速。橡胶所单位负责人根据不同合同类型授权分管业务领导审批 10 万元以下的合同，一方面有利于单位负责人腾出更多时间从事战略管理，另一方面极大提高了合同审批效率。

三是合同实现全流程线上留痕审批管理。充分利用信息化手段，将合同审批流程内设到单位 OA 系统，根据合同金额大小，结合内控管理要求，设置了不同审批流程，同时将业务归口管理部门的审核职责内设到 OA 系统，实现了合同管理和内控管理有机结合，让信息多跑路，职工少跑路，积极落实“放管服”改革，为单位营造良好工作氛围。同时也规避了事后补签合同、事后篡改合同等不规范问题。

四是合同审核关口前移。聘请律师对橡胶所拟签订的各类合同进行审核把关，重点审核合同内容是否涉及法律风险，合同文本是否规范、内容是否全面、用词是否严谨、纠纷处理方式是否妥当等。同时，为了提高合同审批效率，橡胶所将律师审核权内设到单位 OA 系统。

五是财务资产部门助力实现合同管理与预算管理、收支管理、政府采购管理相结合。橡胶所财务处协同严把合同订立关口，对每一份合同是否有预算、支出标准是否正确、付款条款是否合理、支出是否符合专项规定、合同金额是否正确等方面进行严格把关，资产管理部门对大额采购是否有采购预算、履行的采购程序是否合规等方面进行把关，从源头确保合同的质量，极大缩短报账周期，提高资金支付效率。

第八章　绩效管理

当前，我国经济增速放缓，叠加中美贸易摩擦影响，农业科研面临的内外部环境复杂多变，一方面财政收支矛盾持续加大，财政经费日益紧缩、竞争性重大科技项目获取难度加大、经费监管要求更高；另一方面海南加快推进自由贸易港建设，国内外越来越多著名高等院校和科研院所纷纷入驻海南，外部竞争压力越来越大。农业科研单位应面向产业，开展科技创新，抓住机遇，联合更多有实力的科研机构和高校申报国家、地方重大科技项目，培育出更多新品种，集成更多新技术和新模式，开发更多新产品，促进热作产业转型升级，助力乡村振兴；面向市场，联合天然橡胶龙头企业，打通全产业链，保障天然橡胶有效供给，巩固提升天然橡胶战略地位，为高端制品专用胶国产化提供更多理论和技术支撑，服务国家战略需求和海南自由贸易港建设。

为了加快落实习总书记在党的二十大报告提出的“科技是第一生产力、人才是第一资源、创新是第一动力，深入实施科教兴国战略、人才强国战略、创新驱动发展战略”要求，农业科研单位不仅要管好用好各类经费，还应主动探索构建符合热带农业科研规律的绩效管理制度体系，提高经费使用绩效，为科技发展助力助跑。从宏观层面来说，绩效管理改革已是大势所趋，不改既无退路，更无出路。开展绩效管理改革正是顺应新形势、新要求、新任务，缓解当前财政收支矛盾，其目标是把有限资金用在“助力我国经济由高速增长迈向高质量发展”，不仅要把纳税人的钱用好，更要把事情办成、办好、办出效益；从微观层面来说，绩效管理能为科研项目管理和实践提供科学指导和决策参考，开展绩效管理是实现资源有效配置，推动科技创新的关键工具，倒逼各级各类经费使用主体科学、合理、合规、高效管理和使用科研经费。

一、财政预算绩效管理的概念

财政预算绩效管理是指各级财政部门和预算部门以预算绩效目标为对象，以绩效目标设定、审核、批复以及评价为内容开展的管理活动。可以理解为是把绩效目标设定、绩效跟踪、绩效评价结果运用纳入预算编制、执行、监督全流程的管理活动，所采取的以目标为导向的绩效管理。

二、财政预算绩效管理的意义

（一）财政预算绩效管理是建立现代财政制度的重要内容，有利于推进国家治理体系和治理能力现代化

财政预算绩效管理是一种科学的财政管理模式，它要求在财政管理的各个环节树立绩效意识，把有限的资金分配好、使用好、管理好，“花钱必问效，无效必问责”，充分关注财政资金使用的有效性，有利于改进财政资金分配决策方式，对促进现代财政制度的建设、提升国家治理能力、推进国家治理体系现代化具有重要意义。

（二）财政预算绩效管理有利于优化财政资源配置，提高资金的使用效益

财政预算绩效管理不仅是预算编制方式的改革，更是国家“取钱、分钱和用钱”方式的改革。在财政预算绩效管理的执行过程中，各个预算绩效指标是考核各类资金业绩的主要依据及准绳，通过项目实际完成情况与预算绩效指标的比较，来考核每类财政资金的使用效率。财政部门充分重视绩效评价结果，通过绩效与来年的财政预算安排挂钩等有效措施，进一步考虑来年的“取钱、分钱和用钱”方式，从而优化整合财政资金，“把钱用在刀刃上”，有利于优化财政资源配置，提升财政资金使用效益。

（三）财政预算绩效管理是接受社会监督、提升公共服务质量的重要举措

早在20世纪80年代，西方发达国家社会对公共部门的工作效率与服务水平提出了新的要求，公共部门开始探索以顾客导向为原则的目标管理，以适应社会监督的要求。绩效目标管理的方法被引入公共部门，逐步发展成为提升公共部门服务管理水平的重要依据。我国财政预算绩效管理顺应了全球公共服务绩效管理的时代需求，有利于整合优化社会资源，财政资金使用接受社会监督，改进公共服务质量，强化和提升政府公信力。

（四）财政预算绩效管理是科研单位发展的基础保障

如何保证资金投入花在刀刃上这是需要制度保障；人才如何激励也需要制度保障。资金投入的效果和人才发挥作用大小，在农业科研上的丈量，则需要对农业科研项目进行绩效评价。在绩效评价的初级阶段，更多是从显而易见的指标上进行测算，从社会发展上来看，这种直接测算方式是存在很大瑕疵的，科技发展不仅要有物理一样的测算精确来激励科研人才和评价项目的投入产出比，还需要文化和心理上的支持，很多基础项目并不能直接产出多少指标性的产品，而是为后续项目打下基础，从中长期上来说价值不可估量。因此，对科研项目的评价，首先要对科研项目进行分类，如基础性项目，要从大工程、长时段的战略视野进行分切项目，从大作用、短期性的战术视角进行评价项目。总的来讲，通过绩效管理改革，能够让科研人才愿意做科研、愿意潜心做科

研，科研项目能够有最为适当的产出，除了实用性方面，还要考虑价值性方面。

对于单位项目分类绩效评价指标体系管理，应把握好以下五方面的要求，一是要提高对绩效管理的认识，让绩效评价成果成为助推我国科技创新发展的新引擎。二是各基层预算单位可在财政部设定的绩效评价指标体系框架下，结合单位的实际情况，设置符合单位自身事业发展的绩效指标体系。三是结合上级部门对于绩效评价的一系列改革举措，各基层预算单位应在绩效管理工作中充分利用好相关的共享数据。四是在绩效评价过程中，增强评价手段的客观性，即设置绩效评价指标时，提高对定量指标的考核权重，减少对定性指标的考核权重。五是各级单位要强化对绩效评价结果的运用，倒逼各级各类经费管理和使用主体高度重视项目绩效管理工作，优化科技资源的配置，以期提高项目资金的使用效率和使用收益，同时真正做到总目标、业务和财务的有机融合，同样这个融合需要内部控制和风险管理协同才可以根本上得以实现和体现。

因此，绩效评价既要完整又要精准还要温情脉脉。随着经济社会发展的阶段性，农业科研的责任要明确，科研项目在这个过程中要发挥的作用要清楚，才能真正把绩效评价研究的更透彻。

三、主要政策法规发展历程

2004 年财政部《中央本级项目支出预算管理办法（试行）》（财预〔2004〕84 号）明确：中央部门向财政部申报的项目应当有“明确的项目目标”。

2005 年财政部《中央部门预算支出绩效考评管理办法（试行）》（财预〔2005〕86 号）明确：绩效考评的主要内容包括绩效目标的完成情况、为完成绩效目标采取的加强管理的制度、措施等。

2007 年财政部《中央本级项目支出预算管理办法》（财预〔2007〕38 号）明确：中央部门向财政部申报的项目应当有“明确的项目目标、组织实施计划和科学合理的项目预算。”

2011 年财政部《财政支出绩效评价管理暂行办法》（财预〔2011〕285 号）首次对绩效目标定义“绩效目标是绩效评价的对象计划在一定期限内达到的产出和效果，由预算部门在申报预算时填报。预算部门年初申报预算时，应当按照本办法规定的要求将绩效目标编入年度预算；执行中申请调整预算的，应当随调整预算一并上报绩效目标。”

2011 年财政部《中央部门项目支出预算管理试行办法》（财预〔2011〕331 号）明确：中央部门向财政部申报的项目应当有“明确的项目目标”。

2011 年财政部《关于推进预算绩效管理的指导意见》（财预〔2011〕416

号）绩效目标管理关注绩效目标设定、绩效目标审核、绩效目标批复内容。明确：建立“预算编制有目标、预算执行有监控、预算完成有评价、评价结果有反馈、反馈结果有应用”的预算绩效管理机制。

2012 年财政部《预算绩效管理工作规划（2012—2015 年）》（财预〔2012〕396 号）预算绩效目标管理是全过程预算绩效管理的基础。

2015 年财政部《中央部门预算绩效目标管理办法》（财预〔2015〕88 号）绩效目标设定要求指向明确、细化量化、合理可行、相应匹配。“绩效目标包括中长期绩效目标和年度绩效目标，未按要求设定绩效目标的项目支出，不得纳入项目库管理，也不得申请部门预算资金”。

2020 年财政部《项目支出绩效评价管理办法》（财预〔2020〕10 号）对项目支出绩效评价管理的有关要求进一步明确，更加贴合实际、有针对性，对于绩效评价工作的开展更具指导意义。

2018 年中共中央 国务院《关于全面实施预算绩效管理的意见》将绩效管理提升为国家重大战略，绩效管理改革已成为我国公共管理改革的重点和核心，“花钱必问效、无效必问责”的理念已越来越深入人心，全方位、全过程、全覆盖的绩效管理体系正加快建立健全。

2018 年国务院《关于优化科研管理提升科研绩效若干措施的通知》（国发〔2018〕25 号）提出要推动项目管理“从重数量、重过程向重质量、重结果转变”，明确设定科研项目绩效目标，实行科研项目绩效分类评价，重视科研成果质量和贡献度。

2021 年财政部《中央部门项目支出核心绩效目标和指标设置及取值指引（试行）》（财预〔2021〕101 号）具有很强的实操性和灵活性，不仅明确提出了一级指标和指标分值，而且根据不同项目类型给予预算单位一级指标选择权和指标分值相应调整权。

四、绩效目标和指标的设定

（一）绩效指标设置内容

绩效指标设置内容主要包括绩效指标和绩效标准。绩效指标主要包含成本指标、产出指标、效益指标和满意度指标四大类，其中：（1）成本指标包括经济成本指标、社会成本指标和生态环境成本指标等二级指标；（2）产出指标包括产出数量（即是否按预定数量完成）、产出质量（即是否按预定标准完成）、产出时效（即是否按预定进度完成）；（3）效益指标包括社会效益（即项目完成后产生的社会综合效益，根据项目实际情况细化）、经济效益（即项目完成后产生的直接或间接经济效益，如收入的增加或成本的节约等）、可持续影响（即项目实施对相关方或事物带来的可持续影响等，如节能改造类项目实施后对自然环境改观、减少环境污染的可持续影响等）；（4）满意度指标包括服务对象满意度（即项目完成后是否得到社会公众的认可或使预期服务对象受益，其满意程度如何等）等。

绩效标准主要包括历史标准（指参照历史数据制定的评价标准，为体现绩效改进的原则，在可实现的条件下应当确定相对较高的评价标准）、行业标准（指参照国家公布的行业指标数据制定的评价标准）、计划标准（指以预先制定的目标、计划、预算、定额等作为评价标准）和财政部认可的其他标准等。

（二）绩效指标设定要求

1. 绩效目标完整性方面

（1）规范完整性：填报格式是否规范、符合规定要求。

（2）明确清晰性：填报内容是否完整、准确、详实，是否有缺项、错项。

2. 目标相关性、指标科学性方面

（1）总体目标是否符合国家法律法规、国民经济和社会发展规划要求。

（2）总体目标与本部门（单位）职能、发展规划和工作计划是否密切相关。

（3）绩效指标是否全面、充分，是否选取最能体现总体目标实现程度的关键指标，是否明确具体指标值。

（4）绩效指标是否细化、量化，以便于监控和评价；难以量化的，定性描述是否充分、具体。

3. 目标适当性方面

（1）绩效合理性：预期绩效是否显著，是否能够体现实际产出和效果的明显改善；预期绩效是否符合行业正常水平或事业发展规律；与其他同类项目相比，预期绩效是否合理。

（2）资金匹配性：绩效目标与项目资金量是否匹配，在既定资金规模下，绩效目标是否过高或过低；或要完成既定绩效目标，资金规模是否过大或过小；绩效目标与相应的支出内容、范围、方向、效果等是否匹配。

4. 目标可行性方面

（1）实现可能性：项目实施方案是否合理，项目实施单位的组织实施能力和条件是否充分。

（2）条件充分性：内部控制是否规范，预算和财务管理制度是否健全，是否得到有效执行。

业务主管部门按照以上四方面进行绩效目标实质审核，对不符合要求的绩效目标，要求预算单位修改完善。对已批复的绩效目标，明确绩效管理工作要求，发挥绩效目标在预算管理工作中的刚性约束作用。

5. 绩效目标设定方法

（1）对项目的功能进行梳理，包括资金性质、预期投入、支出范围、实施内容、工作任务、受益对象等，明确项目的功能特性，明确项目总体政策目标。

（2）依据项目的功能特性，预计项目实施在一定时期内所要达到的总体产出和效果，确定项目所要实现的总体目标，并以定量和定性相结合的方式进行表述。

（3）对项目支出总体目标进行细化分解，从中概括、提炼出最能反映总体目标预期实现程度的关键性指标，并将其确定为相应的绩效指标。

（4）收集相关基准数据，应参考相关历史数据、行业标准、计划标准等，科学设定指标值。确定绩效标准，并结合项目预期进展、预计投入等情况，确定绩效指标的具体数值。

（5）强化一、二级项目指标的衔接性，确保任务相互匹配、指标逻辑对应、数据相互支撑。指标名称要简洁明确、通俗易懂。

6. 绩效指标设定分值权重

绩效指标分值权重根据项目实际情况确定。原则上一级指标权重统一按以下方式设置：对于设置成本指标的项目，成本指标20%、产出指标40%、效益指标20%、满意度指标10%（其余10%的分值权重为预算执行率指标，编制预算时暂不设置，部门或单位开展自评时使用，下同）对于未设置成本指标的项目，产出指标50%、效益指标30%、满意度指标10%；对于不需设置满意度指标的项目，其效益指标分值权重相应可调增10%。各指标分值权重依据指标的重要程度合理设置，在预算批复中予以明确，设立后原则上不得调整。

7. 绩效指标赋分规则

（1）直接赋分。主要适用于进行“是”或“否”判断的单一评判指标。符合要求的得满分，不符合要求的不得分或者扣相应的分数。

（2）按照完成比例赋分，同时设置及格门槛。主要适用于量化的统计类等定量指标。具体可根据指标目标值的精细程度、数据变化区间进行设预算执行率按区间赋分，并设置及格门槛。如：项目完成，且执行数控制在年度预算规模之内的，得10分；项目尚未完成，预算执行率小于100%且大于等于80%的得7分，预算执行率小于80%且大于等于60%的得5分，预算执行率小于60%的不得分。

其他定量指标按比例赋分，并设置及格门槛。如：完成率小于60%为不及格，不得分；大于等于60%的，按超过的比重赋分，计算公式为：得分=(实际完成率－60%)/(1－60%)×指标分值。

（3）按评判等级赋分。主要适用于情况说明类的定性指标。分为基本达成目标、部分实现目标、实现目标程度较低三个档次，并分别按照该指标对应分值区间100%～80%（含）、80%～60%（含）、60%～0合理确定分值。

（4）满意度赋分。适用于对服务对象、受益群体的满意程度询问调查，一般按照区间进行赋分。如：满意度大于等于90%的得10分，满意度小于90%且大于等于80%的得8分，满意度小于80%且大于等于60%的得5分，满意度小于60%不得分。

8. 绩效目标审核

财政部门针对绩效目标进行实质审核与形式审核，对绩效目标编制情况的总体判断，亦要指出绩效目标编制中的不足，对绩效目标修改完善在“一下”时提出具体建议；预算单位按照审核意见修改、完善绩效目标，在报送部门预算“二上”时，一并将调整后的绩效目标上报财政部门。

9. 绩效目标批复

财政部门编制绩效目标批复说明，对审核后的绩效目标予以批复，并对预算绩效管理工作提出具体要求；预算单位按照财政部门批复的绩效目标，落实具体实施单位，明确工作要求。经批复的绩效目标一般不予调整，在实施过程中如遇政策调整、工作计划变动等到特殊原因，确需调整绩效目标的，应按照规定的程序报批，并将修改后的绩效目标报财政部门审核备案。

五、绩效执行监控的主要措施

部门（单位）按照预算批复的绩效目标，按照资金管理的要求，执行预算项目。绩效实施过程中，财政部门和部门（单位）可对项目资金使用情况进行追踪问效（事中评价）。部门（单位）应严格按照绩效目标，在实施过程中加强自我监督。特殊变动，按程序申报批准，同时部门（单位）重视相关资料的保存。对于纳入绩效执行监控的项目，各部门（单位）应将其作为预算执行的重要组成部分，按规定开展绩效监控。

（一）绩效目标执行监控主要内容

包括项目实施年初预算的数量、质量、时效、成本等产出指标的完成值，项目实施带来的经济效益、社会效益、生态效益等效果的实现程度及趋势等。在收集、分析上述绩效运行信息的基础上，对偏离目标的原因进行分析，对全年绩效目标完成情况进行预计，对年底不能完成目标的原因及拟采取的改进措施等进行说明。

（二）绩效目标执行监控重点关注

目标是否能如期实现，实现进度及程度；偏离情况如何；行业特殊，偏离后报批调整情况；项目执行过程中的各项决策管理资料、成果资料等是否规范保存整理。

部门对跟踪发现的管理漏洞和绩效目标偏差，要及时采取有针对性的措施予以纠正，完善项目管理办法，优化绩效目标实现路径，促进绩效目标如期实现。

涉及调整项目预算资金和绩效目标的，需报财政部批准。属于延续项目，监控结果可作为以后年度预算编制和政策制定的重要依据。

六、绩效评价相关知识

（一）绩效评价定义

绩效评价是指财政部门、预算部门和单位，依据设定的绩效目标，对项目支出的经济性、效率性、效益性和公平性进行客观、公正的分析和评判。

（二）绩效评价主要遵循的原则

1. 科学公正。绩效评价应当运用科学合理的方法，按照规范的程序，对项目绩效进行客观、公正的反映。

2. 统筹兼顾。单位自评、部门评价和财政评价应职责明确，各有侧重，相互衔接。单位自评应由项目单位自主实施，即“谁支出、谁自评”。部门评价和财政评价应在单位自评的基础上开展，必要时可委托第三方机构实施。

3. 激励约束。绩效评价结果应与预算安排、政策调整、改进管理实质性挂钩，体现奖优罚劣和激励相容导向，有效要安排、低效要压减、无效要问责。

4. 公开透明。绩效评价结果应依法依规公开，并自觉接受社会监督。

（三）绩效评价方式

绩效评价分为单位自评、部门评价和财政评价三种方式，适当引入第三方机构参与。单位自评是指预算单位对批复的项目绩效目标完成情况进行自我评价。部门评价是指预算部门根据相关要求，运用科学、合理的绩效评价指标、评价标准和方法，对本部门的项目组织开展的绩效评价。财政评价是财政部门对预算部门的项目组织开展的绩效评价。

七、农业科研单位的绩效自评

（一）单位绩效自评的定义

指资金使用单位运用科学、合理的评价方法，对照本单位年初预算设定的绩效目标及指标值，对应填报年度实际完成值，并将评价结果进行分析报告的管理过程。

（二）绩效自评主要遵循的原则

履行部门主体责任。实现绩效自评全覆盖。确保评价客观准确。绩效自评要实事求是，确保数据准确、分值合理、结果客观，避免刻意抬高分数、弄虚作假。

（三）单位绩效自评指标体系

1. 绩效指标的构建原则

一是绩效指标和绩效目标之间要高度关联。绩效指标的选取和设立要与绩效目标高度关联，首先要与项目的总体绩效目标及具体的绩效目标的内容密切相关；其次要与项目相关的文件关联，与项目的支出的大方向一致；最后要与项目责任单位的事业发展和关键技术攻关的要求高度契合。项目文本中不应当设置与预期产出和预期效益等内容明显无相关性的绩效指标。

二是绩效指标要选择重点突出的核心指标。绩效指标的选择应当紧扣项目任务清单的关键内容，选取的指标能够充分体现项目实施过程、主要产出和效益效果等所达到的程度。

三是绩效指标的设置要可量化、易评价。绩效指标的选择和设立，要着重考虑指标的可细化和可量化，尤其量化是测量的基本条件，自然量化离不开科学有效的评价标准。因此，具体可操作的绩效指标值要通过统计、调查、评判等方式检验和获得。绩效指标的设定原则上选择定量描述，对于确实难以细化、量化的指标，可以选择定性指标进行评价，例如，可以使用顾客评价法进行简单评判，将评判分为优秀、良好、一般、较差等等级来体现和反应。

2. 绩效指标体系的设置

按照财政部的相关要求，绩效指标体系设置分为一级、二级和三级绩效指标，其中一级指标、二级指标有统一规范的设置，三级指标在规范的基础上结合预算单位的实际情况进行调整和搭配，形成具体单位化的指标体系，既有科学性，又要有特色。

一级绩效指标主要包括成本、产出、效益和满意度等四类绩效指标。根据上级部门要求，每一个项目原则上要设置产出和效益 2 个一级指标；部分特殊的项目不仅要设置产出指标和效益指标，还需要设置成本指标。

（1）成本指标

项目支出的绩效评价的目标是为了在项目实施周期内更加科学的分配资源，为项目实施提供最大化的助力，确保产出和效益最优。因此，成本指标的设置，除了考虑国家政策外，主要考虑项目的最大化产出，但也要兼顾效益。因此，在设置成本指标时，要从经济、社会、生态环境等二级指标方面进行分析。对于无法拆分核算具体成本的任务内容，可以设置为分项具体成本的控制数。

一是经济成本指标，项目实施周期内用来衡量直接经济效益成本的指标。二是社会成本指标，项目实施周期内用来表达对社会发展方面造成各类影响包括潜在和实际的影响的指标。三是生态环境成本指标，项目实施周期内用来表达对生态环境可能造成的各类影响的指标。

（2）产出指标

产出指标，是指项目具体实施过程中的预期产出结果和成果，主要包括数量、质量、时效等二级指标。其中：每一个项目都需要设置数量和质量2个指标；可以依据项目实施情况，选择性的设置时效指标。

一是数量指标，用于体现项目实施过程中预期产出的数量值，要突出重点，要体现项目的主要工作任务内容，按照项目的实际实施情况设置指标内容。

二是质量指标，用于体现项目实施过程中可以达到的标准或者水平，对于具有明确质量标准要求的项目，需要设置有效的质量指标。

三是时效指标，用于体现项目实施过程中，完成相关任务内容的及时性情况。具体指标设置时，需要明确具体的完成时间。

（3）效益指标

效益指标，项目实施的预期产出的经济、社会、生态效果。

一是经济效益指标，用于体现项目实施过程中的相关产出成果带来的可衡量的经济效益，包括相关产出在项目实施当年以及以后年度能够持续带来的可衡量的经济效益，还包括能够给相关产业带来的间接经济效益。

二是社会效益指标，用于表达项目具体实施过程中的相关产出成果带来的可考量的社会发展效果，包括相关产出成果在项目实施当年以及以后年度能够带来的可考量的社会发展效益，例如，服务社会大众、关键技术推动相关产业的发展、提高相关产业的就业等方面的社会效益。

三是生态效益指标，用于体现项目实施过程中的相关产出成果带来生态环境的影响，包括相关产出成果项目实施当年以及以后年度能够对相关产业的生产、生活和环境产生的影响。

（4）满意度指标

满意度指标是指对项目实施的预期产出和效果的满意情况的说明，包括相关的服务对象对项目实施效果的认可程度。根据满意度指标编制调查问卷，对相关工作人员及利益关联组织人员进行调查，如“科研人员的满意度”“农民的满意度”“科技服务对象的满意度”“培训人员的满意度”等。

3. 绩效指标分值权重的设置

绩效指标分值权重的设置，可以按照不同的项目分类以及项目具体实施方案情况确定，其中：预算执行率指标的权重为10%，其他一级绩效指标的分值权重设置合计为90%。一级绩效指标权重统一按以下原则设置：一是设置了全部指标的项目，其中：成本指标权重20%、产出指标权重40%、效益指标权重20%、满意度指标权重10%；二是设置不包括成本指标的项目，其中：

产出指标权重 50%、效益指标权重 30%、满意度指标权重 10%；三是设置不包括成本指标和满意度指标的项目，其中：产出指标权重 50%、效益指标权重 40%。

各个二级、三级绩效指标分值在一级绩效指标的分值权重范围内，根据各个具体绩效指标的重要性科学合理的赋予分值，具体分值上报并经过批复确定后，原则上不得调整。

4. 绩效指标值的设定

绩效指标值一般体现为绝对值和相对值，基层预算单位主要结合或参考相关的计划标准、行业标准、历史标准等进行设置。一是计划标准，主要为国家、中央部门等的计划或要求，例如党中央和国务院的重要文件、各级人民政府的工作报告、各部委的文件等。二是行业标准，包括行业的国际、国家、省级等相关标准，例如涉及各类高端技术或者工艺时可以选用。三是历史标准，可参考单位相关项目近几年绩效指标的平均值等。四是预算支出标准，主要用于表达项目的成本指标和相关的预算支出标准目标值之间的大小。五是其他标准，具体为项目可以参考的类似项目情况等。

绩效指标值的分类体现为定性指标和定量指标。定量指标，与年初指标值相比，完成指标值的，记该指标所赋全部分值；对完成值高于指标值较多的，要分析原因，如果是由于年初指标值设定明显偏低造成的，要按照偏离度适度调减分值；未完成指标值的，按照完成值与指标值的比例记分。定性指标，根据指标完成情况分为达成年度指标、部分达成年度指标并具有一定效果、未达成年度指标且效果较差三档，分别按照该指标对应分值区间 100%～80%（含）、80%～60%（含）、60%～0 合理确定分值。

5. 绩效自评评价方法

主要是定性分析法和定量分析法、关键绩效指标法等。

（1）绩效评价的定性分析方法

绩效评价的定性分析方法主要有同行评议、德尔菲法和维度测评法等。

① 同行评议。同行评议是指聘请本研究领域的相关专家来评定该项研究的学术水平或工作成效的一种方法。不受其他因素的干扰和影响。目前，该种方法是国际科学技术界公认的科学评价的最重要的方法，应用于农业科研项目的整个过程。

② 德尔菲法。主要是将需要征询的问题，反复征询专家意见，每一次征询后，将其意见汇总、整理、归纳并分析后，再反馈专家进行再次征询意见，循环反复多次，直至得到专家组相对稳定的意见。

③ 维度测评法。维度是对所评价的范围的类型进行归类划分，确定了评价的基本向面，通过维度区分，评价的层面更加条理化。

（2）绩效评价的定量分析方法

绩效定量分析方法主要有三种，人工神经网络法、层次分析法和主成分分析法等。

① 人工神经网络法。该种方法主要是运用现有方案和考核结果，通过提取典型案例，对不完整信息进行完善和补充，结合新方案的特点直接做出评价。神经网络的非线性处理能力，存在于信息模糊、不完整、矛盾等较复杂的环境中，方便了知识的记忆和提取。该方法既有专家系统的作用，又具有比传统专家更优越的性能。

② 层次分析法。层次分析法（AHP）是以一种定性与定量相结合的系统化、层次化的权重确定方法。层次分析法不仅适用于主观信息和不确定性情况，而且适用于逻辑经验和直觉。

③ 主成分分析法。这种方法是通过多个变量线性变换进行筛选，得出重要变量的一种多元统计分析方法，又称为主分量分析。在进行多变量的绩效评价的研究和时间过程中，获得所有变量的样本观测数据，怎样进行有效的处里，从而获得有用信息。

（3）关键绩效指标法

KPI（关键绩效指标）理论是基于“二八法则”提出的将企业战略目标分解成具体工作关键指标的方法。与平衡记分卡相似的是，战略 KPI 将企业绩效指标设置必须与战略规划挂钩，都是基于企业战略目标的热门绩效管理工具，且基本都是遵循主要矛盾理念选取评价指标。不同的是，平衡记分卡从四个层面出发，更加关注企业长期目标，而关键绩效指标（KPI）是依据部门职责和重点任务设计的绩效考核指标体系，是公司战略分解到每个职位绩效要求的体现，其主要目的是维系日常工作运行。

6. 农业科研单位绩效自评基本情况

（1）绩效评价工作开展情况

目前，在编制部门预算时，农业科研项目的预算由项目负责人根据项目情况设置中期目标和年度目标，并细化中期和年度绩效指标，对绩效指标进行赋分，预算单位科技和财务等归口管理部门进行绩效指标审核，并填报项目预算文本。项目批复后，每年 7—8 月开展中期绩效监控工作，主要由项目负责人针对上半年项目开展的情况，结合部门预算中设置的绩效考核指标进行中期评价。年末，由各预算单位开展项目全覆盖绩效自评，对年初设定的年度绩效目标和指标进行自评并打分，形成自评报告，并提供绩效指标完成情况的佐证材料后逐级上报财政部。

（2）绩效评价结果的运用

目前，农业科研项目被上级部门抽中并开展绩效评价的项目主要有物种品种资源保护经费、现代农业产业技术体系建设专项经费、基本科研业务费、农业品种改良提升专项经费、社会公益类科研机构改革专项项目和农产品质量安全标准体系建设项目、农产品质量安全专项经费等项目。

经过多年绩效评价经验总结，上级部门通过分析总结科研项目特点，下一步将制定了绩效指标库，并设置共性指标和个性指标以备选择，为农业科研项目制定科学合理的绩效目标提供了基础；考核过程中对绩效目标的指标值进行评估，过高或者过低将影响绩效评价结果，这将引导在制定绩效目标指标值时应以客观事实为依据，将绩效目标值最大化；以上两个绩效评价结果的运用极大地推动了结果导向的科学性和合理性，保障财政资金的使用效益。

7. 绩效管理的工作要点

（1）预算编制有目标

绩效目标是预算绩效管理的基础，包括绩效内容，绩效指标和绩效标准，绩效目标设置应与项目目标和单位整体目标高度相关，并且具体可衡量，且能在一定时期内可以实现。基层预算单位应将绩效关口前移，结合新出台重大政策开展事前绩效评估，评估结果作为申请预算的必备要件，防止“拍脑袋决策”，从源头上提高预算编制的科学性和精准性。

（2）预算执行有监控

基层预算单位按照《中央部门预算绩效运行监控管理暂行办法》（财预〔2019〕136号）中“谁支出、谁负责”的原则，对绩效目标实现程度和预算执行进度实行“双监控”，发现问题要分析原因并及时采取纠偏措施。逐步建立重点政策和重大项目绩效延伸监控，具体包括政府采购、工程招标、监理和验收、信息公示、资产管理及预算资金会计核算等。

（3）预算完成有评价

基层预算单位在资金决算环节全面开展绩效评价，按照定量与定性评价相结合，如实反映绩效目标实现结果，对绩效目标未达成或目标制定明显不合理的，要作出说明并及时改进。逐步推动基层单位开展整体绩效自评，提高单位履职能力和公共服务质量。建立健全重点绩效评价常态机制，定期开展重点绩效评价，提高项目绩效评价质量。

基层预算单位在绩效评价环节容易出现的问题主要有：自评指标得分偏高；完成值高于指标值；完成情况描述多，原因分析少；自评报告总结成绩多，问题总结及改进措施少。

（4）评价结果有反馈，反馈结果有应用

健全绩效评价结果反馈制度和绩效问题整改机制，形成反馈、整改、提升绩效的良性循环。基层预算单位对财政部门反馈的绩效评价结果要定期整理和分析，将自评结果作为单位完善政策和改进管理的重要依据。因绩效评价结果不好而导致的预算压减、项目申报失败等现象要及时总结分析原因，并探索单位内部的绩效评价结果应用机制，合理分配单位预算资金，按照奖优罚劣的原则，优先保障绩效好的项目，督促改进绩效一般的项目，削减或取消低效无效资金，清理长期沉淀的结余资金，并按相关规定统筹用于亟须支持的工作内容。

（5）稳步开展预算绩效信息公开

基层预算单位按规定稳步开展绩效自评和重点绩效评价结果随同预决算信息依法向单位和社会公开的工作。探索建立单位预算整体绩效报告制度，提高预算绩效信息的透明度。

（6）探索引入第三方参与

基层预算单位可以探索引入第三方机构参与预算绩效管理，搭建专家学者和社会公众参与单位绩效管理的平台，自觉接受社会监督。促进全社会形成“讲绩效、用绩效、比绩效”的良好氛围。

（7）加强业务培训，推进单位信息化建设

基层预算单位一方面应充分支持财务人员和科研人员参与上级部门和社会高校组织的相关业务培训，另一方面可以定期组织单位内部的预算绩效管理业务培训，加大政策宣贯力度和业务方法指导，提高单位的预算绩效管理水平。

基层预算单位可以通过推进绩效管理信息化建设，逐步完善预算绩效“大数据”系统，从而有效提高预算绩效管理工作效率，为全面实施预算绩效管理提供重要支撑。

（8）加强单位内部控制制度建设

基层预算单位通过建立健全预算绩效管理内部制度，完善工作机制，按照预算和绩效管理一体化要求，结合单位自身业务特点，优化预算管理流程，完善内控制度，明确部门内部绩效目标设置、监控、评价和审核的责任分工，加强财务与业务工作紧密衔接。从而有效推动全面预算绩效管理工作常态化、制度化、规范化。

八、案例展示

（一）中国热带农业科学院橡胶研究所概述

中国热带农业科学院橡胶研究所（简称“橡胶所”），隶属于农业农村部，是我国唯一以天然橡胶为主要研究对象的国家级研究机构，主导我国天然橡胶产业技术体系建设。2019 年，《中央编办关于农业农村部所属部分事业单位分类的批复》（中央编办复字〔2019〕105 号），确定橡胶所为公益二类单位。

橡胶所现有科技干部职工 223 人，其中，高级职称 114 人，研究生学历

168 人，博士 72 人。拥有国家天然橡胶产业技术体系首席专家、天然橡胶产业技术体系岗位专家、享受国务院特贴专家、全国优秀科技工作者、农业农村部突出贡献专家、中青年有突出贡献专家、海南省十大杰出青年、海南省突出贡献专家、海南省“515 人才工程”第一层次人选、海南省委省政府直接联系重点专家和农业农村部农业科研杰出人才等各类高级专家 70 多人次。

（二）科研项目绩效评价现状问卷调查

为了更加有效的反映项目绩效评价现状，现就相关橡胶所的内容设计一份调查问卷，内容见附录。此问卷主要从科研人员对科研项目绩效评价的认识、评价体系设置的合理性和与未来发展趋势结合度、评价体系对科研人员激励性、评价流程是否规范五个方面开展设计。为了获取第一手资料，将问卷发放给单位科研工作人员，共收回 114 份问卷，其中有效 114 份。主要是了解科研人员和科研管理人员对于单位科研项目绩效评价存在的问题及建议。

（1）科研项目绩效评价调查问卷的背景

以服务科研为中心，以提升科研人员财务服务满意度为核心，深入科研一线倾听职工的心声，调研职工对科研项目绩效评价体系实际需求，提供更加优质高效的管理和服务；以“放管服”改革为抓手，奋进担当、积极作为，努力探索适合农业科研单位科研项目绩效评价提质增效的路径和模式，力争在服务科研创新与发展的路上贡献财务智慧和价值，实现双赢目标。

（2）科研项目绩效评价调查问卷的设计

为深入了解科研人员、行政管理人员、科研助理等对科研项目绩效评价在实际应用中的真正需求，橡胶所召集科研骨干、财务人员以及其他相关部门成员集思广益，围绕如何优化“科研经费项目绩效评价工作，更好服务科研人员”这一主线，开展调研，深入一线采取线上问卷调查的方式开展调研，精心设计了科研项目绩效评价调查问卷，共计 26 题，内容涵盖“绩效的全过程管理—科研工作者对科研项目绩效评价认知、绩效评价体系设置、绩效评价流程的规范设置、绩效评价体系对科研人员激励性、绩效评价体系设置优化”等多视角、多维度信息，同时为了确保本次问卷能获取更真实、更有效的信息，本次问卷针对重点、关键问题采取了开放式提问方式。本次问卷得到单位 114 名职工的支持与配合。

（3）科研项目绩效评价调查问卷的基本情况

① 科研人员参与度高。本次科研项目绩效评价调查问卷得到科研人员、行政管理人员、科研助理的大力支持，其中科研人员参与度最高，占问卷人数的 72.81%，详见图 8－1。根据后台数据统计，本次调研人均用时大约 15 分钟，职工就如何进一步优化科研项目绩效评价管理提出了非常细致、中肯的意见和建议。

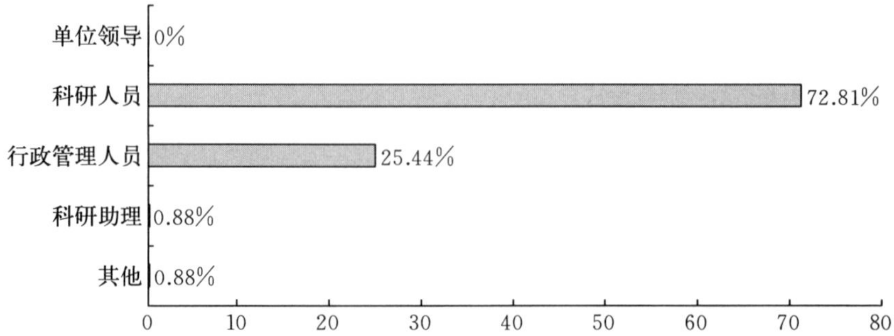

图 8-1　参与问卷人员构成情况

② 学科领域分布广泛。参与本次调查问卷的科研人员和科研管理人员从事的学科领域广泛，主要集中在林学，占比 16.67%；作物学，占比 13.16%；农业资源学，占比 8.77%；植物保护，占比 7.02%；材料科学与工程，占比 4.39%等；科研管理人员从事的学科主要是财务管理，占比 19.3%，详见图 8-2。

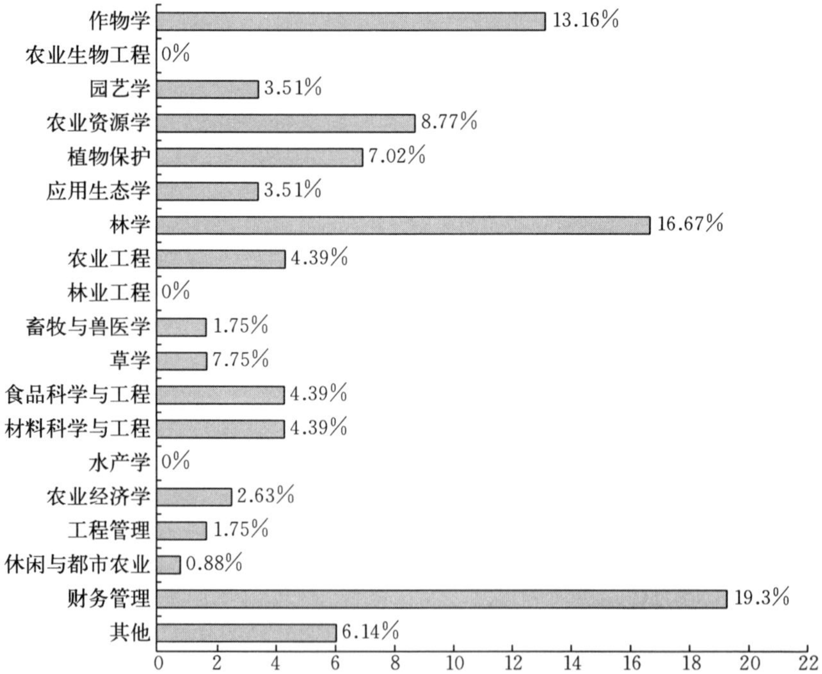

图 8-2　参与问卷人员从事的学科领域情况

③ 获批的科研项目较为全面。参与本次调查问卷的科研人员和科研管理人员主持或参与实施的项目主要有：中央级基本科研业务费，占比 74.56%；海南省自然科学基金，占比 62.28%；海南省重点研发计划，占比 32.46%；国家自然科学基金，占比 31.58%；国家重点研发计划项目，占比 28.07%；

其他省市科研类项目，占比 28.07%，详见图 8-3。

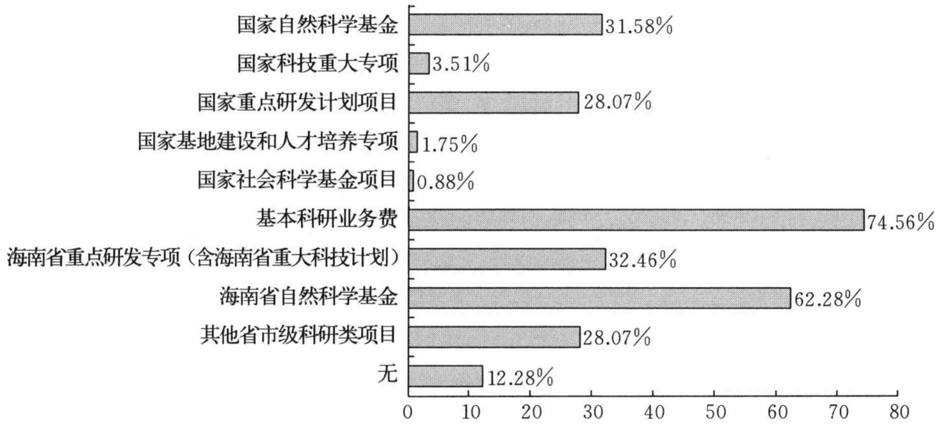

图 8-3　参与问卷人员主持参与的科研项目情况

1. 科研项目绩效评价体系存在的问题

（1）绩效管理重视不够、意识不强

根据问卷调研结果，仅有 37.72%的职工熟悉中央和地方近年来发布的系列项目绩效管理政策，不熟悉和不太熟悉政策的人员占比高达 62.28%，表现在科研人员对财政部发布的《中央部门项目支出核心绩效目标和指标设置及取值指引（试行）》（财预〔2021〕101 号）核心内容，如一级指标的设定规则和一级绩效指标赋分权重规则等不熟悉，详见图 8-4。另外，仅有 51.75%的人员参加了绩效管理专题培训，详见图 8-5。

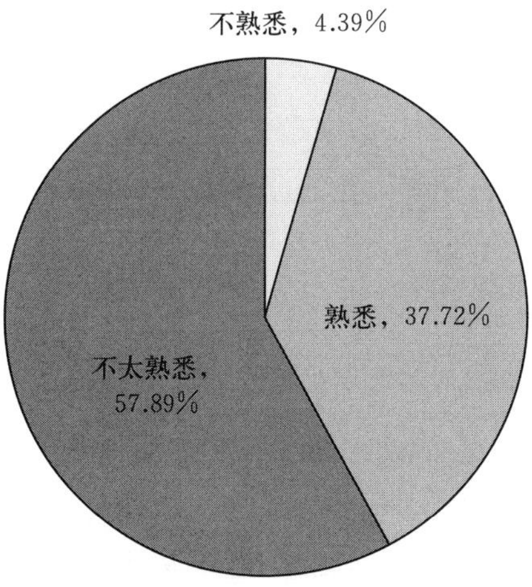

图 8-4　科研人员对绩效管理政策的了解程度

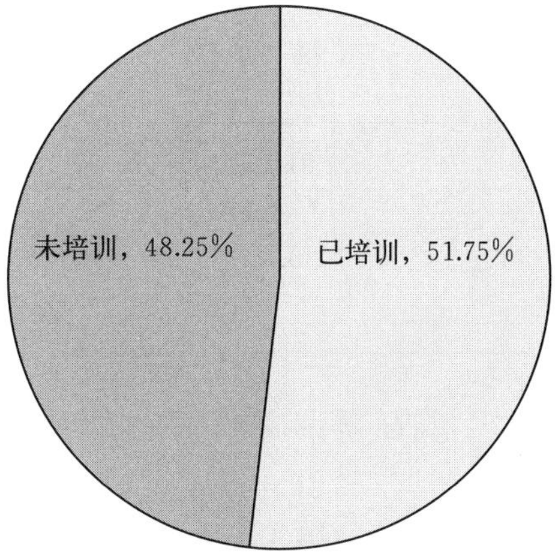

图 8-5　单位开展绩效管理专题培训情况

（2）科研项目绩效评价“指标设置”存在的问题

一是未能结合项目特点，设置适合不同项目类型的绩效指标。纳入部门预算的科研项目均使用财政部统一的绩效评价体系，未能结合项目研究特点，分类设置绩效指标，如基本科研业务费项目支持的研究领域有多种类型，但预算申报环节，基本科研业务费项目按一类项目进行打包申报，不能很好反映该专项各个支持领域的绩效指标。

二是部分项目绩效指标过低，关键、核心指标不突出，不利于激发科技创新。部分科研项目绩效指标值设置过低，如部分基础研究类项目的绩效指标仅填写了比较好实现的成果，如论文、专著、专利、人才培养等，未填报难以完成或需要付出很大努力才可能完成的指标，如新理论、新原理、新技术以及有影响力的代表作等关键指标。

三是未能建立评价指标库，同类项目评价结果不具可比性。由于科研项目具有高度专业性、复杂性和广泛性，上级部门尚未建立可共享、可参考的评价指标库，因此同一类型、相同金额的项目最终评价结果不具可比性，不利于上级部门开展科研项目支出标准体系建设，不利于开展成本效益评价。

四是项目绩效指标赋分随意。部分科研项目负责人为了项目绩效评价能获得高分，主观上存在给某些容易实现的绩效指标赋予较高分值问题，不利于考核项目取得实绩实效。详见图 8－6。

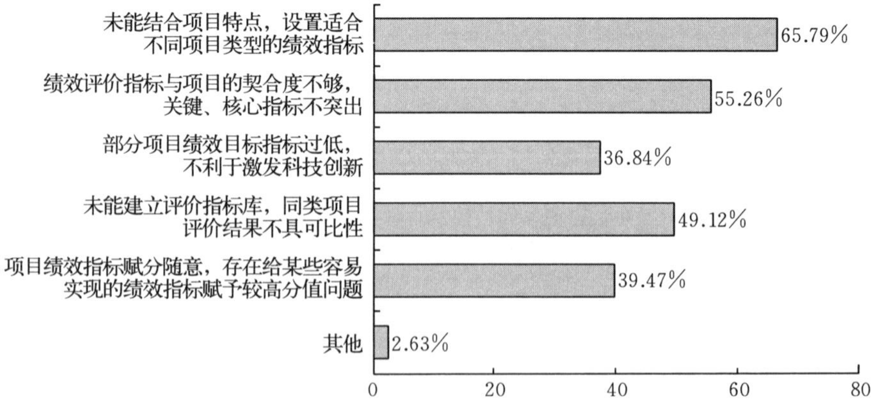

图 8－6　科研项目绩效评价“指标设置”方面存在的问题情况

（3）科研项目绩效评价“过程监控”存在的问题

科研项目绩效评价“过程监控”方面存在的问题主要有：项目执行中部分数据资料报送时间较急、项目执行中部分数据资料报送过于频繁；项目执行中部分数据资料存在重复统计报送。科研项目管理应逐步过渡到“优化中间，强化两头”，即抓好项目立项前评估和项目结题绩效评价，简化优化项目和经费过程管理，切实放权给项目负责人，让科研人员潜心科研，详见图 8－7。

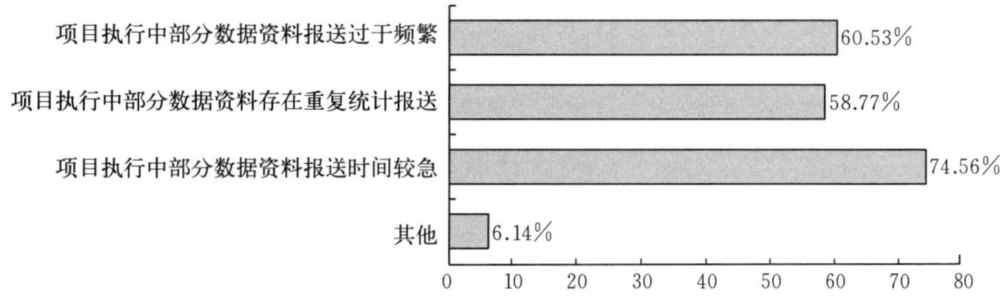

图 8－7　科研项目绩效评价“过程监控”方面存在的问题情况

（4）科研项目绩效评价“评价阶段”存在的问题

科研项目绩效评价“评价阶段”存在的问题主要有：部分项目评价周期短，不适应科技创新规律；未对科研项目开展分类评价，评价体系不够科学；绩效评价结果没有得到有效利用，科研人员的积极性调动的不够充分；部分评审环节程序设计不够合理；专家遴选机制不够合理；第三方开展的财务审计提出的要求没有统一标准等。详见图 8－8。

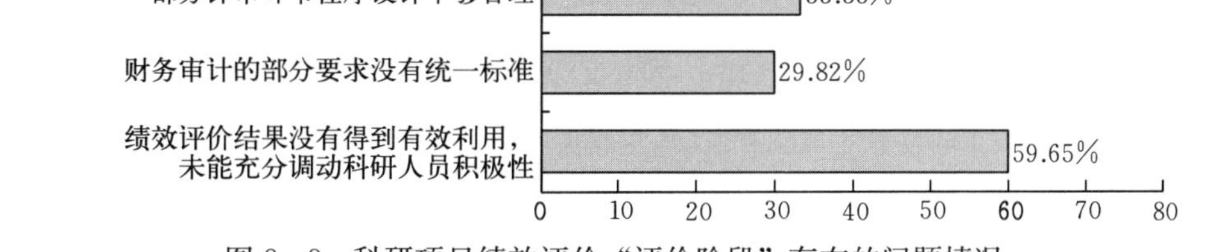

图 8－8　科研项目绩效评价“评价阶段”存在的问题情况

（三）完善科研项目绩效评价有效性的建议

1．高度重视，提高绩效管理意识

绩效管理是破解当前经济发展方式转型和科研经费使用低效无效的关键工具，助力国家早日解决“科技卡脖子”问题。“十四五”期间，我国科研项目分类绩效管理和单位整体绩效管理改革将进一步深入，对财政资源投入结果的追踪问效将被进一步强化和重视，因此中国热科院上下应高度重视，将绩效管理意识和重要性传达给每一位职工，以更高的站位、更实的措施、更大的力度加快推进热科院绩效管理改革，催生更多原创性、解决产业关键问题的科研成果，努力把优秀论文写在大地上，把关键成果应用到产业中，把优质种子送到老百姓手中，让乡村振兴插上科技的翅膀，让强农惠农政策尽早惠及“三农”领域。

一是要成立绩效管理改革专项组，由单位一把手担任组长，分管业务领导担任副组长，成员由科技、财务、科研专家等组成，办公室应设在科技部门。

二是绩效管理改革应聚焦中国热科院科研主责主业，系统开展科研项目绩效管理政策和实务应用研究，分类构建适合热科院科技创新与发展的绩效评价体系，同时指导院属单位落细落实绩效管理工作，让绩效评价成为助推热科院科技创新发展的新引擎。

三是构建绩效管理制度体系，为院属单位预算争取、项目申报、项目执行、项目验收以及项目绩效评价提供制度保障，制定奖罚措施，用好绩效评价结果。

四是强化责任担当。中央预算单位项目归口管理部门要切实担起责任，做好顶层设计，聚焦单位主责主业，引入同行专家加强对自主开展科学研究稳定支持专项的立项评估评审工作，激发科研人员危机感和竞争意识，倒逼项目负责人从源头上科学合理设置绩效指标，做实项目实施方案，努力解决产业关键问题，助力“乡村振兴”战略的实施。

五是要加强调研，有针对性开展绩效管理政策宣贯培训工作，让项目负责人认识到绩效管理改革是大势所趋，不改既无退路，更无出路，提高认识，每一位职工都要自觉形成“我要评价”意识。

2. 构建科研项目分类绩效评价指标体系

根据《国务院关于优化科研管理提升科研绩效若干措施的通知》（国发〔2018〕25号）提出的“建立以创新质量和贡献为导向的分类绩效评价体系”文件精神和《中央部门项目支出核心绩效目标和指标设置及取值指引（试行）》（财预〔2021〕101号）提出的“原则上每一类项目都应设置产出指标和效益指标；根据实际需要可选用满意度指标”文件要求，结合农业科研项目周期长、产出成果缓慢、研究结果不确定性、成果转化价值有待进一步挖掘等特点，聚焦科研成果质量、对产业发展的贡献度以及成果转化价值，以激发项目负责人的创新创造活力为指引，热科院科研项目包含基础研究/应用基础研究类项目和应用开发类项目。

以上两类项目均选用了产出和效益两个一级指标，二级指标选用了质量、数量以及效益等三类指标。根据学科类型设置了相关问卷，结合问卷调研结果，中国热科院科研基础研究/应用基础研究项目应设置的三级指标按重要性排序分别是：新理论、新原理、新方法、新技术，论文，专利，人才培养，重要报告，获奖表彰、学术会议等绩效指标。应用开发项目应设置的核心绩效指标主要有：成果转化经济效益，新产品、新技术，推广辐射效益，发明专利，应用前景、标准、人才培养、获奖表彰等绩效指标。基础研究/应用基础研究项目和应用开发项目核心绩效指标构成详见图 8－9 和图 8－10。

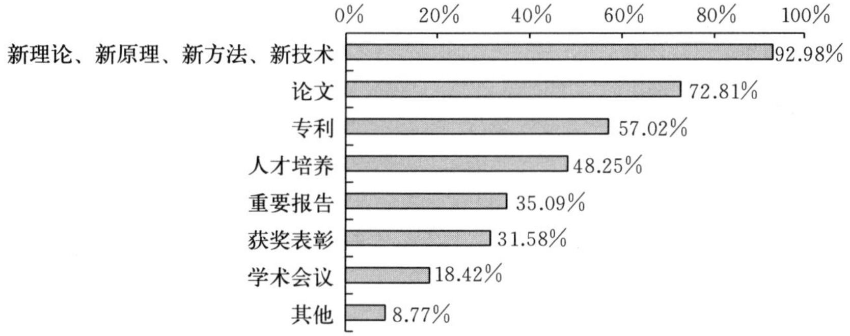

图 8－9　基础研究/应用基础研究类科研项目核心绩效指标分布情况

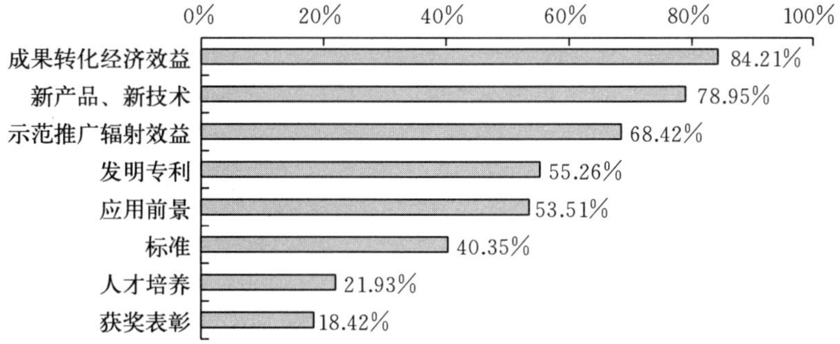

图 8－10　应用开发类科研项目核心绩效指标分布情况

根据学科类型，结合财政部发布的赋分规则，给予核心指标科学赋分权重。根据《中央部门项目支出核心绩效目标和指标设置及取值指引（试行）》（财预〔2021〕101 号）提出的“对设置成本指标的科研项目，成本、产出、效益、满意度等指标四类一级指标权重分别为 20%、40%、20%、10%；对可不设置成本指标的项目，一级指标和指标权重分别为：产出指标（权重

50%)、效益指标（权重30%）、满意度指标（权重10%）；对可不设置满意度指标的项目，产出、效益两类一级指标权重分别是50%、40%”绩效指标赋分规则，本课题就核心绩效指标赋分权重设置了相关问卷，结合问卷调研结果，中国热科院基础研究/应用基础研究项目核心指标可分为质量指标、数量指标和社会效益指标等三类二级指标，其中质量指标包含代表作、获奖表彰两个核心指标；数量指标包含人才培养、重要报告、学术会议等三个核心指标；社会效益包含新理论、新原理、新方法、新技术。基础研究/应用基础研究项目核心指标赋分权重详见表8-1。

应用开发类项目的核心二级指标分别为：质量、数量、经济效益以及社会效益等四类指标，其中数量指标包含新产品、新技术，发明专利，标准等三个核心指标；质量指标包含应用前景；社会效益指标主要包含示范推广辐射效益；经济效益指标主要包含成果转化效益。应用开发类项目核心指标赋分权重详见表8-2。

表8-1　基础研究/应用基础研究项目核心绩效指标重要性结果表

项目分类	一级指标	二级指标	三级指标	重要性
基础研究/应用基础研究项目	产出指标	质量指标	代表作	74.56%
	产出指标	质量指标	获奖表彰	50.88%
	产出指标	数量指标	人才培养	58.77%
	产出指标	数量指标	重要报告	54.39%
	产出指标	数量指标	学术会议	39.47%
	效益指标	社会效益指标	新理论、新原理、新方法、新技术	92.11%

表8-2　中国热科院应用开发类项目核心绩效指标重要性结果表

项目分类	一级指标	二级指标	三级指标	重要性
应用开发类项目	产出指标	数量指标	新产品、新技术	78.95%
	产出指标	数量指标	发明专利	57.02%
	产出指标	数量指标	标准	45.61%
	产出指标	质量指标	应用前景	57.02%
	效益指标	经济效益指标	成果转化经济效益	74.56%
	效益指标	社会效益指标	示范推广辐射效益	66.67%

3. 上下联动共建共享绩效指标数据库

建议财政部门联合业务归口管理部门收集整理近年来重点科研项目绩效指标历史数据和行业数据，加快基础、共性指标数据库建设步伐，为以后年度预算单位开展项目申报、项目主管部门开展项目评审、项目结题绩效评价提供参考依据。指标库建立以后，上级部门和预算单位应坚持共建共享原则，定期更新维护绩效指标库，重点关注新增绩效指标的质量，每类科研项目设置的绩效指标能否体现核心科研产出和效益，同时应关注新增指标是否量化易评，即在绩效评价时的可考核性以及证明材料的可获得性，提高入库指标质量。

用好预算绩效一体化平台。为了破解预算、执行、监控、绩效评价等各类系统间“信息孤岛”问题，财政部于 2023 年 1 月正式启动预算绩效一体化系统。借助该系统，项目申报、立项、执行、验收以及绩效评价等全生命周期管理将在一体化系统实现闭环管理。中央预算单位应充分用好该系统，建立项目申报前有评估、预算执行中有监控、项目结题后有评价等全过程绩效管理体系。对按二级项目为考核对象的项目，为了避免“吃大锅饭”问题，建议项目单位以子项目为考核单元，明确奖惩措施，强化绩效评价的刚性约束，发挥绩效评价的正向激励作用。

4. 增强评价手段的客观性

为有效落实国发〔2018〕25 号文件提出的“实行科研项目绩效分类评价”，增强评价手段的客观性，结合热科院实际，我们设置了相关问卷，结合问卷调研结果，中国热科院应用基础研究项目绩效评价方式优先选择定量考核为主、专家评议为辅，占比 61.4%；其次是基础研究以专家评议为主，定量考核为辅，占比 43.86%；最后是第三方机构评价，占比 32.46%。应用开发类科研项目绩效评价方式优先选择定量考核为主、专家评议为辅，占比 62.28%；其次是选择服务对象评价，占比 60.53%；最后是选择第三方机构评价，占比 47.37%。

5. 强化绩效评价结果应用

一是提高思想认知。项目绩效评价结果好坏与单位和每一位职工息息相关。加大绩效评价结果与相关人员年度考核、评优评先、职称评审、职务晋升、绩效工资发放、获奖表彰、信用管理等挂钩，激发科研工作者的创新力和创造力。

二是强化评价结果应用。对评价结果为优的项目负责人和单位，应在后续项目申报过程给予适当倾斜；对绩效评价不通过的项目，要分析原因，如果是客观因素导致的科研失败，适当给予科研人员容错机会；如果是因科研态度不端正导致的科研失败，则要追究相关人员责任，视情节严重承担采取限制或取消项目申报资格。

三是探索推进项目绩效评价结果对外公开机制。倒逼各级各类经费管理和使用主体高度重视项目绩效管理工作，管好用好各项科研项目经费，从源头优化科技资源配置，主动抓好项目执行过程管理，提高经费使用绩效。详见图 8－11。

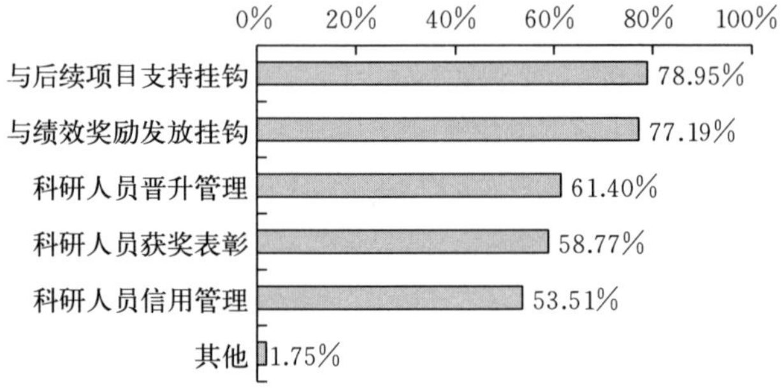

图 8－11　科研项目绩效评价结果应用分布图

附：科研项目绩效评价调查问卷

尊敬的科研专家、科研项目管理者：

您好！为了做好单位科研项目绩效评价工作，更好服务广大科研专家，我们特地设计了本问卷，问卷内容涵盖绩效全过程管理，请您在百忙之中抽空完成以下调研，同时请您提出宝贵的意见和建议。本问卷采取无记名方式。

一、基本信息

1. 你的身份是?（单选题）

○单位领导

○科研人员

○行政管理人员

○科研助理

○其他

2. 您从事的学科领域（单选题）

○作物学

○农业生物工程

○园艺学

○农业资源学

○植物保护

○应用生态学

○林学

○农业工程

○林业工程

○畜牧与兽医学

○草学

○食品科学与工程

○材料科学与工程

○水产学

○农业经济学

○工程管理

○休闲与都市农业

○财务管理

○其他

3. 您主持或参与的科研项目有：（多选题）

□国家自然科学基金

□国家科技重大专项

□国家重点研发计划项目

□国家基地建设和人才培养专项

□国家社会科学基金项目

□基本科研业务费

□海南省重点研发专项（含海南省重大科技计划）

□海南省自然科学基金

□其他省市级科研类项目

□无

二、科研项目管理

4. 您了解中央和地方近年来发布的各类项目绩效管理政策吗？（单选题）

○熟悉

○不太熟悉

○不熟悉

5. 2018 年 9 月 1 日中共中央国务院《关于全面实施预算绩效管理的意见》指出“部门和单位主要负责同志对本部门本单位预算绩效负责，项目责任人对项目预算绩效负责，对重大项目的责任人实行绩效终身责任追究制，切实做到花钱必问效、无效必问责”，您是否了解以上政策？（单选题）

○熟悉

○不太熟悉

○不熟悉

6. 您认为中央和地方近年密集发布绩效管理改革政策的目的是什么？（多选题）

□助力我国经济实现从高速增长向高质量发展转变

□优化科技资源配置、提高经费使用绩效

□集中财力解决科技卡脖子问题

□贯彻落实“过紧日”要求，把资金用在刀刃上

7. 您所在单位是否开展了绩效管理专题培训？（单选题）

○是

○否

8. 您所在单位是否结合单位实际制定了绩效管理办法?（单选题）

○是

○否

9. 您认为科研项目全过程管理中哪些环节需要完善?（多选题）

□项目申报阶段，请具体说明：________________________

□部门预算编制阶段，请具体说明：________________________

□项目实施阶段，请具体说明：________________________

□项目结题验收阶段，请具体说明：________________________

□项目综合绩效评价阶段，请具体说明：________________________

□其他，请具体说明：________________________

10. 2021 年 8 月 18 日财政部发布的《中央部门项目支出核心绩效目标和指标设置及取值指引（试行）》（财预〔2021〕101 号）指出“绩效指标包括成本指标、产出指标、效益指标和满意度指标四类一级指标。原则上每一项目均应设置产出指标和效益指标。工程基建类项目和大型修缮及购置项目等应设置成本指标，并逐步推广到其他具备条件的项目。满意度指标根据实际需要选用”，您是否了解以上政策?（单选题）

○熟悉

○不太熟悉

○不熟悉

11. 2021 年 8 月 18 日财政部发布的《中央部门项目支出核心绩效目标和指标设置及取值指引（试行）》（财预〔2021〕101 号）指出“绩效指标分值权重根据项目实际情况确定。对于设置成本指标的项目，成本指标 20%、产出指标 40%、效益指标 20%、满意度指标 10%；对于未设置成本指标的项目，产出指标 50%、效益指标 30%、满意度指标 10%；对于不需设置满意度指标的项目，其效益指标分值权重相应可调增 10%。各指标分值权重依据指标的重要程度合理设置，在预算批复中予以明确，设立后原则上不得调整”，您是否了解以上政策?（单选题）

○熟悉

○不太熟悉

○不熟悉

12. 您认为目前科研项目绩效评价“指标设置”方面存在哪些问题?（多选题）

□未能结合项目特点，设置适合不同项目类型的绩效指标

□绩效评价指标与项目的契合度不够，关键、核心指标不突出

□部分项目绩效目标指标过低，不利于激发科技创新

□未能建立评价指标库，同类项目评价结果不具可比性

□项目绩效指标赋分随意，存在给某些容易实现的绩效指标赋予较高分值问题

□以上都不是，请具体说明：____________________

13. 对于下列成果指标，您认为以下哪些最能体现农业科研单位基础研究/应用基础研究项目的绩效水平？（多选题）

□新理论、新原理、新方法、新技术

□论文

□专利

□重要报告

□学术会议

□获奖表彰

□人才培养

□其他，请补充说明____________________

14. 对于基础研究/应用基础研究项目的科研成果，您认为应该采取以下哪些方式进行绩效评价？（多选题）

□纯专家评议

□专家评议为主，定量考核为辅

□定量考核为主，专家评议为辅

□第三方机构评价

15. 在对基础研究/应用基础研究项目绩效评价时，下列成果指标赋分权重%是？（多选题）备注：在1%～100%取数，比重越大，说明越重要。

□新理论、新原理、新方法、新技术，赋分权重：______________ *

□代表作，赋分权重：______________ *

□重要报告，赋分权重：______________ *

□学术会议，赋分权重：______________ *

□获奖表彰，赋分权重：______________ *

□人才培养，赋分权重：______________ *

□其他，请补充说明，赋分权重：______________ *

16. 对于下列成果指标，您认为以下哪些最能体现应用开发项目的绩效？（多选题）

□发明专利

□新产品、新技术

□标准

□成果转化经济效益

□应用前景

□示范推广辐射效益

□获奖表彰

□人才培养

□其他，请补充说明：________________

17. 对于应用开发类项目的科研成果效益指标，您认为应该以下列哪种方式进行绩效评价？（多选题）

□纯专家评议

□专家评议为主，定量考核为辅

□定量考核为主，专家评议为辅

□第三方机构评价

□服务对象评价

18. 对于下列成果指标，您认为以下应用开发类项目绩效指标如何赋分比较合理？（多选题）（备注：在1%～100%取数，比重越大，说明越重要。）

□发明专利，赋分权重：________________ *

□新产品、新技术，赋分权重：________________ *

□标准，赋分权重：________________ *

□成果转化经济效益，赋分权重：________________ *

□应用前景，赋分权重：________________ *

□示范推广辐射效益，赋分权重：________________ *

□其他，请补充说明________________ *

19. 您认为目前科研项目绩效评价是否实现“从重数量、重过程向重质量、重结果”的转变？（单选题）

○已经实现

○基本实现

○没实现

○其他

20. 您认为目前科研项目绩效评价“过程监督”方面存在哪些问题？（多选题）

□项目执行中部分数据资料报送过于频繁

□项目执行中部分数据资料存在重复统计报送

□项目执行中部分数据资料报送时间较急

□其他，请说明：________________

21. 您认为科研项目绩效评价“评价阶段”存在哪些问题？（多选题）

□未对科研项目开展分类评价，评价体系不够科学

□部分项目评价周期短，不适应科技创新规律

□专家遴选机制不够合理

□部分评审环节程序设计不够合理

□财务审计的部分要求没有统一标准

□绩效评价结果没有得到有效利用，未能充分调动科研人员积极性

22. 您认为下列哪项政策对加强科研诚信能发挥最直接有力的作用？（单选题）

○建立“黑名单”制度，对严重不良信用者，阶段性或永久取消其申请或参加科研项目的资格。

○将科研诚信与个人银行征信挂钩。

○信用评价好的，项目结余资金按规定在一定期限内由单位统筹安排用于科研活动的直接支出，信用评价差的，结余资金按原渠道收回。

23. 您所在单位是否对往年的科研项目绩效评价结果有所应用？（单选题）

○有，用于哪些方面________________

○没有

24. 您认为绩效评价结果应用于哪些方面比较合理？（多选题）

□与后续项目支持挂钩

□与绩效奖励发放挂钩

□科研人员获奖表彰

□科研人员晋升管理

□科研人员信用管理

□其他：________________

25. 您认为科研项目绩效评价中的主要问题还有哪些？有哪些不便捷、不合理的地方？（填空题）

____

26. 您对完善科研项目绩效评价工作有哪些好的意见和建议？（填空题）

____

第九章　财务信息化建设

一、新时期加强财务信息化建设的必要性和紧迫性

（一）“放管服”改革要求加快推进财务信息化建设

科技是国家强盛之基、创新是民族进步之魂。随着互联网、大数据、人工智能等数字技术飞速发展，科技创新对信息化的要求和呼声越来越高、越来越迫切。自 2015 年以来中央和地方密集出台系列“放管服”改革政策，“加快信息化建设，为科研人员减负松绑”被中央和地方提上议事日程。中共中央办公厅 国务院办公厅印发《关于进一步完善中央财政科研项目资金管理等政策的若干意见》（中办发〔2016〕50 号）指出“项目单位要充分利用信息化手段，建立健全单位内部科研、财务部门和项目负责人共享的信息平台，提高科研管理效率和便利化程度”；海南省人民政府印发《海南省优化科研管理提升科研绩效若干措施》（琼府〔2019〕22 号）指出“鼓励科研院所、高等院校等科研单位开发和应用科研和财务一体化的科研项目管理信息系统，实现科研资金预算、调整、报销、核算、绩效发放等全过程管理”。海南省财政厅 海南省科学技术厅 海南省教育厅《关于进一步提高科研经费报账效率促进科研经费管理改革》（琼财教〔2018〕1256 号）指出“项目单位要加快推进财务管理信息化，提高报账效率”。围绕如何激发“科研经费更好服务科研人员从事创造性活动”这一主线创新管理，提高财务服务水平，打通“放管服”改革政策“最后一公里”十分重要，且非常关键。

（二）实施政府会计准则制度要求提升会计信息化水平

《财政部关于贯彻实施政府会计准则制度的通知》（财会〔2018〕21 号）指出“各单位要加强信息化建设，为政府会计准则制度实施提供技术支撑”。2021 年 12 月，财政部《会计信息化发展规划（2021—2025 年）》明确提出，“十四五”时期，我国会计信息化工作的总体目标是：服务我国经济社会发展大局和财政管理工作全局，以信息化支撑会计职能拓展为主线，以标准化为基础，以数字化为突破口，引导和规范我国会计信息化数据标准、管理制度、信息系统、人才建设等持续健康发展，积极推动会计数字化转型，构建符合新时代要求的国家会计信息化发展体系。因此，搭建标准统一、开放包容、共享共用、高效协同、数据安全的财务信息化系统非常紧迫，且十分必要。

（三）信息技术的高速发展要求财务向数字化智能化变革

财务信息化已实现了二次变革，即以会计电算化为标志的第一次财务变革和以财务共享中心的建立为标志的第二次财务变革。前两次财务变革更多侧重于人力的替换、成本的节约，财务核算、费用报销、资金管理等诸多职能实现一体化管理。随着大数据、云计算、区块链、人工智能等数字经济发展，以数字化、智能化为特征的第三次财务变革已到来。第三次财务变革将实现与财务有关的业务所有环节打通与连接，做到自动为业务提供数据支持并进行数字化处理，最终实现业财一体化。在数字化时代，财务资产人员应积极思考如何进行财务管理变革，如何实现信息化助力财务资产精细化、科学化管理，提升单位整体管理水平和风险管控能力。

二、如何做好财务信息化建设

（一）要在顶层设计上下功夫

要构建一个运转高效的财务系统，需要财务部门在统筹 谋划、顶层设计上下功夫。财务人员要读懂弄通政府会计制度的原理和内在逻辑，根据上级部门及单位内部财务管理规定，结合单位管理需求，提出财务系统构建的思路和方案，明确拟实现的管理目标。要按上级管理部门的要求，科学设置政府会计科目、会计科目辅助核算信息，规范项目名称，同时按系统构建要求及时准确提供所需的各类基础档案信息，如：按单位最新花名册提供会计核算系统所需的部门、人员档案信息；按各类项目资金管理要求，提供报销系统、会计核算系统等所需的项目档案基础信息，做好各类项目对应的经费类型、课题类型、预算科目等重要信息。根据科技领域“放管服”改革要求，及时制修订财务支出审批制度，将单位经费审批流程内设到系统中；根据政府会计制度要求，在系统中内置财务会计与预算会计对应关系，提高会计核算效率和质量，减少出错率。

（二）前期调研很有必要

为提高财务系统构建方案的科学性和可操作性，组织单位财务人员到财务信息化程度高的科学事业单位进行实地调研和交流，取长补短，充分听取对方就财务系统构建过程中容易出现的问题、应注意的事项以及系统各模块间的勾稽关系等方面的意见和建议。单位要根据调研获取的重要信息及时修改完善财务系统构建方案。

（三）选择好的服务商是关键

有了好的思路和方案还不够，最重要的是要让思路和方案落地实施，因此选择信誉好的服务商是关键。服务商的选择要考虑以下因素：具备承接系统构建的资质、人员和技术力量，能根据单位需求，在规定的时间内完成系统构建工作；所构建的系统应具备操作简单、获取数据实时高效，能实现与单位其他系统以及银行系统进行互联互通等特征；服务商能利用各种渠道为客户及时解决系统运行过程中出现的各类问题，能定期提供优质高效的运维服务。

（四）高度重视系统试运行工作

财务系统按双方商定的设计方案完成构建后，要进行全面的测试和试运行。测试的重点包括：服务商是否编制了内容详实、操作步骤清晰、通俗易懂的操作手册；各系统模块内设的财务基础档案是否正确、完整；系统各类用户是否可以正常录入课题信息、预算信息等；报账系统中经费审批流程是否正确、流转是否顺畅；报销系统相关数据能否自动生成凭证，会计分录是否正确、会计分录的显示顺序是否正确；各类系统用户能否实时、高效获取项目信息；内设的各类报表能否生成正确的数据等。针对系统试运行中出现的各类问题，财务作为牵头部门要做好问题的收集、汇总、分析及与服务商对接工作，服务商要及时优化和完善系统设置工作。

（五）精心做好培训工作

一个好的系统要实现使用价值，需要单位精心组织做好培训工作，让广大职工接受并主动使用新系统。首场培训要实现财务人员全覆盖，每一位财务人员都要会使用系统，其中财务骨干还应承担起指导新系统的使用和项目信息日常维护工作。接下来的培训要实现单位职工全覆盖，要向所领导和职工详细介绍新系统的构成、各模块间的勾稽关系、操作流程、新系统的优势等方面，要让单位每一位职工都能正确使用新系统，接受新系统。

三、信息化建设面临的局限性

（一）信息化建设经费不足

财务信息化建设是一项长期、系统工作，需要投入大量的人财物力。同时需要单位紧跟互联网、大数据、数字经济的发展趋势，结合国家财政体制、科研经费管理改革以及会计制度变革，不断进行更新迭代信息系统。目前国家、主管部门对信息化的投入不足，软件供应商对政府会计准则制度认知还不足，导致财务信息化建设步伐还不够快。

（二）单位缺乏集信息知识和财务知识于一身的综合性人才

由于受经费和单位人员编制数限制，单位缺乏具备信息化知识和财务专业知识深度融合的综合性人才，亟须单位领导的重视和支持，引进具备信息化和财务专业知识的财务人员，助力单位财务管理提质增效。

四、信息化建设应用案例

橡胶所于 2019 年联合院内 5 家兄弟单位开发了科研财务管理信息系统

（以下简称该管理平台），依托该管理平台，率先在全院建立集团模式的财务数据中心，率先构建业务系统一体化模型，实现数据互连互通和高效共享；该管理平台促使单位全面梳理和优化业务流程和职责权限，使经费管理与内部控制深度融合，实现多部门高效协同管理和动态监控；实现经费支出“不见面审批”、职工“少跑路”；实现“预算—执行—报销—核算—报表—财务公开”全生命周期信息化管理，极大提高财务服务质量和工作效率，助力单位实施《政府会计准则制度》。围绕激发单位创新创造活力，以“放管服”为抓手，主动做好重大项目资金全过程管理。

（一）搭建跨单位既开放共享又相对独立集多种功能于一体的开放式财务管理平台

该管理平台是中国热科院橡胶所、品资所、环植所、信息所、分析测试中心和海口实验站等6家单位于2019年联合开发的集多种功能于一体的开放式财务管理平台，旨在落实中央和地方提出的“加快信息化建设，为科研人员减负松绑”的务实举措。该管理平台助力单位高效完成新旧会计制度的衔接转换，顺利实施《政府会计准则制度》。

该管理平台采用基于面向服务的架构，采用面向对象设计技术，组件优化开发技术，持多层次分布式体系架构，能够跨操作系统。该管理平台以财务数据中心为核心，构建了“统一的数据库，统一的平台，统一的软件系统”，实现“预算—执行—报销—核算—报表—财务公开”全生命周期财务管理。该管理平台集“预算指标控制系统、网上报销系统、财务服务系统、账务处理系统、报表系统”等五大功能于一体，实现经费支出“不见面审批”，让数据“多跑路”、职工“少跑路”。

依托该管理平台，获得软件著作权1项，发表论文11篇。该管理平台于2019年9月在6家单位全面推广应用，有效克服新冠疫情带来的不利影响，有效解决橡胶所、品资所、环植所等单位常驻儋州职工经费报销问题。该管理平台为1 000多人提供了实时在线服务，年管理经费占全院总经费的一半。主要在以下三方面进行创新。

1. 率先在全院建立统一的财务数据中心，实现资源高效共享共用、数据互联互通

一是资源高效共享，实现“六个”统一。该平台率先在全院建立集团模式的财务数据中心，率先在全院实现“六个”统一，即建立统一的财务数据中心，统一使用同一个软件、统一存储财务数据，统一共享专业服务器，统一委托信息所提供专业托管服务，统一委托专业软件开发商提供专业化运维服务。

二是共享共用，降成本。依托该管理平台，六家单位实现财务软硬件的高效共享共用，克服了单个单位开发购置同类软硬件投入成本高、共享性差、运维成本高等问题。

三是拓展性能好，提高会计信息质量。该管理平台采用前瞻、包容的设计理念及可扩展的设计思维，充分预留系统功能的可扩展空间，可根据单位业务需求变化，灵活进行功能调整，降低系统开发成本，缩短开发时间。该管理平台支持多个单位多个账套并行管理，同时还支持院内其他单位的加入，共享同一数据中心、同一系统、同一存储空间、同一专业运维服务，不仅能大大降低投入成本，而且能统一全院会计核算标准，提高会计信息质量。

四是互联互通，有利监督。该管理平台采用集团化设计理念，实现上下游数据互联互通，下游数据可实现实时自动汇总。依托该平台，中国热科院可通过软件服务商分配的管理权限，实施动态财会监督，提升全院财务管理水平。

五是层层防护，确保数据安全。该管理平台建立了合理的安全体系，对用户进行身份认证和授权，防止系统外非法用户侵入和系统内用户的泄密。该平台在中国热科院内网使用，财务数据统一存储在信息所购置的专业服务器上，定期进行数据备份。同时发挥信息所专业优势，六家单位统一委托信息所负责财务数据、软件和硬件的日常运行管理工作，对日常管理中发现的异常情况，及时进行预警和处理。

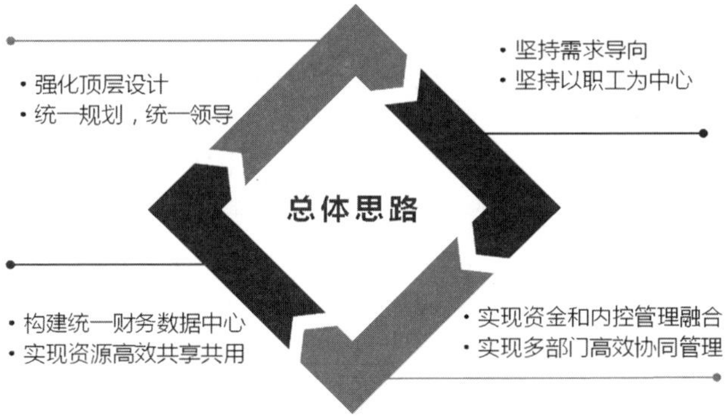

图 9-1　平台构建思路

2. 率先在全院构建业务系统一体化模型，实现五大业务系统互联互通，消除“信息孤岛”，实现资金管理和内控管理的深度融合，实现多部门高效协同管理

一是构建业务系统一体化模型，实现资金全过程信息化管理。采用开放式设计理念，率先在全院构建业务系统一体化模型，将预算指标控制、网上报销、财务服务、账务处理、报表管理等五大功能，通过“穿针引线”方式整合在统一门户之中，系统登录简单、便捷。该平台为单位资金全生命周期管理提供强大支撑，确保了数据的一致性、实时性、准确性。依托该平台，单位实现资金到账—收入确认—预算录入—预算控制—经费报销—执行进度查询—预算调整—凭证生成—账簿打印—年末结账—报表生成等全过程信息化管理。

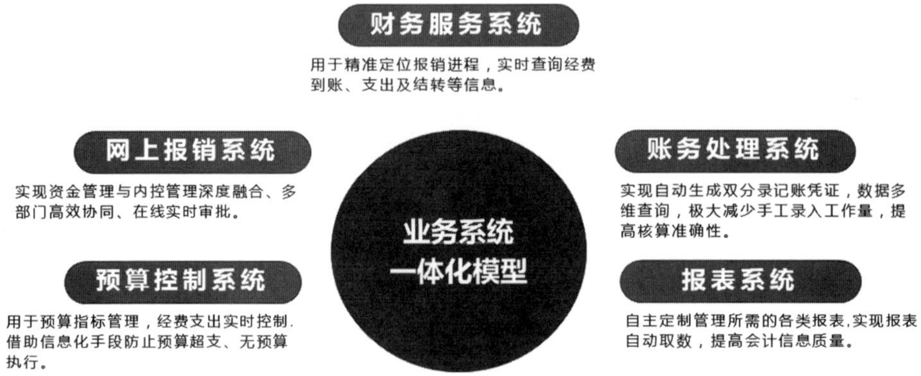

图 9-2　实现资金全生命周期信息化管理

二是深挖系统功能，实现在线实时审批。坚持结果和需要导向，借助信息所搭建的局域网、院外借助信息所提供的 VPN，实现报销经办人员、证明人、经费审核审批人“不见面审批”。同时经费执行主体还可以实时追踪经费审批进程，精准定位报账中的卡点，实时获取经费执行数据，实时控制预算支出科目，极大提升项目负责人经费管理的自主权，实现让数据“多跑路”、职工“少跑路”。该管理平台突破了时间和空间上的限制，为 1 000 多人提供了实时在线服务，有效解决橡胶所、品资所、环植所等单位儋州 200 多名科研人员报账不便利问题，实现常规单据 3～5 个工作日内完成，紧急单据当天处理。

三是实现资金管理和内控管理深度融合，实现多部门高效协同管理。将六家单位最新出台的“放管服”改革制度、业务归口管理部门审核职责等内置到该管理平台内，实现了经费全流程管理与内部控制管理深度融合。根据“放管服”改革要求，制定了多项务实管用的内控管理制度，将简化后的经费审批流程、优化后的报账单据等内置到该管理平台内；根据经费使用主体的身份，结合单位经费授权审批管理权限，设置了所长、书记、内设机构负责人、跨部门及一般人员等多条经费审批流程，有效落实内控管理要求；实现多部门高效协同管理。根据内控要求，在特定业务的审批流程，如“三公经费”、论文发表费、劳务费、租车费等增加了业务归口部门审核环节，既有效落实内控要求、强化全过程风险控制，又提高了审批效率。

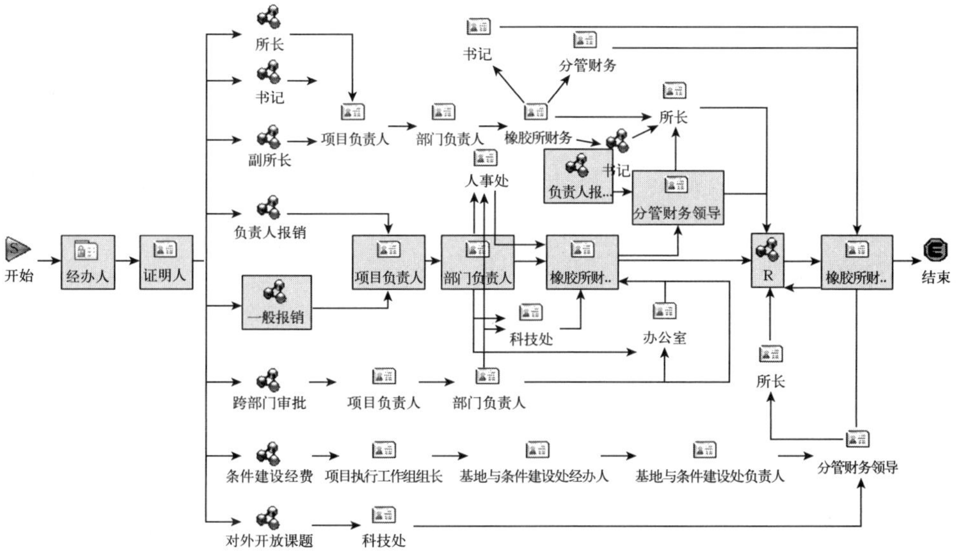

图 9-3 多部门高效协同管理组成

3. 实现自动生成双分录记账凭证、报表自动取数、数据多维综合查询、数据直观展示等多元目标，极大解放财务人员，财务管理更加高效和便捷

一是实现财务管理多元化目标，为财务人员减负松绑。六家单位年度管理的经费占全院总经费的一半，而财务人员仅占全院的 34%，财务 NC 平台发挥举足轻重的作用。由于政府会计制度要求采用双基础、双体系平行记账模式，极大增加了财务工作量和出错率。依托该管理平台，实现自动生成双分录记账凭证，大大减少财务人员手工录入工作量，极大提高核算准确性。通过自主定制管理所需各类报表，实现报表自动取数，降低手工统计的误差，准确满足报表上报要求，真正把财务人员从烦琐、重复的工作中解脱出来，单位财务管理工作向科学化和精细化迈进。

二是财务管理更加高效，财务服务更加优质。财务人员有更多时间从事更多有深度的工作，定期向领导汇报单位财务管理情况、参与重大项目策划等，主动当好领导的参谋和助手。我所财务部门主动深入研究室、课题组调研，主动为职工办实事，通过设计详细的问卷调查，收集科研人员的实际需求，坚持管理创新，逐一解决科研人员提出的问题，极大提升科研人员对财务部门的认可和满意度。

（二）以“放管服”为抓手，主动做好重大项目资金全过程管理

1. 在“放”的方面，出台“三类减负松绑”制度

围绕如何激发“科研经费更好服务科研人员从事创造性活动”这一主线，六家单位累计出台三类共计 10 多项减负松绑制度，极大提升科研人员的“获得感”。

一是简化经费审批层级，下放经费支出审批权限至内设机构负责人，充分调动内设机构负责人工作的积极性。

二是下放预算调剂审批权限给项目负责人，充分调动项目负责人的主动性。

三是协助出台科研类会议和因科研需要出国境“特殊”规定，尊重科研实际需求，不搞一刀切。

2. 在“管”的方面，强调依法规范管理，确保“接得住，管得好”

一是落实法人责任，制订“管”的制度。六家单位围绕强化法人责任落实、间接费统筹使用、劳务报酬、结余资金使用等方面出台20多项内部管理制度，其中橡胶所、品资所就其牵头实施的国家重点研发计划、农业农村部重大开放式项目、现代农业产业体系专项等出台专项资金管理制度。

二是内外联动。分管财务领导以身作则，通过开展廉政谈话，解读财经制度，播放反腐宣传片等方式，强化科研人员的规矩意识、底线意识，单位内部形成了不能腐、不敢腐、不想腐的良好氛围。财务部门主动担当，财务骨干主动担任重大专项助理，主动为项目首席把好预算编制审核关，主动做好预算调整、外拨经费财务监管、项目验收等全过程管理，发挥财务部门事前、事中、事后监督作用，规避财务风险。橡胶所、品资所、环植所财务主管均被聘为单位牵头重点研发计划执行专家组成员，参与重大专项全过程经费管理工作。主动聘请会计师事务所参与重大专项经费过程管理，主动接受“体检”，主动做到自查自纠，立行立改。

三是以检查为契机，全面提升专项资金管理水平。财务把好经费支出审核最后一道关，同时做细、做实项目检查前期工作，全程跟踪检查进展，把好问题定性等关键环节。

3. 在“服”的方面，做好“加法”

财务部门主动思考，不断创新，积极提升财务服务水平，营造良好改革氛围，多措并举让科研人员潜心做科研。

一是主动参与重大项目策划工作。协助项目首席专家把好预算审核关，协助开展专项现场答辩，主动做好经费预算解释工作，争取更多经费支持。

二是实施“会计一站式服务”，得到职工的广泛好评。主动在单位内部公开财务人员岗位分工，让职工精准对接财务人员快速办理财务业务。我所自实行“会计一站式服务”以来，由具体财务人员对接多个研究室、课题组、职能部门，实现了项目预算编制、经费报销、经费执行、决算编制、项目审计等全过程由同一财务人员负责，定期发布财务管理过程中高频问题及攻略，在交流平台制作报账提醒小贴士，做到有问题立提立答，服务温馨有成效，不仅提高了办事效率，而且很好地锻炼了财务人员。

三是主动为科研人员排忧解难。制定符合科研实际需要的差旅费、会议费等制度，解决科研人员因野外考察、布置试验等科研活动中无法取得合规票据以及因科研需要邀请外国专家来华参加学术交流等经费报账问题。协助项目专家做好跨国业务经费的报销和资金支付，协助做好外拨经费的财务监管等。

四是编制财务报销手册和财务管理操作手册，主动提高财务服务水平。财务报销手册高度融合了单位内部所有与报销相关的制度要点、操作流程，需填报的表格，极大方便科研人员报账。通过制定标准化的财务操作规程，实现了报账审核标准、解释口径等方面的一致性，提高了科研人员对财务部门的信任感和满意度。

五是用好科研财务助理队伍。创新科研财务助理管理，搭建了科研财务助理交流平台，同时对科研财务助理开展了财务信息平台使用、经费报销、财务决算、经费审计等方面专题培训和专业指导，提升他们的专业胜任能力，让科研人员从事务性工作中解脱出来。

五、知识拓展

近年来，大数据、人工智能、移动互联、云计算、物联网、区块链等新技术在会计工作中得到初步应用。各企事业单位开始积极使用财务机器人处理会计核算、费用报销、会计报告、资金结算等会计工作；部分企事业单位已开始探索推动财务会计工作的智能化，提升了会计核算、会计报告、管理会计、内部控制等会计工作的效率。

（一）智能财务的概念

智能财务应运而生，智能财务是继财务电算化、财务信息化后，以大数据、云计算、人工智能等为代表的新信息技术在财务领域的运用，是覆盖财务全流程的全面的智能化。在未来的发展中，智能财务通过进一步的研究和实践，对科学事业单位而言，将逐步提升科研项目和资金管理的效率，为科研工作和科研人员提供更优质的服务。

（二）智能财务的应用优势

1. 优化服务质量

科学事业单位将“放管服”理念融入科研管理服务工作中，借助“信息化”手段，让信息多跑路，让科研人员少跑路，不断推进信息化在财务报销和科研资金管理中的应用。

（1）智能报销

智能财务通过由局域网向移动端移动的智能化报销方式，科研人员在单位内可使用网络直接登录报销，出差在外可即时通过手机进行财务报销预约、财务收支审批等事项，报销更加方便快捷，突破了固定场所的限制。

（2）智能预警

智能财务具有全覆盖的审核预警设置，包括经济业务预警，如出租车票连号预警、交通类票据节假日乘坐预警、出差住宿费超标预警、出差重复领取交通补助预警等；经费控制预警，如经费预算的总额超支预警、经费调整未履行审批预警等。通过智能预警，报销人可以即时发现违规并及时修正；财务人员无须人工审核，减轻了工作量，且避免审核工作不被理解而引发争端。

（3）智能支付

资金收支业务主要借助智能财务系统与银行系统对接而形成的银企直联功能来实现。通过系统与银行的连接，记账凭证中需要支付的资金，可通过银企直联直接进行支付，同时对于银行收到的款项，可直接传输到财务系统中进行确认和记账。由于银行接口嵌入到智能财务系统中，故对于每一笔收支款项，银行与财务系统均可通过共用代码传递，系统可借此实现自动对账功能，减轻出纳人员的工作负担。同时，公务卡实现在线报销，一键还款，减轻了财务人员的审核工作量，降低了单位会计档案库存。

（4）智能手段宣传答疑

一是利用微信公众平台，实现对公信息通知、知识小课堂、政策解读、答疑助手、基础工作系统衔接、线上远程协助等多种模块，帮助科研人员更全面、更深入了解财政新政策、科研新管理，切实解决科研人员在日常财务报销中遇到的问题。二是利用财务机器人，实现快速问答，精准记录各项用户需求，并直接从数据库中调取数据实时更新，为科研人员提供服务。如电子科技大学开发的“财宝”机器人，“财宝”不仅会主动跟师生打招呼，介绍服务内容，还能听懂用户的问题并通过语音、图片、文字、视频等方式进行回答，具有高度拟人性。同时，“财宝”可以根据后台数据分析，找准师生问询率较高的重点领域“对症下药”，改进相关工作。

（5）智能采购分析

通过智能采购平台实施线上采购，让科研人员在实验室即可完成材料的选型、比价，入库，出库、验收，全过程痕迹化管理。利用大数据分析控制，采购前，通过电商快采平台公开遴选综合电商入驻，从采购源头防控造假风险，加强对供应商的资质、履约、诚信管理，约束供货行为。采购时，系统可以根据信誉对经销商进行分类，对热销产品进行管理，提高选择效率；同时，系统自动计算商品均价，避免出现购买畸低商品，造成品质没有保证，或是购买畸高商品，形成利益输送；采购后，对采购内容进行分析，对同一商户采购百分比畸高、熟人采购等进行风险提示。

2. 打通信息孤岛，实现科研项目资金数据融合

通过信息系统互联互通、数据共享，实现财务、资产、科研信息系统业财融合：即项目立项、入款、执行、采购、预算调整、结题结算等多部门线上协同办理。立项时，科研人员线上申报立项，科研信息系统同步将项目实施内容、经费预算、项目组成员等信息传输到财务信息系统。经费到账时，项目经费到账信息同步传送科研信息系统，科研和财务部门线上审核确认。项目执行时，资产系统政府采购信息与财务系统项目信息自动对接，政采货物、服务、工程及经费预算科目超支前自动预警提示，督促科研人员按照预算执行，对于确需开支调整的科目尽快办理经费预算调整手续。结算结题时，科研和财务信息系统协同进行结题预警管理，促进项目按期办理结题结算，按期使用结余资金。

3. 图像智能处理技术，实现数据快速采集

图像智能处理技术，是指运用 OCR（光学字符识别）技术，通过图像处理技术手段，将图像（影像）上的文字、表格、图像转化为电子版的数据，通过计算机程序，将关键有用的信息提取出来，快速实现数据信息的采集，完成对关键信息的识别、转换、记录、统计功能。

（1）实现会计凭证影像化智能管理

利用票据影像化系统及防伪水印辨别设置，将凭证在装订前进行全量高速扫描，保证了凭证成像清晰完整。科研人员在合理的授权范围内可随时在财务查询系统查阅下载打印，避免了多次翻阅纸质档案导致的凭证破损、发票散落遗失、重要信息被覆盖的情况，节约了大量的人力和物力，为科学事业单位的经费管理、专项资金管理、科研项目的结题及其他各类财务审计工作带来极大便利，有利于票据的监控与查询。

（2）实现全票种智能拍照录入

科研人员出差时可以利用手机拍照智能识别发票信息，系统通过将纸质单据中的发票代码、发票号码、日期、金额等多项结构化字段转化为经费核算所需的信息化格式，替代了传统业务流程下逐笔手工录入信息，实现同步上传数据并且自动反馈错误信息，大大减轻了科研人员报销工作量。同时，利用发票扫描识别技术，可以精准地对每一张电子发票的内容进行提取，将发票代码、发票号码等信息直接导出到 Excel 里进行查重的操作，让电子发票的审核更加高效。

4. 财务基础核算人员将逐步被取代

目前，财务软件在科学事业单位中已得到普及使用，但从财务软件的使用情况来看，财会事项的机械、单一、重复还未得到根本改变。财务人员工作过程中的大部分时间都被基础工作所占用，从审核原始票据，到对它们进行整理、分类、粘贴，从填制记账凭证到银行转账、对账等简单重复的核算工作量极大，财务人员在从事此类工作时需要消耗大量的时间和精力，在处理过程中也容易出现失误，且受到个人情绪波动、精力不足等多种因素限制，审核事项遗漏、记账科目出错、转账单位信息错误等时有发生，再加上可能存在主观故意的操作等行为，导致会计信息失真的现象难免发生。智能财务的出现将逐步取代机械性、重复性的会计手工作业，系统自动生成会计记账凭证和会计报表，且24小时不间断的工作，实现自动、精准、高效的会计核算流程。财务人员将从烦琐的基础性财务核算工作中解脱出来，促进财务工作的规范化、增强会计信息的可靠性。

（三）智能财务的应用建议

1. 加强财务系统信息化建设，为智能财务建设提供有力保障

（1）完善信息化内部控制建设

有效的内部控制是保证财务信息化建设顺利开展的前提，科学事业单位应结合自身情况，严格按照《事业单位内部控制制度建设指引》的要求，完善内部控制建设，作出符合自身客观条件和需求的目标规划，明确信息化建设需要实现的目标，充分考虑财务信息化建设的流程，将内部控制贯穿于财务管理环节中，实现流程再造，对相关控制节点进行完善与优化，以适应财务管理信息化建设的需要，为科学事业单位实现智能财务提供有力保障。

（2）加强财务系统基础建设

随着信息化技术的不断提升，目前在市场中已经存在着种类繁多的财务管理软件，用友、金蝶等财务软件品牌逐步开启机器人智能服务新时代。为了应对智能财务带来的技术挑战，提供更加高效、更加有针对性的服务，科学事业单位需要加强自身财务软件的建设与开发，采用技术先进且满足科学事业单位“放管服”实际情况的财务管理软件，服务科学事业单位越来越细化的财务管理需要，在使用现有软件的过程中分析不足，记录下科研人员使用以及系统流转过程中遇到的问题，将问题进行分类汇总与逐项分析，不断完善软件的功能，使现有技术能不断适应新时代硬件和软件的需求。利用科学事业单位自身发展优势，及时更新观念，逐步实现向智能财务的更新进步，为智能财务打下坚实的基础，科学事业单位应站在长远发展的角度出发，加大资金投入，研发出符合自身需要的财务软件，让科研经费财务管理工作更加优质高效。

（3）建立财务信息数据库

财务管理活动是建立在掌握大量、全面的数据之上，财务管理的决策方法需要数据支持才能有效地加以利用，通过搭建财务大数据平台，以信息数据库为基础，挖掘财务大数据信息，帮助企业实时采集与财务管理活动相关的财务和业务数据，整合内外部数据，集成各种财务、科研、统计、管理、制度、报表等综合信息，以及银行、国税、财政等外部相关信息数据，开展基于大数据

的财务管理，单位在充分获取各种相关数据的基础上，对单位的发展方向做出更加准确的分析和判断。另外，在平台建设中引入云计算，利用互联网技术提供数据服务支持，使用者能够随时随地存储会计信息。为单位管理者提供丰富多维、实时高效的决策相关信息，提高运营效率和管理成效，推动单位价值持续提升。

（4）重视财务系统安全性能建设

智能财务数据的处理与传输主要依赖信息系统和网络，尤其是采用手机智能终端实现报销后，报销数据与财务终端相连接，在访问报销系统的时候，会计数据信息存在泄露的风险，一旦被不法分子利用，进入安全漏洞，入侵系统进行窃取、拦截、篡改重要的会计信息，都会给科学事业单位带来不可估量的损失。科学事业单位应当重视财务系统安全性能建设，保障会计信息的安全。一是财务人员要有信息网络安全意识，系统访问异样时，应该及时联系技术人员进行相关系统漏洞修补，防止有关数据丢失。二是提高安全性能，防止黑客侵入。财务系统应通过指纹扫描，面部识别等多重加密技术手段，对数据存储加密保存，建立起严格的身份认证体系，提高数据传输的可靠性和安全性。此外，还需设置好系统数据的自动备份，电子防伪水印，对重要数据必须进行异地备份，防止数据篡改、丢失。

2. 转变观念提升价值，实现财务人员与智能财务的合作共赢

（1）加强学习、提升价值，逐步向复合型财务人员转型。

会计工作时时刻刻都处在变化之中，制度在变，准则在变，税法在变，在变化的过程中需要财务人员不断学习，不断调整，不断适应。当智能财务技术替代了繁杂的数据处理工作，财务如果不懂业务，只能提供低价值的会计服务，改变和学习是传统财务人员的唯一出路，他们不仅需要持续终身学习专业知识，还应该学习业务，融入业务。作为科学事业单位的财务人员，还应该进行跨专业学习，扩大财务人员的知识面和综合素质，努力建设同时具有财务会计、农业科研、信息技术等专业知识的复合型人才，促进财务人员从业务型向管理型、复合型的转变。笔者认为，未来真正需要的是懂会计、善分析、懂业务、能参谋、懂平台化软件管理的综合性财务人才。

（2）财务人员应对好工作转型，实现与智能财务的合作共赢

一是智能财务的进步离不开人类的智慧。智能财务的设置依赖于人类的设计，收集资料完善，程序应用设计得当，才能构思出符合每个单位实际情况的程序。财务人员需要及时记录跟踪智能财务使用期间需要完善的问题，及时反馈给研发人员解决，并要做到跟踪查询，不断地完善技术更新，后期智能财务才能更加高效地提供服务。二是智能财务能够更好地辅助财务人员进行决策分析。智能财务为单位完成标准化的工序同时，可以实时获取大量的

关键数据，提供大数据的分析结果，计算出的会计信息更加及时可靠。智能财务帮助财会人员从大量基础会计工作中解脱出来，拥有更多的时间和精力来进行决策分析，从而大幅地提高财务决策水平。智能财务与财务人员相辅相成，相互促进，在未来的发展中，将逐步实现财务人员与智能财务的合作共赢。

第十章　财务报账指南

简化、优化财务报销管理是财务支撑服务科研的重要体现，《财务报账指南》是财务报销管理的重要指导性文件，它不仅能为职工办理财务报销业务提供依据和操作指导，同时也为财务人员把好经费支出最后一道关提供制度保障。

一、报账总体要求与报账流程

（一）财务报销“十禁止”

1. 禁止报销违反中央八项规定的票据。
2. 禁止报销超标准、超次数公款接待或违规以公款送礼的费用。
3. 禁止报销无实质意义的学习考察和借学习考察之名外出旅游的费用。
4. 禁止将同一单位的连号发票，人为拆分，分次报账。
5. 禁止伪造、仿冒签名。
6. 禁止无依据乱发各种津补贴。
7. 禁止手续不完备、不合规的票据。
8. 禁止虚开发票冒领报销费用。
9. 禁止违规使用资金。
10. 禁止虚列人员用以增大报销额度。

（二）报销规范基本要求

1. 发票按报账手册要求粘贴，最基本要求：票据按小票在下、大票在上的要求用胶水粘贴在粘贴单上，并用夹子夹好。粘贴方法详见发票粘贴单提示。

2. 开具发票时，付款单位名称（俗称抬头）应与我所现有的核算账户的独立法人名称一致。如“中国热带农业科学院橡胶研究所（适用于基本账户和财政账户）”“中国热带农业科学院橡胶研究所工会委员会（适用于工会账户）”“中国共产党中国热带农业科学院橡胶研究所委员会（适用于党费账户）”“海南热农橡胶科技服务中心有限公司（适用于企业账户）”“海南天然橡胶与热带林木研究院（适用于海南事业法人基本户）”。

3. 一般票据须在取得发票后 3 个月内报账，特殊情况需要延迟报账时间须向财务处提交经分管财务领导审批的书面报告。费用报销原则上实行“一事一报”“一次一报”，报销单上事由的表述应与票据内容一致。

4. 所附的合同、协议等材料，必须加盖公章（或合同章），代表人必须签字，日期必须填写完整。

5. 出入库单据上的大小写金额必须保持一致。

6. 在编及聘用人员必须对强制结算目录实施公务卡结算，方可报销。公务卡强制结算目录中的费用项目有：办公费、印刷费、手续费、水电费、邮电费、差旅费、维修（护）费、会议费、培训费、公务接待费、专用材料费、公务用车运行维护费、其他交通费用支出等。

7. 国家法定节假日调研差旅费是巡视和审计关注的重点，为了避免审计或者巡视问询时遗忘，报账时应附相关说明。具体模板详见附表 1。

（三）总体报账流程

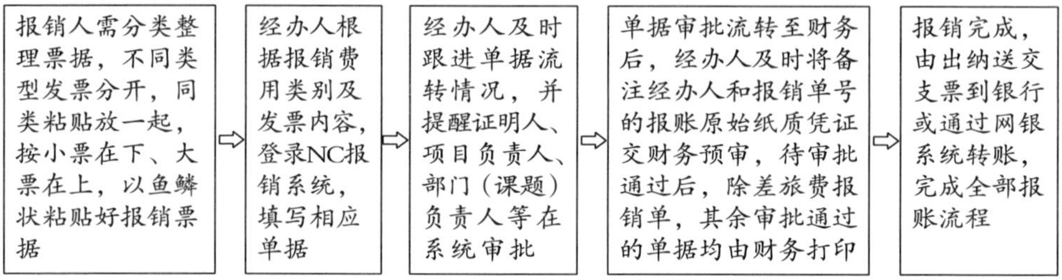

（四）摘要填写规范

会计凭证中有关经济业务的内容摘要必须真实，完整。在财务 NC 报销系统填写“摘要”时，既要简明，又要全面、清楚，以说明事情为主。写物要有品名、数量；写事要有过程；送存款项，要注明现金、支票、汇票等。要求“摘要”能够正确地、完整地反映经济活动和资金变化的来龙去脉，切忌含糊不清。摘要模板如下：

陈××报购电脑配件等办公费

李××报购墨水等办公费

陈××报接待×××单位一行餐费

郭××报购实验室/基地用水电费

李××报购实验材料费/试剂耗材/农用肥料

李××报×月临时工/研究生劳务费

袁××报论文发表费还借款

李××报转测序和引物合成委托业务费

林××报与×××等人到××调研/做实验差旅费

林××报与×××等人到××参加××会议/培训差旅费

李××报××等地租车费

卢××报购置火焰光度计等设备费

备注：报销系统中的报销事由无须再填写“报销人”“报销”字样，直接填写事由即可，如“与张三到儋州取样差旅费”“购试剂耗材/肥料”。

二、票据规范

（一）原始票据的类型

原始票据分为外来原始票据和自制原始票据。其中外来原始票据包括财政部门统一监制的票据和税务部门统一监制的票据，票据上方应印有“财政监制”或“税务监制”的票据监制章。

1. 财政部门统一监制的票据分为两大类：政府非税收入票据和其他财政票据。往来票据只能作为资金往来证明，不应作为支出报销凭证，主要用于收取质保金、押金、职工还借款等。票据样本见下图。

2. 税务部门统一监制的票据是国税监制的票据（票据样本见下图）。

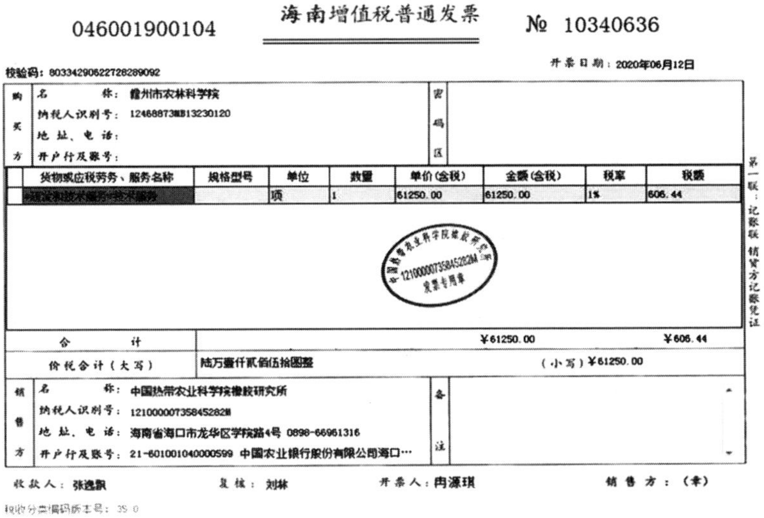

（二）票据的粘贴

为便于会计凭证的装订和会计档案的管理，报销的票据粘贴要规范、牢固，具体要求如下：

粘贴原始凭证时，必须使用财务处统一提供的原始单据粘贴单，待审批程序流转至财务后，经办人将单据粘贴好后注明单据号和经办人提交至财务预审。

1. 原始票据应按照办公费、邮电费、飞机票、车船费、专用材料费、维修费等票据类型归类整理，分开粘贴。

2. 同类票据应按照小票在下、大票在上的要求粘贴在原始凭证粘贴单上，粘贴时只贴左边即可（应将订书钉全部取出），粘贴的原始凭证必须在粘贴单的装订线内，注意上方及左方不得超出粘贴线。

3. 对于发票数量多、面积小的票据可根据原始凭证的数量，平均分布，按从小到大、从上到下、从右到左横向呈鱼鳞状粘贴好，不能超过凭证粘贴单页面的大小，定额票据金额要归类。如定额发票金额有 5 元、10 元、20 元、50 元、100 元五种，应先按金额大小归类后再粘贴。每张凭证粘贴单上粘贴的票据不超过 30 张。粘贴样本见下图。

4. 对于比粘贴单大的票据或其他附表，超出部分要分张折叠，规格大小要与单据粘贴单的规格保持一致。

5. 原始凭证应使用优质胶水进行粘贴，以保证凭证的粘贴效果。粘贴的原始凭证如果数量比较多、厚度较高，应在粘贴线外加粘贴条，粘贴好后及时用重物压平，以防褶皱、膨松，确保原始单据整体平整。

6. 原始凭证粘贴完毕后，需分别算出凭证张数、合计金额，准确填列在粘贴单相应位置上，如有与实际不符，按审核人员核定的金额为准。

（三）报销原始票据的基本要求

1. 原始票据要求真实、合法、完整。未对发票真伪进行查验的票据不予办理报销。超过 3 000 元及以上发票需提供验真单，机票也需提供验真单。

2. 外来原始票据抬头（付款单位名称）及统一社会信用代码（纳税人识别码）应根据经济业务类型填写正确的单位全称和对应的统一社会信用代码，如：所基本户和财政户支出业务发票抬头应填写“中国热带农业科学院橡胶研究所”、工会账户支出业务发票抬头应填写“中国热带农业科学院橡胶研究所工会委员会”等，票据抬头不得填写“个人”或填写“××处室或者课题组”名称。对于抬头及统一社会信用代码（纳税人识别码）填写错误的发票，应退回原开票单位重新开具。

3. 购物原始票据必须详细填写日期、购物品名、规格、型号、数量、单价、金额（大小写金额必须一致），票据内容不能擅自添加、涂改；票面须盖收款单位发票专用章。如出现金额大小写不一致、金额涂改、挖补的一律视为废票，不予办理报销。在商场及超市采购办公用品等，须附上盖章明细或电脑小票。

4. 经办人报销费用时，发票（记名发票除外）背面均需经办人签字，签字应清晰可辨，不能使用圆珠笔、铅笔。

5. 自制的原始凭证应根据经费支出类型，填写正确的单位全称，如：所基本户和财政户支出业务原始凭证抬头应填写“中国热带农业科学院橡胶研究所”、工会账户支出业务原始凭证应填写“中国热带农业科学院橡胶研究所工会委员会”等。单位自制的原始凭证必须有经办人、证明人、部门（课题）负责人和单位领导或其授权人签名，并加盖单位公章。

6. 属于机打的发票，手工填开无效；发票上必须加盖开票单位发票专用章。

7. 10 张及以上面额小于 200 元的票据需填写费用报销汇总表（附表 2），且经办人要在每张票据背后签名。

（四）支付要求

1. 有合同的支付业务按合同执行。

2. 收款人名称要与合同、发票上的收款人名称一致，如不一致需提供相关证明材料。如果收款人为个体户，其提供的收款账户信息为个人，需提供个体户营业执照和身份证复印件。

3. 报账材料中如涉及外文材料，需报账人提供中文翻译。

（五）哪些发票不予受理

1. 没有财政部门或税务部门监制章的。

2. 内容不完整（如无数量、单价、金额和经济业务内容）的。

3. 未加盖收款单位发票专用章的。

4. 金额大小写不符的。

5. 挖补、涂改、虚假发票等不符合财务规定的。

6. 发票抬头填写不正确的，没有统一社会信用代码（纳税人识别码）的。

（六）发票真伪的查询方式

温馨提示：经办人、证明人、部门（课题负责人）对业务及相关原始凭证的真实性负责，用虚假发票报销要承担相应的法律责任。

具体发票真伪查询方式如下：

1. 网上查询

国税发票

a. 应进入国家税务总局海南省税务局官网—发票查询，进入以下页面：

b. 输入发票代码、发票号码、金额及验证码点击查询即可。

2. 电话查询

如海南省的发票验真，请拨打海南纳税服务热线（0898-12366），根据语音提示输入国税发票的发票代码、发票号码和发票密码查询发票信息。

三、经费支出、科研经费外拨审批流程

（一）经费支出（不含条件建设经费）审批程序

1. 审批层级管理

原则上划分为所长、分管财务领导、课题组（部门）负责人三个管理级

次，按业务事项和经济来源进行审核、审批。其中：

（1）所长的支出事项由书记或分管财务所领导审批；

（2）书记、副所长支出事项由所长审批；

（3）课题组（部门）负责人支出事项由分管财务领导审批；

（4）其他人员的支出事项，按照授权额度实施逐级审核、审批；

（5）为确保资金安全，考虑业务的持续性，聘用人员不能办理借款和支出事项。

2. 经费支出审批权限

（1）单笔或总额借款（支出）≤5 000 元，经办人、证明人签字，项目负责人审核，部门（课题）负责人审批。

（2）5 000 元＜单笔或总额借款（支出）≤50 000 元，经办人、证明人签字，项目负责人、部门（课题）负责人审核，分管财务领导审批。

（3）50 000 元＜单笔或总额借款（支出）＜500 000 元，经办人、证明人签字，项目负责人、部门（课题）负责人、分管财务领导审核，所长审批。

（4）≥500 000 元的审批程序：重大资金事项由部门（课题组）提出申请，分管业务领导审核同意，提交所务会审议决策，所长依据决策结果审批。重大资金事项是指单笔或总额经费支出和预算调整金额 500 000 元（含）以上事项，以及课题组、业务部门认定的其他重要支出事项。

注意：公务接待费、因公出国（境）费用、公务用车运行维护费、劳务费、咨询费无论金额大小，均须分管财务领导审核或审批。

（二）条件建设经费支出审批

1. 所本级条件建设项目

“合同金额或单项金额”≤50 000 元的付款，由条件保障处填制付款审批表，报分管财务所领导审批后付款。

“合同金额或单项金额”＞50 000 元的付款，由条件保障处填制付款审批表，经分管财务所领导审核，报所长审批后付款。

2. 挂靠条件建设项目

“合同金额或单项金额”≤50 000 元的付款，由项目执行工作组填制付款审批表，经条件保障处审核，报分管财务所领导审批后付款。

“合同金额或单项金额”＞50 000 元的付款，由项目执行工作组填制付款审批表，经条件保障处、分管财务所领导审核，报所长审批后付款。

（三）外拨经费转拨审批程序

项目经费需要外拨到项目协作单位的，项目负责人应按项目预算和合同，填写中国热带农业科学橡胶研究所外拨经费转拨审批表（附表 3）。

外拨经费实行授权审批，审批流程如下：

外拨经费≤50 000元，项目负责人提出申请，经部门（课题）负责人、科技处、财务处、分管科研领导审核，报分管财务领导审批。

外拨经费>50 000元，项目负责人提出申请，经部门（课题）负责人、科技处、财务处、分管科研领导、分管财务领导审核，报所长审批。

四、日常主要业务报销

（一）差旅费

1. 差旅费是指工作人员临时到常驻地以外地区公务出差（包括参加会议，学术交流，调研考察，短期外出做实验、学习和培训）所发生的城市间交通费、住宿费、伙食补助费和市内交通费。

2. NC报销系统操作路径：【财务服务】—【网上报销系统】—【报销单】—【差旅费报销单】。

3. 报销注意事项：

经办人需在OA系统填写出差审批单，如外出做实验的应注明实验内容；外出参加会议、学习、培训和学术交流的，需提供会议、学习、培训、交流的通知；执行考察调研等任务的应附上单位公函或邀请函（包括内容、行程、人员等）。出差审批单相关内容不得涂改。国内差旅费报销按《中国热带农业科学院橡胶研究所差旅费暂行管理办法》执行。

经办人在填写差旅费报销单时，当出差人行程（出差时间及出差地点）、职级一致时，经办人可以将多人次的出差费用在一行里面进行归集填写，姓名栏可以填写同行程的多人。

当有租车费，NC报销系统备注需要填写关键信息：租车的起始地点，租车期间，公里数，过路过桥费合计，租车费发票金额。是否发生租车费用应当选择【是】。

NC报销系统审批流程默认为【一般人员】，当出差人员中包含课题/部门负责人、所领导时，应修改为对应的审批流程。【课题/部门负责人】：负责人报销，报销单据需经分管财务领导审核或审批。

涉及归口管理业务NC报销系统附表上传要求：租车费发票、合同或协议（如有）等。

（二）办公费

1. 办公费是指单位购买按财务会计制度规定不符合固定资产确认标准的日常办公用品、书报杂志等支出。如：1 000元以下的办公设备、器具，单位购买的色带、硒鼓、办公用打印纸、U盘、笔、文件夹，矿泉水、卫生纸等。

2. NC报销系统操作路径：【财务服务】—【网上报销系统】—【报销单】—

【费用支出凭单】。

3. 费用类型属于“商品服务费用”，经济科目可在“办公费”中选择，“图书以外办公费”或“图书类办公费”。

4. 报销注意事项：

（1）以手撕定额发票报销办公用品，需提供购买清单；若是在商场或超市购买物品的，无论金额大小，一律须提供购物清单。

（2）购置书刊的，除发票外还需附购书明细清单，费用类型应选择“图书类办公费”，经科技处审核。

（3）机构运行、社会公益类科研机构改革专项、现代农业产业技术体系建设专项、部分有间接费预算的项目能列支办公费；基本科研业务费、科研设施专项运行维护费等206科学类项目，农业国际交流与合作、农业技术试验示范与服务支持等213类农业财政项目均不能列支办公费。

（三）印刷费

1. 印刷费是指用于账簿、表册、资料、信封、信笺等印刷、复印、打印支出以及论文版面费、审稿费、查新费、专著出版费，不包括会议印刷费。

2. NC报销系统操作路径：【财务服务】—【网上报销系统】—【报销单】—【费用支出凭单】。

3. 费用类型属于“商品服务费用”，经济科目可在“印刷费”中选择，“论文版面费以外印刷费”或“论文版面费、论文润色费”。

4. 报销注意事项：

（1）报销复印费、打印费，需附明细，加盖对方公章。报销版面费、专著出版费、论文润色费时，费用类型应选择“论文版面费、论文润色费”，经科技处审核。

（2）论文版面费报账及归口管理业务NC报销系统具体要求如下：

论文已出版。报账时需提供并上传出版文章刊物的封面、文章目录及文章正文的第一页的复印件和发票。

论文已录用暂未正式出版。报账时需提供并上传论文录用通知书、发票、科研论文发表备案表（附表4）复印件。

专著出版费。报销时需提供并上传出版合同、专著封面、目录、正文第一页和发票等相关材料。

论文润色费。5 000元及以下，且为SCI、EI、SSCI收录的论文润色费予以报销，报销时上传发票及相关证明材料。

（四）咨询费

1. 专家咨询费：是指在项目实施过程中支付给临时聘请的咨询专家的费

用。专家咨询费不得发放给本单位编制内在职职工。不能列支博士、硕士研究生因学位论文答辩、论文修改发生的相关费用。专家咨询费的发放标准和方式等按照财政部、农业农村部以及中国热科院等有关规定执行。

2. 专家咨询活动的组织形式主要有会议、现场访谈或者勘察、通讯三种形式。以会议形式组织的咨询，是指通过召开专家参加的会议，征询专家的意见和建议。以现场访谈或者勘察形式组织的咨询，是指通过组织现场谈话，或者查看实地、实物、原始业务资料等方式征询专家的意见和建议。以通讯形式组织的咨询，是指通过信函、邮件等方式征询专家的意见和建议。

3. NC 报销系统操作路径：【财务服务】—【网上报销系统】—【报销单】—【专家咨询费报销单】。

4. 费用类型默认“专家咨询费”。

5. 报销注意事项：

以会议形式报销专家咨询费时，须提供中国热带农业科学院橡胶研究所专家咨询费发放表（附表 5）、专家邀请函、会议审批文件、会议通知、实际参会人员签到表等材料。以通讯形式报销专家咨询费时，需提供中国热带农业科学院橡胶研究所专家咨询费发放表、电话咨询通话清单等材料。以现场访谈或者勘察形式报销咨询费时，需提供中国热带农业科学院橡胶研究所专家咨询费发放表、现场访谈或勘察的成果、图片等材料。专家咨询费发放表需注明咨询内容、专家身份证号码、工作单位、专家职称/职务等。

6. 专家咨询费发放标准如下：

（1）高级专业技术职称人员的专家咨询费标准为 1 500～2 400 元/（人・天）（税后）；其他专业人员的专家咨询费标准为 900～1 500 元/（人・天）（税后）。院士、全国知名专家，可按照高级专业技术职称人员的专家咨询费标准上浮 50%执行。

（2）以会议形式组织的咨询活动，会期半天的按上款规定标准的 60%执行；会议不超过两天（含两天）的，按上款规定标准执行；会期超过两天的，第一天、第二天按上款规定标准执行，第三天及以后按上款规定标准的 50%执行。

7. 专家咨询费的发放应当按照国家有关规定由单位代扣代缴个人所得税。单位发放专家咨询费原则上采用银行转账方式。专家咨询费的发放应一事一结，按次结算，不能累计发放。

（五）水电费

1. 水费是指单位支付的水费、污水处理费等支出；电费是指单位支付的电费支出。

水费包括：行政、基地水费、污水处理费、其他分摊水费。电费包括：行政、基地电费及其他分摊电费。

2. NC 报销系统操作路径：【财务服务】—【网上报销系统】—【报销单】—【费用支出凭单】/【费用分摊报销单】。

3. 费用类型属于“商品服务费用”，经济科目可在“水费、电费”中选择。

4. 报销注意事项：

（1）报销水电费需提供发票及相应明细清单。

（2）课题组应分摊的实验室水、电费在 NC 网报系统中填写费用分摊报销单，如分摊海口实验室或儋州实验室水、电费，具体金额以办公室通知金额为准。

（六）邮电费

1. 邮电费指信函、包裹、货物等物品的邮寄支出及电话费、传真费、网络通信费等。

2. NC 报销系统操作路径：【财务服务】—【网上报销系统】—【报销单】—【费用支出凭单】。

3. 费用类型属于“商品服务费用”，经济科目可在“邮电费”中选择。

4. 报销注意事项：

邮电费报销需提供相应明细，其中：邮寄费需提供邮寄寄件联。

（七）因公出国（境）费

1. 因公临时出国主要指单位职工因公务出国（境）发生的住宿费、国际旅费、伙食补助费、杂费、培训费等支出。

2. NC 报销系统操作路径：【财务服务】—【网上报销系统】—【报销单】—【出国费报销单】。

3. 费用类型默认“因公出国（境）费用”。

4. 报销需提交的资料。因公出国报账应提供的材料包括：因公出国及赴港澳境外费用收支明细表（附表 6）、农业农村部因公出国（赴港澳）任务批件复印件、出国护照（港澳通行证）复印件（含签证及出入境记录）、外币利率兑换水单、院国际合作处存档证明原件、院档案馆存档证明原件、外文票据（中文翻译）、海南省因公出国国际机票定点采购单位出具的国际机票航空运输电子客票行程单、机票验真单、出国费预算等。汇率以银行兑换水单或同时间中国人民银行公布的外汇汇率为准。

5. 因公出国（境）按《中国热带农业科学院橡胶研究所因公临时出国管理办法》执行。

（八）维修（护）费

1. 维修（护）费具体包括：办公设备（如计算机、复印机等）、仪器设备维修费；房屋建筑物及附属设施的维修费；网络信息系统运行与维护费用。不包括车辆等交通工具维修等。

2. NC报销系统操作路径：【财务服务】—【网上报销系统】—【报销单】—【费用支出凭单】。

3. 费用类型属于“商品服务费用”，经济科目可在“维修（护）费”中选择。

4. 报销需提交的资料：

设备维修需提供中国热带农业科学院橡胶研究所仪器设备维修维护报告表、中国热带农业科学院橡胶研究所仪器维修维护验收报告表；工程维修需履行维修计划、维修预算的申报及审批程序，执行时提供中国热带农业科学院橡胶研究所工程维修申报审批表、中国热带农业科学院橡胶研究所工程维修验收单。

（九）租赁费

1. 租赁费是指租赁试验基地、办公用房、宿舍、专用通讯网以及其他设备等方面的支出。

2. NC报销系统操作路径：【财务服务】—【网上报销系统】—【报销单】—【费用支出凭单】。

3. 费用类型属于“商品服务费用”，经济科目可在“租赁费”中选择。

4. 报销注意事项：报销租赁费需提供租赁合同或协议，发票等材料。

（十）会议费

1. 会议费是指在课题研究过程中为组织开展学术研讨、咨询以及协调项目或课题等活动而发生的会议费用。会议费开支范围包括会议住宿费、伙食费、会议室租金、交通费、文件印刷费、医药费等。

2. NC报销系统操作路径：【财务服务】—【网上报销系统】—【报销单】—【会议费报销单】。

3. 费用类型默认“会议费”。

4. 报销注意事项：①会议费报销应提供中国热带农业科学院橡胶研究所××年会议审批表（附表7）、会议通知、实际参会人员签到表、定点饭店等会议服务单位提供的费用原始明细单据、电子结算单、中国热带农业科学院橡胶研究所××年会议计划执行对照表（附表8）等材料。在异地召开会议的，还应提供至少三名与会代表的往返飞机票、火车票等复印件。各部门、课题组要以银行转账或公务卡方式结算会议费，禁止以现金方式结算。如会议有邀请专家参会，承担专家旅费的，须提供邀请函。②会议费开支实行综合定额控制，各项费用之间可以调剂使用。会议费综合定额标准如下［单位：元/（人·天）］：

会议类别	住宿费	伙食费	其他费用	合　计
四类会议	340	130	80	550

经办人在填写会议费报销单中会议基本信息时，报销金额不能超过会议天数、人数（参训代表人数+工作人员人数）、标准（四类会议每人每天550元，含会议住宿费、伙食费、会议室租金、交通费、文件印刷费、医药费等），其中四类会议报到和离开时间合计不得超过1天。

5. 归口管理业务NC报销系统附表上传要求：报销会议费，结合上级部门要求做好会议费年度公开工作，请上传附表，即中国热带农业科学院橡胶研究所××年会议计划执行对照表。

（十一）培训费

1. 培训费是指各单位开展培训直接发生的各项费用支出，包括师资费、住宿费、伙食费、培训场地费、培训资料费、交通费以及其他费用。

（1）师资费是指聘请师资授课发生的费用，包括授课老师讲课费、住宿费、伙食费、城市间交通费等。

（2）住宿费是指参训人员及工作人员培训期间发生的租住房间的费用。

（3）伙食费是指参训人员及工作人员培训期间发生的用餐费用。

（4）培训场地费是指用于培训的会议室或教室租金。

（5）培训资料费是指培训期间必要的资料及办公用品费。

（6）交通费是指用于培训所需的人员接送以及与培训有关的考察、调研等发生的交通支出。

（7）其他费用是指现场教学费、设备租赁费、文体活动费、医药费等与培训有关的其他支出。

2. NC报销系统操作路径：【财务服务】—【网上报销系统】—【报销单】—【组织培训费用报销单】。

3. 费用类型默认“培训费”。

4. 报销注意事项：报销培训费时需提供培训预算、原始发票、培训通知、实际参训人员签到表、讲课费发放表以及培训机构出具的原始明细单据、电子结算单等凭证、中国热带农业科学院橡胶研究所××年培训班计划执行对照表（附表9）等相关材料。

（1）培训费实行综合标准如下：

除师资费外，培训费实行分类综合定额标准，分项核定、总额控制，各项费用之间可以调剂使用。综合定额标准如下［单位：元/（人·天）］：

住宿费	伙食费	场地、资料、交通费	其他费用	合计
340	130	50	30	550

综合定额标准是相关费用开支的上限，经办人应在综合定额标准以内结算报销。

30 天以内的培训按照综合定额标准控制；超过 30 天的培训，超过天数按照综合定额标准的 70％控制。上述天数含报到撤离时间，报到和撤离时间分别不得超过 1 天。

（2）讲课费（税后）执行以下标准：副高级技术职称专业人员每学时最高不超过 500 元，正高级技术职称专业人员每学时最高不超过 1 000 元，院士、全国知名专家每学时一般不超过 1 500 元。讲课费按实际发生的学时计算，每半天最多按 4 学时计算。其他人员讲课费参照上述标准执行。同时为多班次一并授课的，不重复计算讲课费。

归口管理业务 NC 报销系统附表上传要求：报销培训费时，结合上级部门要求做好培训费年度公开工作，请上传附表“中国热带农业科学院橡胶研究所××年培训班计划执行对照表”。

（十二）公务接待费

1. 公务接待费是指接待上级领导、上级部门及所外有关单位到我所视察工作、检查指导、考察调研、出席会议、办理业务、学习交流等公务活动发生的支出。办公室归口管理所公务接待业务。

2. NC 报销系统操作路径：【财务服务】—【网上报销系统】—【报销单】—【公务接待费报销单】。

3. 费用类型默认“公务接待费”。

4. 报销公务接待费需提供接待计划审批表（附表 10）、接待清单（附表 11）、接待公函或邀请函及相关票据等。

5. 接待标准

（1）接待用餐标准。

确因工作需要，接待部门、课题组可以安排工作餐一次，并严格控制陪餐人数。接待对象在 10 人以内的，陪餐人数不得超过 3 人；超过 10 人的，不得超过接待对象人数的 1/3。接待用餐标准参照海南省有关标准执行。

（2）接待住宿标准。

接待住宿应当严格执行差旅、会议管理的有关规定，不得超标准安排接待住房，住房以标准间为主，接待省部级干部可以安排普通套间。

（3）用车标准。

国内公务接待的出行活动应当安排集中乘车，合理使用车型。

6. 归口管理业务 NC 报销系统附表上传要求：发票、接待计划审批表及接待清单、接待公函或邀请函等。

（十三）专用材料费

1. 材料费是指课题研究过程中消耗的各种原材料、辅助材料等的采购及运输、装卸、整理等费用。专用材料具体包括药品、试剂耗材、农用材料、实验室用品等。

2. NC 报销系统操作路径：【财务服务】—【网上报销系统】—【报销单】—【费用支出凭单】。

3. 费用类型属于“商品服务费用”，经济科目可在“专用材料费”中选择。

4. 报销注意事项：

（1）线上采购：

①“线上”采购流程。

采购人在“平台”选择所需产品发起订单→部门负责人/课题组长审批→条件保障处负责人审批→分管所领导审批→所长审批→供应商确认订单并发货→验货员验货。

② 线上采购审批权限。

根据采购金额的大小平台会自动流转到不同层级的线上审批流程审。

③ 线上采购报销所需材料。

A. 发票。

B. 验货单即报销清单（平台上直接打印）。

说明：

海口所区：条件保障处负责采购人员验货后线上审验，采购人从平台打印验货单后由采购课题组 1 人和所在研究室其他课题组 1 人线下签名验货。

儋州所区：儋州所区管理处负责采购人员验货后线上审验，采购人从平台打印验货单后由采购课题组 1 人和所在研究室其他课题组 1 人线下签名验货。

C. 入库单（平台上直接打印）。

D. 出库单（平台上直接打印）。

E. ≥3 万元的采购需提供采购合同。

（2）线下采购：

①线下采购范围：

A. “平台”不销售的产品。

B. 剧毒类危险化学品、易制爆危险化学品、易制毒危险化学品等国家明令禁止在互联网销售的产品。

C. 科研所需的农药、化肥、有机肥、基质、种苗等农资产品和饲料、科研用动植物产品。

D. 干冰、酒精、特种气体等科研常用但又受网络销售管制的产品。

E. 口罩、手套、防护服等科研劳保用品，保鲜膜、锡箔纸、纸巾、橡皮筋等用于科研的低值消耗品，及笔、纸、本等低值办公用品。

F. 因特殊情况急需使用，而线上采购周期不能满足的产品。

G. 线下采购单价低于线上相同产品最低单价 10%以上（含 10%）的产品。

②线下采购审批权限：

A. 单笔或总额＜ 3 万元，报部门负责人/课题组长审批。

B. 3 万元≤单笔或总额＜5 万元，报部门负责人/课题组长审批→条件保障处负责人审核→分管业务所领导审批。

C. 5 万元≤单笔或总额＜50 万元，报部门负责人/课题组长审批→条件保障处负责人审核→分管业务所领导审批→所长审批。

D. 单笔或总额≥50 万元，报部门负责人/课题组长审批→条件保障处负责人审核→分管业务所领导审批→所长审批→所务会议审批。

说明：分管业务所领导，若采购经费从科研项目中列支，采购审批及合同签订由分管科研的所领导审批；若采购经费从成果转化开发类项目、自有资金中列支，采购审批及合同签订由分管产业发展部的所领导审批；若采购经费从所公共经费等其他类项目中列支，采购审批及合同签订由分管条件保障处的所领导审批。

③询价、合同审批及签订。

采购金额达 3 万元（含）以上，需要进行至少三家同类产品的对比询价，填写中国热带农业科学院橡胶研究所专用材料询价采购报告（附表 12），并签订采购合同。

④线下采购报销所需材料：

A. 发票。

B. 线下采购申请表，填写中国热带农业科学院橡胶研究所物资线下采购申请单（附表 13-1）。当线下采购品类超过 2 种时，需要填写中国热带农业科学院橡胶研究所线下采购明细单（附表 13-2）。统一采购的危险化学品、易制毒化学品，需要填写中国热带农业科学院橡胶研究所危险化学品、易制毒化学品采购申请表（附表 14）。

C. 验收入库单，填写中国热带农业科学院橡胶研究所物资验收入库单

（附表 15）。

说明：

物资到货后，采购金额无论大小，由验收小组进行验收。

海口所区：采购课题组 1 人（部门 2 人）、本研究室其他课题组物资验收小组成员至少 1 人或 1 人以上单数、条件保障处相关人员 1 人。

儋州所区：采购课题组 1 人（部门 2 人）、本研究室其他课题组物资验收小组成员至少 1 人或 1 人以上单数、儋州所区负责实验室管理人员 1 人。验收小组人员数至少 3 人或 3 人以上单数。

D. 线下出库单，填写中国热带农业科学院橡胶研究所物资线下出库单（附表 16）。

E. ≥3 万元的采购需提供采购合同。

（十四）劳务费

1. 劳务费是指支付给单位和个人的劳务费用，如临时聘用人员、钟点工工资、稿费、翻译费等。

2. NC 报销系统操作路径：【财务服务】—【网上报销系统】—【报销单】—【费用支出凭单】/【劳务费报销单】/【研究生补助报销单】/【费用分摊报销单】（适用于劳务派遣）。

3. 费用类型属于“商品服务费用”，经济科目可在“劳务费”中选择。

4. 报销注意事项：

（1）报销劳务费时，报账经办人在 NC 报销系统填写完劳务费报销单据后，应及时打印劳务费预订单/研究生补助预订单送领款人签字，并将履行签字后的预订单送财务预审。如领款人首次在橡胶所领取劳务费，则应提供身份证复印件。

（2）无特殊情况的，一次报账不能报销超过两个月的劳务费。临时聘用人员劳务报酬的发放须扣缴个人所得税，由所财务统一代扣代缴转账给税务部门。

（3）从成果转化收入中报销劳务费时，因履行的是线下审批流程，因此经办人应将临时用工发放表（领取劳务费人员的银行账户信息：户名、账号、开户行）发送至 M23301880@163. com。

（4）有固定工作单位的个人在我单位兼职，按照劳务费进行扣缴税款。

（5）经办人在 NC 报销系统填写劳务费/研究生补助报销单据时，计税类型必须选择“税前”，无论是否达到计税标准，都需要在系统中进行“合并计税”操作，系统会自动生成税后金额，无须手工填写税后金额。

（6）由于返聘人员工资不按照劳务费的计税标准扣税，返聘人员工资统一填写“费用支出凭单”，不在劳务费报销单中填写。

（十五）委托业务费

1. 委托业务费是指在项目研发过程本单位没有相关业务能力或能力不足而需要委托给外单位完成的检验、测试、化验及加工等工作所发生的费用等。

2. NC报销系统操作路径：【财务服务】—【网上报销系统】—【报销单】—【费用支出凭单】。

3. 费用类型属于“商品服务费用”，经济科目可在“委托业务费”中选择“专利费以外委托业务费”或“专利费”。

4. 报销注意事项：

报销委托业务费时，需提供委托合同或协议（不论金额大小，均需签订合同或协议）、中国热带农业科学院橡胶研究所货物/服务采购审批表（附表17）、中国热带农业科学院橡胶研究所委托业务询价报告（适用于3万元及以上）（附表18）、中国热带农业科学院橡胶研究所服务采购验收记录表（不论金额大小，均需填写）（附表19）、发票等。

（十六）公务用车运行维护费

1. 公务用车运行维护费指公务用车租用费、燃料费、维修费、过桥过路费、保险费、安全奖励费用等支出。

2. NC报销系统操作路径：【财务服务】—【网上报销系统】—【报销单】—【费用支出凭单】。

3. 费用类型属于“商品服务费用”，经济科目可在“公务用车运行维护费”中选择。

4. 报销注意事项：

经办人报销公务用车运行维护费要提供中国热带农业科学院橡胶研究所车辆使用申请单（附表20），发票等材料。办公室对所公务用车运行维护支出进行归口管理。归口管理业务NC报销系统附表上传要求：发票、中国热带农业科学院橡胶研究所车辆使用申请单等。

（十七）其他交通费用

1. 其他交通费指除公务用车运行维护以外的其他交通费用，主要是指运输费用，如科技中试产品运输费等。

2. NC报销系统操作路径：【财务服务】—【网上报销系统】—【报销单】—【费用支出凭单】/【差旅费报销单】（适用于出差期间的租车）。

3. 费用类型属于“商品服务费用”，经济科目可在“其他交通费”中选择。

4. 报销注意事项：

经办人报销其他交通费要提供中国热带农业科学院橡胶研究所租车申请单（附表21），中国热带农业科学院橡胶研究所货物（苗木）运送接收单（附表

22）等。办公室归口管理其他交通费用支出业务。

归口管理业务 NC 报销系统附表上传要求：其他交通费用：租车费发票、合同或协议（如有）、中国热带农业科学院橡胶研究所租车申请单、中国热带农业科学院橡胶研究所货物（苗木）运送接收单（如有）等。

（十八）固定资产

1. 固定资产是指使用期限超过一年，单位价值在 1 000 元以上（其中专用设备单位价值在 1 500 元以上），并在使用过程中基本保持原有物质形态的资产。单位价值虽未达到规定标准，但使用期限超过 1 年（不含 1 年）的大批同类物资，作为固定资产核算和管理。各部门、课题组采购固定资产需到条件保障处办理固定资产报增手续。

2. NC 报销系统操作路径：【财务服务】—【网上报销系统】—【报销单】—【固定资产购置费报销单】（适用于基建和修购项目以外资金形成的固定资产）。

3. 费用类型属于“资本性支出”，经济科目可在“房屋建筑物构建、办公设备、专用设备”中选择。

4. 报销注意事项：

（1）专用设备：报账时需提供中国热带农业科学院橡胶研究所货物/服务采购审批表（附表 17）、原始发票、仪器设备验收报告或仪器设备验收表、采购合同或协议、进口设备报账还需提供进口货物原产地证明、进出口货物征免税证明、中华人民共和国海关进口货物报关单、汇兑水单（原始发票为外币）等相关材料。

（2）一般设备（集中采购设备及其他类固定资产）：采购结束后，经办人报账时需提供中国热带农业科学院橡胶研究所货物/服务采购审批表（附表 17）、原始发票、一般设备验收表（附表 23）、采购合同或协议、中国国家机关政府集中采购电子验收单等相关材料。

（十九）无形资产

1. 无形资产是指单位持有的，没有实物形态的可辨认非货币性资产，包括专利权、商标权、著作权、土地使用权、非专利技术等。条件保障处归口管理所无形资产。

2. NC 报销系统操作路径：【财务服务】—【网上报销系统】—【报销单】—【费用支出凭单】。

3. 费用类型属于“资本性支出”，经济科目可在“无形资产购置、信息网络及软件购置更新”中选择。

（二十）基建项目、修购专项等资金支付报账

1. NC 报销系统操作路径：【财务服务】—【网上报销系统】—【报销单】—【费用支出凭单】。

2. 报销注意事项：

条件保障处归口管理基建项目、修购专项等支出业务。报账材料包括：

（1）工程款支付。

工程预付款

农业农村部批复的初步设计和概算、合同、施工单位的付款申请、发票、条件建设资金工程款结算表；其他相关材料。

工程进度款

施工单位的付款申请、工程进度款结算表、工程款支付证书、发票、条件建设资金工程款结算表；其他相关材料。

工程结算款

施工单位的付款申请、发票、条件建设资金工程款结算表、工程结算书、工程验收意见书；其他相关材料。

（2）设备采购款支付

设备预付款

农业农村部批复的初步设计和概算、合同、供货单位的付款申请、发票、条件建设资金设备款结算表；其他相关材料。

设备进度款或验收结算款

供货单位的付款申请、发票、条件建设资金设备款结算表、专用/一般仪器设备验收表；集中采购设备还需提供中国国家机关政府集中采购电子验收单、固定资产列增单等；进口设备还需提供进口货物原产地证明、进出口货物征免税证明、中华人民共和国海关进口货物报关单、汇兑水单（原始发票为外币）、固定资产列增单等；其他相关材料。

（3）支付设计费、监理费等其他事项

咨询单位的付款申请、发票、条件建设资金其他费用结算表；首次付款另附合同，按进度付款的应附工程进度情况的证明材料；其他相关材料。

（4）退还履约保证金

施工/供货单位的付款申请、履约保证金退款审批表、按工程进度部分退还的应附工程进度情况的证明材料；退还最后一笔保证金时，还应附上工程竣工验收单（或设备验收单）复印件或其他可证明符合退还条件的相关材料。

（5）退还工程质量保修金

施工单位的付款申请、质量保修金退款审批表、工程质量验收意见表；其他相关材料。

（6）条件建设经费审批流程

条件建设经费（含基本建设和修缮购置专项经费）报销应选择条件建设经费专用审批流程。

（二十一）对外开放课题

对外开放课题报账实行网上报销和线下纸质审批单据相结合的方式，项目承担单位经费支出审批采取线下纸质审批方式，橡胶所经费支出审批实行网上审批方式。审批流程：橡胶所项目协作主持人、科技处负责人、分管财务领导（单笔或总额借款（支出）≤50 000 元），所长（50 000 元＜单笔或总额借款（支出）≤ 500 000 元）。

（二十二）NC 系统报账单据提交财务预审时间

1. 原始纸质报账单据提交时间

经办人在财务 NC 系统提交单据后，应及时关注审批流程，查看方式：【联查】—【审批情况】，待网上报销单据流程流转至财务后，经办人应及时将手续完整的纸质单据（注明单据编号和经办人）提交至财务处。咨询费、劳务费、研究生补助单据由经办人在报销系统中打印预打单据经领款人签字后作为纸质单据提交至财务。

2. 审批通过的单据提交时间

为提高报账效率，减少职工报账时间，除差旅费报销单外（该类单据需经办人在单据审批通过后打印出差旅费报销单送出差人签字），其余审核通过后的报销单据均由财务人员打印。

（二十三）附表上传注意事项

为提高报账效率，减少经办人在途跑路签名的时间，财务处把我所经费支出报账涉及的归口审核业务内设到报销系统。各类费用报销单应上传的附表注意事项如下：（1）涉及归口审核业务的报销单据，由报账经办人员上传相关票据及证明材料到报销系统，由归口部门在网上审核；（2）未涉及归口审核业务的报销单据，由报账经办人结合项目验收需要自主决定上传附表，保证上传附表至少为 1 张。

五、NC 报销系统常用操作

（一）审批流程注意事项

1. 审批流程默认为【一般人员】。

2. 当经办人或出差人员中包含课题/部门负责人、所领导时，审批流程应该修改为【课题/部门负责人】/【所领导】。

3. 当报销的经费涉及基本建设和修缮购置专项经费，审批流程应该修改为【条件建设经费】，即条件建设经费报销专用，走条件建设经费审批流程。

4. 当报销的经费涉及对外开放课题经费时，审批流程应该修改为【对外开放课题】，即对外开放课题报销专用，走对外开放课题审批流程。

5. 跨部门审批

跨部门审批是指开支非本部门/课题的经费审批。选择跨部门审批后，需要依次指派证明人、项目负责人。部门负责人以及所领导审批都是系统已经分配权限，无须手动指派。

（二）借款还款情况

1. NC报销系统操作路径

借款还款情况查询：【财务服务】—【网上报销系统】—【报销查询】—【借款还款情况查询】，借款还款查询主要用于查询自己的还款信息及报销情况。

借款冲销填写：已在系统里面填写的借款单据，在冲销借款时应该在“支付页签”中选择到对应的借款单据号。

2. 注意事项

经办人只能查看自己的借款还款信息。课题/部门负责人可查询本课题/部门的借款还款信息。冲销借款时，经办人和借款人应该为同一人，原借款与冲销借款的开支渠道应该一致。

（三）报销查询

1. NC报销系统操作路径

【财务服务】—【网上报销系统】—【单据管理】，单据管理用于所有单据（包括借款单和报销单）的查询，可减少单据的查找范围，提高工作效率。

2. 注意事项

经办人只能查询自己填写的单据，课题负责人或部门负责人可查询本课题或本部门所有经办人填写的借款单和报销单。如果需要查询经办人所有的单据，点击【查询】，根据需要设置查询条件（不设置时，默认查询全部），点【确定】即可。

单据保存即占用预算指标，年底若存在以下情况，应及时清理，避免在项目预算执行分析中查询的支出数据不准确，影响项目验收或结题：（1）单据状态为自由态，若纸质版报账单据已经提交至财务，应及时提交走审批流程。（2）单据状态为审批进行中。单据为差旅费报销单据/费用支出凭单，应查看属于转账给经办人的费用是否已经到账，如出差补助、邮寄费等，如已经到账，但单据状态仍显示审批进行中，应及时查看审批流程，与报账单据下方财务审核人员联系。（3）单据状态为自由态/暂存态/审批进行中，需要查看核实是否存在重复提交单据，或是临时保存单据，及时进行删除，避免重复占用项目预算额度。

（四）预算执行查询

1. NC报销系统操作路径

【财务服务】—【预算执行分析】—【预算指标查询（部门）/明细指标查询

（部门）】，主要用于查询系统预算指标明细金额占用情况，方便了解部门预算指标执行进度情况。

2. 注意事项

查询条件中的年度默认为当前年度，当要查询所有项目时，该查询条件可为空。预算来源也可为空，部门为必输条件，不可进行跨部门查询。

项目累计支出为期初执行数和已报销金额的加总，如若需要查看某个预算明细科目的具体报销构成，可选中该预算明细科目，点击右键选择“穿透”，查看具体单据号即可。已报销金额中包含自由态/提交态/审批进行中/审批通过的所有单据。

（五）其他常用操作

1. 导入模板的使用

NC 报销系统操作路径：经办人可在“公告栏”下载劳务费/咨询费/研究生补助导入模板。

注意事项：

（1）项目的明细额度需要在“报销明细”页签里面点击查看，查询后将该明细额度填写至导入模板。

（2）导入模板“计税类型”选择“税前”，税后金额无须导入。

（3）劳务费工作内容、工价为必填项。

（4）导入模板成功后，依次进行【保存】—【修改】—【合并计税】。

2. 快捷键操作复制单据

对于经常使用且重复发生的报销单，通过【报销单】—【费用支出凭单/……】—【查询】，打开需要复制的单据，选择【复制】功能按钮。

录入支付信息

对于劳务费、咨询费、研究生补助报销单等已经在“报销明细”页签导入的支付信息，支付信息栏可通过【快捷操作】—【快速录入支付信息】进行快速录入。注意财务核定金额、快速录入指标不能随意点击，会影响系统审批流程。

3. 联查

联查审批状态

打开任意单据，点击【联查】—【审批情况】，同时可以勾选“流程图”，红色标识即为流程所在位置。

联查明细指标填写单据时，如需要查看预算明细指标，可点击【联查】—【联查明细指标】。

4. 待办事务窗口

证明人、项目负责人、课题负责人、所领导登录系统后，可在消息中心的待办事项处对需要审批的单据进行审核。如未及时显示，可在该窗口右键“刷新”进行查看。

六、其他相关规定

（一）经费预算调整审批程序

根据经费来源的不同，我所科研项目预算调剂实行分级分类管理。

1. 中央、地方科研项目，横向项目

设备费预算调剂，预算调剂金额≤5万元，由项目负责人提出申请，经部门（课题）负责人、科技处、财务处审核，分管财务领导审批；5万元<预算调剂金额≤50万元，由项目负责人提出申请，经部门（课题）负责人、科技处、财务处、分管财务领导审核，报所长审批；预算调剂金额>50万元，由项目负责人提出申请，经部门（课题）负责人、科技处、财务处、分管财务领导审核，所长依据所务会决策结果审批。

项目间接费用预算总额不得调增，可调减用于直接费用。

除设备费外的其他直接费用及间接费用的调剂，由项目负责人履行审批程序后进行调整，审批程序如下：①项目负责人为非课题组（部门）负责人，由项目负责人提出申请，报部门（课题）负责人审批；②项目负责人为课题组负责人，由项目负责人提出申请，报研究室主任审批；③项目负责人为部门负责人，由项目负责人提出申请，经科技处、财务处审核，报分管财务领导审批。

中央、地方科研项目，横向项目发生预算调剂时应按规定填写中国热带农业科学院橡胶研究所中央地方科研项目和横向项目预算调整审批表（附表24-1）。

2. 部门预算项目

此类项目支出按照《财政部批复的年度政府预算支出经济分类》执行，商品和服务支出科目与资本性支出科目之间不能进行跨类调整。

社会公益类科研机构改革专项类项目的商品和服务支出科目间的预算调剂由课题（部门）负责人根据科研活动实际需要自主安排。

除社会公益类科研机构改革专项以外的项目，商品和服务支出科目间的预算调剂审批程序如下：①项目负责人为非课题组（部门）负责人，由项目负责人提出申请，报课题（部门）负责人审批；②项目负责人为课题组负责人，由项目负责人提出申请，报研究室主任审批；③项目负责人为部门负责人，由项目负责人提出申请，经科技处、财务处审核，报分管财务领导审批。

部门预算项目发生预算调剂时应按规定填写中国热带农业科学院橡胶研究所部门预算项目预算调整审批表（附表24-2）。

3. 对外开放科研项目经费预算调整审批程序

对外开放科研项目经费预算一经批准原则上不予调整，如需调整须填写经费预算调整审批表，预算调整授权审批程序如下：

预算调整金额≤2 万元，由项目负责人提出申请，项目协作主持人审批；2 万元＜预算调整金额≤5 万元，由项目负责人提出申请，经项目协作主持人审核，科技处审批；5 万元＜预算调整金额≤50 万元，由项目负责人提出申请，经项目协作主持人、科技处、财务处、分管财务领导审核后，报所长审批；预算调整金额＞50 万元，由项目负责人提出申请，经项目协作主持人、科技处、财务处、分管财务领导审核，所长依据所务会决策结果审批。

为了优化审批流程，提高办公效率，财务处已将线下预算调整审批流程转移至线上办公系统（OA）中，当发生预算调整时，经办人应按规定在所 OA 系统填写对外开放科研项目经费预算调整审批表（附表 25）。

注意事项：

1. 项目承担单位所有支出事项均需填写对外开放科研项目经费支出报账审批表，由对方单位按照审批程序签字盖章。

2. 采购人为项目承担单位人员，采购材料需按照条件处线下采购新制度执行，提供材料如下：

A. 发票。

B. 线下采购申请表，填写中国热带农业科学院橡胶研究所物资线下采购申请单。当线下采购品类超过 2 种时，需要填写中国热带农业科学院橡胶研究所线下采购明细单。注：线下采购原因可填写“不具备线上采购条件”，申请人（右上角）由项目承担单位的项目负责人签字，单笔采购或总额＜3 万元，由协作主持人所在部门负责人/课题组长审批。

C. 验收入库单，填写中国热带农业科学院橡胶研究所物资验收入库单验收小组人员由项目承担单位人员签字，人员至少 3 人或 3 人以上单数。

D. 线下出库单，填写中国热带农业科学院橡胶研究所物资线下出库单，采购人、取货人均由项目承担单位人员签字。

3. 橡胶所经费支出审批实行网上审批方式：材料准备齐全后，由项目协作主持人填报 NC 系统，审批流程应该修改为【对外开放课题】，即对外开放课题报销专用，走对外开放课题审批流程。

4. 其他注意事项

（1）涉及合同的需三方签字，分别是项目承担单位、橡胶所、供应商或提供服务的单位，票据需对方单位经办人签字（凭身份证购买的机票、高铁票除外）。

（2）劳务费需要对方单位人员在当地税务局自行开具发票。

（3）发票抬头写中国热带农业科学院橡胶研究所。

（4）租车费发票需要办公室审批（线下手签）。

（5）协作支持人报销材料采购、差旅等费用进行所内审批流程的同时，还需填写对外开放科研项目经费支出报账审批表，由对方单位按照审批程序签字盖章。

（二）科研经费调账

1. 科研经费原则上不允许调账，如因特殊原因确需调账，需由项目负责人提出申请，同时提供科研经费调账的说明材料，报课题（部门负责人）、分管财务领导签字，项目负责人须对所调整的科研项目之间支出的相关性、真实性和有效性负责。

2. 调账内容必须在项目批复的预算范围内或签订的合同预算范围内。

3. 科研项目原则上不允许跨年度调账。

4. 科研项目调账仅限于在研科研项目，已结题的科研项目不允许调账，所调整的支出科目只能调整一次，不得重复调账。

（三）零余额账户以外项目的入账

1. 纵向课题经费办理流程

纵向课题经费入账办理流程：由课题组成员凭课题立项书到科技处（办公楼221室）办理入账手续，科技处将课题经费划拨单提交到财务处，财务处办理课题经费入账手续，经办人在NC报销系统录入课题信息及经费预算，经科技处、财务处审核后生成指标方可报账。

2. 横向课题经费预借发票

发票是收款的凭证，即应在款项到账后才能开具。考虑到一些事项的特殊性，为保证工作的顺利进行，符合下列条件，履行相关审批手续，可酌情办理少量预借票据。

（1）办理要求：

①填写开具发票申请单，格式详见附表26。

②提交支撑材料，合同、销售单（如有）等。

（2）谁预借发票、谁负责监督经费到账；前借发票不清，后不续借发票。

（3）执行“款到开票、开票当月缴清税款”原则。若超过承诺期限，款项仍未到所账户或未收回预借发票，且未及时向财务处提交书面材料（需经分管财务领导审批），该课题组（部门）后续要开具发票的，财务处有权不予受理，直至经费到账后恢复提供发票。

（4）预借发票后，经办人要及时关注经费到账情况，经费到账后应及时办理入账和核销预借发票手续。

（四）科研经费决算审核业务

1. 科技处应将年度内拟提请验收的项目通知和项目清单提前发送财务处，

财务处派专人打印项目支出总账和明细账，导出项目支出总账和明细账电子账，并通知项目负责人及时领取。

2. 项目负责人凭财务处打印的项目总账和明细账填报相关课题年度、结题等经费决算表。

3. 经办人持上述材料（项目总账、明细账和决算表）到财务处办理审核盖章手续。

（五）借款规定

1. 借款业务的相关规定

（1）借款是指暂借给部门、课题组或个人的因公各种款项，如暂借的材料费、设备费、出国费、版面费、会议费、委托业务费、专利费及其他经费等。借款只能用于科研、行政等公用性支出，不对个人因私借款。

（2）借款人必须是我所在编在岗职工。在同一份借款单上，借款人只能有一个，不得以两个或两个以上借款人的名义借款。借款人签名必须是本人亲笔签名，不得由他人代笔。

（3）为确保资金安全，除版面费、专利费、出国费、会议注册费外，借款人严格按照所预付款要求借款，其中工程预付款不超过30%，其他业务预付款原则上不超过50%。特殊行业按相关规定执行。

（4）所有职工离所前，必须结清所有借款。

2. 未按规定归还借款的规定

（1）办理业务结束三个月内，借款人凭原始凭证、报账单等相关材料办理报账，按原渠道冲回借款。如有特殊情况需要延长归还期的，借款人需作书面说明并报分管财务领导批准。

（2）对到期未报销（还款）或经财务催账仍未冲销，又未及时向财务合理说明情况的，财务部门有权停发借款人的工资，并在所内通报批评，直至借款结清为止。

（六）成果转化收入分配管理

1. 相关部门、课题组应按所里规定的时间节点做好成果转化收入、成本核对工作，以确保成果转化收益能够及时发放。财务处会同产业发展部、办公室确定成果转化收入截止期，财务处及时将收入及支出明细发送至课题及部门负责人邮箱。

2. 相关部门及课题组需认真核对成果转化收入及支出明细，并按所成果转化管理办法做好收入分配工作，产业发展部、办公室做好归口审核工作。成果转化收益分配明细表，格式详见附表27，由课题组、相关部门负责填报，并履行所内审批程序；成果转化收益分配汇总表，格式详见附表28，由产业发展部负责填报，并履行所内审批程序。相关部门及课题组须按所里要求的时间节点报送审批手续完整的材料给财务处。

（七）会计档案

课题结题需复印相关财务资料的，须在规定时间到财务处审核，复印、拍照相关凭证。

附表 1

节假日出差说明

本人________，系________课题组（部门）的职工，自________年________月________日至________年________月________日到________出差，出差事由：________，本人承诺本次出差行为真实，并承担相应的责任。

承诺人：

课题（部门）负责人：

年　月　日

附表 2

费用报销汇总表

（仅用于 200 元以下小额票据）

序号	业务内容	发票号码	票据张数	金额
合计				

经办人：　　　　　　证明人：　　　　　　部门（课题）负责人：

附表 3

中国热带农业科学院橡胶研究所外拨经费转拨审批表

单位：元

<table>
<tr><td>项目名称</td><td colspan="5"></td></tr>
<tr><td>项目类别</td><td colspan="2"></td><td>经费来源</td><td colspan="2"></td></tr>
<tr><td>项目编号</td><td colspan="2"></td><td>执行年限</td><td colspan="2"></td></tr>
<tr><td>项目总金额</td><td></td><td>外拨总金额</td><td></td><td>已拨付总金额</td><td></td></tr>
<tr><td>外拨单位</td><td>外拨金额</td><td>已拨付金额</td><td colspan="3">本次申请拨付金额</td></tr>
<tr><td></td><td></td><td></td><td colspan="3"></td></tr>
<tr><td>合计</td><td></td><td></td><td colspan="3"></td></tr>
<tr><td>项目负责人</td><td colspan="5"></td></tr>
<tr><td>部门（课题）
负责人</td><td colspan="5"></td></tr>
<tr><td>科技处</td><td colspan="5">签字：　　　　　　　　年　　月　　日</td></tr>
<tr><td>财务处</td><td colspan="5">签字：　　　　　　　　年　　月　　日</td></tr>
<tr><td>分管科研领导</td><td colspan="5">签字：　　　　　　　　年　　月　　日</td></tr>
<tr><td>分管财务领导</td><td colspan="5">签字：　　　　　　　　年　　月　　日</td></tr>
<tr><td>所长</td><td colspan="5">签字：　　　　　　　　年　　月　　日</td></tr>
</table>

注：①本表一式 3 份，科技处 1 份，项目负责人 1 份，财务处 1 份，须携带合同书原件到科技处审核；②项目类别请填写国家重点研发计划、国家自然基金、横向课题等；③经费来源请填写国家基金委、科技部、农业农村部、海南省等。

附表 4

中国热带农业科学院橡胶研究所科研论文发表备案表

<table>
<tr><td>备案日期</td><td></td><td>经办人</td><td></td></tr>
<tr><td>论文名称</td><td colspan="3"></td></tr>
<tr><td>作者</td><td colspan="3"></td></tr>
<tr><td>拟发表刊物及刊期</td><td colspan="3"></td></tr>
<tr><td>单位（平台）标注</td><td colspan="3"></td></tr>
<tr><td>资助项目标注</td><td colspan="3"></td></tr>
<tr><td>课题组（部门）
审核意见</td><td colspan="3">拟发表论文信息等情况属实，如逾期未能公开发表（或上线），将由课题组全额交回相关经费（论文版面费、论文润色费及专著出版费）。
论文第一作者（签名）：
所在课题组长（部门负责人）（签名）：</td></tr>
<tr><td>科技处备案</td><td colspan="3"></td></tr>
</table>

注：如发表论文第一作者为在读学生，由其指导教师承担相关责任；第一作者非我所职工的，由项目负责人或课题组长承担相关责任。

附表 5

中国热带农业科学院橡胶研究所专家咨询费发放表

部门（课题组）：　　　　　　　　　　　　咨询内容：

开支方向：　　　　　　　　年　　月　　日　　　　　　　　金额：元

序号	姓名	身份证号码	工作单位	职务/职称	发放标准	天/次数	应发金额	代扣个人所得税	实发金额	签名	开户行及账号	备注
	合计											

附表 6

因公出国及赴港澳境外费用收支明细表

经办人：

填表日期：　　　　　　　　　　　　　　　　　　　　　年　　月　　日

<table>
<tr><td colspan="2">团组名称</td><td colspan="4"></td><td colspan="2">前往国别（地区）</td><td></td><td>人数</td><td></td></tr>
<tr><td rowspan="8">收入</td><td rowspan="2">费用类别</td><td colspan="4">币种</td><td colspan="5">国家规定境外（含港澳）每人每天费用标准</td></tr>
<tr><td>美元</td><td>欧元</td><td>……</td><td>人民币</td><td>国家（地区）</td><td>住宿费</td><td>伙食费</td><td colspan="2">公杂费</td></tr>
<tr><td>预借金额</td><td></td><td></td><td></td><td></td><td></td><td></td><td></td><td colspan="2"></td></tr>
<tr><td>国际旅费</td><td></td><td></td><td></td><td></td><td colspan="5">兑换其他币种的兑换率（附单据）</td></tr>
<tr><td>食宿费用</td><td></td><td></td><td></td><td></td><td>1</td><td colspan="4"></td></tr>
<tr><td>境外赞助</td><td></td><td></td><td></td><td></td><td>2</td><td colspan="4"></td></tr>
<tr><td>兑换其他币种</td><td></td><td></td><td></td><td></td><td>3</td><td colspan="4"></td></tr>
<tr><td colspan="2">合计</td><td></td><td></td><td></td><td></td><td colspan="5">开支标准依据</td></tr>
<tr><td rowspan="7">支出</td><td>国际旅费</td><td></td><td></td><td></td><td></td><td colspan="5" rowspan="6">1. 财政部、外交部《关于调整因公临时出国住宿费标准等有关事项的通知》（财行〔2017〕434 号）。
2. 按财政部、外交部《因公临时出国经费管理办法》（财行〔2013〕516 号）。
3. 按国家外国专家局《关于调整中长期出国（境）培训人员费用开支标准的通知》（外专发〔2006〕172 号）。
出访日期：　　年　月　日至　年　月　日，历时　　天。</td></tr>
<tr><td>住宿费</td><td></td><td></td><td></td><td></td></tr>
<tr><td>伙食费</td><td></td><td></td><td></td><td></td></tr>
<tr><td>公杂费</td><td></td><td></td><td></td><td></td></tr>
<tr><td>签证费</td><td></td><td></td><td></td><td></td></tr>
<tr><td>国外交通费</td><td></td><td></td><td></td><td></td></tr>
<tr><td>其他</td><td></td><td></td><td></td><td></td><td colspan="5" rowspan="3">说明：
1. 报账时须附凭证。各种报销凭证须用中文注明日期、品名、数量、用途和金额，并由经办人签字。
2. 出国人员须在回国后一个月内报账。</td></tr>
<tr><td colspan="2">外币小计</td><td></td><td></td><td></td><td></td></tr>
<tr><td colspan="2">折合人民币小计</td><td></td><td></td><td></td><td></td></tr>
<tr><td colspan="2">折合人民币合计</td><td colspan="4"></td><td colspan="5">出国（境）人签名：</td></tr>
</table>

出国团组负责人：　　　　　　　　　　　　所外事秘书：

附表 7

中国热带农业科学院橡胶研究所会议审批表

填表人：　　　　所属部门：　　　　填表时间：　　年　　月　　日

会议名称			
会议内容			
会议类别		会议人数	
会议时间		会议地点	
经费预算			
开支项目			
部门、课题组负责人审核意见	签字：　　　　年　月　日		
办公室负责人审核意见	签字：　　　　年　月　日		
财务处负责人审核意见	签字：　　　　年　月　日		
分管领导审核意见	签字：　　　　年　月　日		
所长审批意见	签字：　　　　年　月　日		

注：① 会议费开支标准：住宿费 340 元，伙食费 130 元，其他费用 80 元，合计 550 元/(人·天)。② 会议地点：要求明细到酒店名称。③ 经费预算：列明每项开支的具体预算数。

附表 8

中国热带农业科学院橡胶研究所××年会议计划执行对照表

会议分类：

该会议在年度计划表中的序号：

	会议名称	会议内容	参加人员	时间	会期（天）	地点	代表人数	工作人员数	所需经费（万元）	列支渠道	场所类型
会议计划											
通知筹备											
实际执行											

会议经办处室负责人签名：　　　　　　　经办人签名：　　　　　　电话：

注：内部会议室指院内部会议室、礼堂。内部宾馆指院内部宾馆、招待所、培训中心。

附表 9

中国热带农业科学院橡胶研究所××年培训班计划执行对照表

经费来源：□财政资金　　　　□非财政资金

该培训班在年度计划表中的序号：

	培训班名称	培训内容	培训对象	时间	培训天数	地点	参训人数	工作人员数	所需经费（万元）	列支渠道
培训班计划										
通知筹备										
实际执行										

培训班经办处室负责人签名：　　　　　　经办人签名：　　　　　　电话：

附表 10

接待计划审批表

<table>
<tr><td>接待（邀请）
对象单位</td><td colspan="4"></td></tr>
<tr><td>主要领导姓名及职务</td><td colspan="2"></td><td>随行人员人数</td><td></td></tr>
<tr><td>到达时间</td><td colspan="2"></td><td>拟离开时间</td><td></td></tr>
<tr><td>对口接待部门</td><td colspan="2"></td><td>接待陪同人员</td><td></td></tr>
<tr><td rowspan="2">公务活动</td><td>项目</td><td>时间</td><td>场所</td><td>经费预算</td></tr>
<tr><td></td><td></td><td></td><td></td></tr>
<tr><td>部门（课题组）意见</td><td colspan="2"></td><td>办公室意见</td><td></td></tr>
<tr><td>分管业务所领导意见</td><td colspan="2"></td><td>分管办公室
所领导意见</td><td></td></tr>
<tr><td>主要所领导意见</td><td colspan="2"></td><td></td><td></td></tr>
</table>

附表 11

接待清单

部门/课题组：　　　　　　　　　　　　　　时间：

<table>
<tr><td colspan="6">一、接待对象人员及陪同人员等信息</td></tr>
<tr><td>姓名</td><td>性别</td><td>民族</td><td>职务/职称</td><td>工作单位</td><td>备注</td></tr>
<tr><td></td><td></td><td></td><td></td><td></td><td></td></tr>
<tr><td></td><td></td><td></td><td></td><td></td><td></td></tr>
<tr><td></td><td></td><td></td><td></td><td></td><td></td></tr>
</table>

<table>
<tr><td colspan="5">二、公务活动项目信息</td></tr>
<tr><td>活动项目</td><td>时间</td><td>场所</td><td>费用（元）</td><td></td></tr>
<tr><td></td><td></td><td></td><td></td><td></td></tr>
<tr><td></td><td></td><td></td><td></td><td></td></tr>
</table>

经办人：　　　　　　　　　　　　部门负责人：

附表 12

中国热带农业科学院橡胶研究所专用材料
询价采购报告

<table>
<tr><td>经费开支方向</td><td></td><td colspan="2">询价部门及联系人</td><td colspan="3"></td></tr>
<tr><td>拟采购材料品名、
规格型号</td><td colspan="6"></td></tr>
<tr><td rowspan="3">询价供应商名称</td><td></td><td colspan="2" rowspan="3">报价金额
（元）</td><td></td><td rowspan="3">排名</td><td></td></tr>
<tr><td></td><td></td><td></td></tr>
<tr><td></td><td></td><td></td></tr>
<tr><td colspan="7">询价小组成员</td></tr>
<tr><td>序号</td><td colspan="2">姓名</td><td colspan="4">职称及职务</td></tr>
<tr><td>1</td><td colspan="2"></td><td colspan="4"></td></tr>
<tr><td>2</td><td colspan="2"></td><td colspan="4"></td></tr>
<tr><td>3</td><td colspan="2"></td><td colspan="4"></td></tr>
<tr><td>4</td><td colspan="2"></td><td colspan="4"></td></tr>
<tr><td>5</td><td colspan="2"></td><td colspan="4"></td></tr>
<tr><td rowspan="2">询价结果</td><td colspan="2">成交供应商</td><td colspan="4"></td></tr>
<tr><td colspan="2">成交金额（元）</td><td colspan="4"></td></tr>
<tr><td>询价小组成员签字</td><td colspan="6"></td></tr>
</table>

注：该询价报告适用于 3 万元以上的采购，此询价报告须附供应商盖章的详细报价单原件。

附表 13－1

中国热带农业科学院橡胶研究所物资线下采购申请表

申请部门/课题组：　　　　　　　　　　　申请人：

<table>
<tr><td colspan="9">线下采购原因：</td></tr>
<tr><td>产品名称</td><td>品牌</td><td>规格型号</td><td>数量</td><td>单位</td><td>单价（元）</td><td>金额（元）</td><td>供应商</td><td>平台最低单价（元）</td></tr>
<tr><td></td><td></td><td></td><td></td><td></td><td></td><td></td><td></td><td></td></tr>
<tr><td></td><td></td><td></td><td></td><td></td><td></td><td></td><td></td><td></td></tr>
<tr><td>合计</td><td></td><td></td><td></td><td></td><td></td><td></td><td></td><td></td></tr>
<tr><td colspan="5">课题组长意见（签字）：
年　　月　　日</td><td colspan="4">条件保障处负责人意见（签字）：
年　　月　　日</td></tr>
<tr><td colspan="5">分管所领导意见（签字）：
年　　月　　日</td><td colspan="4">所长意见（签字）：
年　　月　　日</td></tr>
</table>

注：①采购产品多于 2 种的，另填写中国热带农业科学院橡胶研究所线下采购明细单（附表 3）；②单笔或总额＜3 万元，报部门负责人/课题组长审批；③3 万元≤单笔或总额＜5 万元，报部门负责人/课题组长审批→条件保障处负责人审核→分管业务所领导审批；④5 万元≤单笔或总额＜50 万元，报部门负责人/课题组长审批→条件保障处负责人审核→分管业务所领导审批→所长审批；⑤单笔或总额≥50 万元，报部门负责人/课题组长审批→条件保障处负责人审核→分管业务所领导审批→所长审批→所务会审批。

附表 13－2

中国热带农业科学院橡胶研究所线下采购明细单

申请部门/课题组：

序号	产品名称	品牌	规格型号	数量	单位	单价（元）	金额（元）	供应商	线上有产品填写	
									线下采购单价	平台最低单价
	合计									

注：当线下采购品类超过 2 种时，超出部分填入该表格，该表格可自行增加行，可电子录入或手写录入。

附表 14

中国热带农业科学院橡胶研究所危险化学品、易制毒化学品采购申请表

申请部门/课题组：　　　　　　　　　　　　　申请人：

采购用途：										
产品名称	品牌	规格型号	数量	单位	单价（元）	金额（元）	供应商	供应商联系方式	所属类型	特殊要求
合计										

课题组长意见（签字）： 年　　月　　日	条件保障处负责人意见（签字）： 年　　月　　日
分管所领导意见（签字）： 年　　月　　日	所长意见（签字）： 年　　月　　日

注：所属类型指：①属于危险化学品中的普通、易制爆、剧毒类；②易制毒化学品中的Ⅰ～Ⅲ类。

附表 15

中国热带农业科学院橡胶研究所物资验收入库单

采购部门/课题组：　　　　　　　　　　验收日期：　年　月　日

序号	名称	品牌	规格/型号	单位	数量	单价	金额
总金额（元）：							
验收意见： 物资验收小组：							

附表 16

中国热带农业科学院橡胶研究所物资线下出库单

单位：元

序号	采购人	团队/部门	供应商	商品名称	单位	规格	单价	数量	金额	取货人	出库日期
合计											

注：①此表格可自行增加行，可电子录入或手写录入；②表格中采购人与取货人不能为同一人。

附表 17

中国热带农业科学院橡胶研究所货物/服务采购审批表

采购部门		经办人	
采购名称			
数量		品牌型号	
项目经费开支名称			
总金额（元）		是否有预算	是□　　否□
申购事由			
项目负责人意见（签名）			
部门（课题）负责人意见（签名）			
条件保障处意见（签名）			
分管所领导意见（签名）		所长意见（签名）	

注：①耗材等物资线下采购请填写《中国热带农业科学院橡胶研究所物资采购管理办法（修订）》中附件“中国热带农业科学院橡胶研究所物资线下采购申请单”。②采购明细表附后。③采购货物（设备除外）与服务单项或批量金额＜3 万元，由部门负责人/课题组长审批；3 万元（其中办公设备 1 万元〈含〉以上，专用实验仪器 2 万元〈含〉以上）≤单项或批量金额＜5 万元，由部门负责人/课题组长审批→所条件保障处负责人审核→分管业务所领导审批；5 万≤单批量＜50 万元，由部门负责人/课题组长审批→所条件保障处负责人审核→分管业务所领导审批→所长审批；单项或批量金额≥50 万元，部门负责人/课题组长审批→所条件保障处负责人审核→分管业务所领导审批→所长审批→所务会审批。④采购设备单台价值≥20 万元的，需填写大型科研仪器设备购置申请报告（附件 2），报告需经所大型仪器共享分中心审核并出具采购意见。

附表 18

中国热带农业科学院橡胶研究所委托业务
询价报告

<table>
<tr><td>经费开支方向</td><td></td><td>询价部门及联系人</td><td colspan="3"></td></tr>
<tr><td>拟委托业务品名、
规格型号</td><td colspan="5"></td></tr>
<tr><td rowspan="3">询价供应商
名称</td><td></td><td rowspan="3">报价金额
（元）</td><td></td><td rowspan="3">排名</td><td></td></tr>
<tr><td></td><td></td><td></td></tr>
<tr><td></td><td></td><td></td></tr>
<tr><td colspan="6">询价小组成员</td></tr>
<tr><td>序号</td><td colspan="2">姓 名</td><td colspan="3">职称及职务</td></tr>
<tr><td>1</td><td colspan="2"></td><td colspan="3"></td></tr>
<tr><td>2</td><td colspan="2"></td><td colspan="3"></td></tr>
<tr><td>3</td><td colspan="2"></td><td colspan="3"></td></tr>
<tr><td>4</td><td colspan="2"></td><td colspan="3"></td></tr>
<tr><td>5</td><td colspan="2"></td><td colspan="3"></td></tr>
<tr><td rowspan="2">询价结果</td><td colspan="2">成交供应商</td><td colspan="3"></td></tr>
<tr><td colspan="2">成交金额（元）</td><td colspan="3"></td></tr>
<tr><td>询价小组
成员签字</td><td colspan="5"></td></tr>
</table>

注：该询价报告适用于 3 万元以上的采购，此询价报告须附供应商盖章的详细报价单原件。

附表 19

中国热带农业科学院橡胶研究所服务采购验收记录表

合同名称：无		合同编号：无	
项目来源		采购部门	
采购名称		金额（元）	
技术服务内容		完成情况	
验收地点		时间	
验收意见：		验收人：	

注：①验收内容中涉及的图片、技术报告等相关材料，需对方提供原件。②其他相关证明材料附验收表后面。

附表 20

中国热带农业科学院橡胶研究所车辆使用申请单

填报时间：　　　年　　月　　日　　　　　　　　填报人：

用车部门					
派车事由					
目的地					
用车时间	月　　日　　时　至　　月　　日　　时				
车型		车牌号		驾驶员	
行程	公里	费用预算	公里×　元/公里＝　　元		
经费来源					
用车部门审核意见	负责人签字： 年　月　日				
派车情况	车辆调度员签字：				
备注					

附表 21

中国热带农业科学院橡胶研究所租车申请单

填报时间：　　　年　　月　　日　　　　　　　　填报人：

租车部门	租车时间
租车事由	
经费预算	
出差人员	
车辆调度意见	
办公室审批意见	

附表 22

中国热带农业科学院橡胶研究所
货物（苗木）运送接收单

客　　户：

联系电话：　　　　　　　　　　　　　　　　　　　　年　　月　　日

货物名称	单位	单价（元）	数量	总价							
				十	万	千	百	十	元	角	分
金额（大写）　万　仟　佰　拾　元　角　分			合计								
部门/课题负责人：		发料人：				客户签收：					

附表 23

中国热带农业科学院橡胶研究所
一般设备验收表

<table>
<tr><td colspan="4">仪器设备名称：</td><td colspan="2">合同编号：</td></tr>
<tr><td>项目来源</td><td colspan="3"></td><td>采购部门</td><td></td></tr>
<tr><td>数量</td><td></td><td>单价（元）</td><td></td><td>总金额（元）</td><td></td></tr>
<tr><td>品牌</td><td></td><td>规格型号</td><td></td><td>购置日期</td><td></td></tr>
<tr><td>发票号</td><td></td><td>供货商</td><td></td><td>联系电话</td><td></td></tr>
<tr><td colspan="4">验收项目</td><td colspan="2">验收情况</td></tr>
<tr><td colspan="4">1. 货物包装是否完好，有无破损、碰伤、浸湿、受潮、变形等</td><td colspan="2">是□　否□</td></tr>
<tr><td colspan="4">2. 货物完好程度（有无损伤、损坏、锈蚀、碰伤等）</td><td colspan="2">完好□　有损伤□</td></tr>
<tr><td colspan="4">3. 主机、附表规格、型号、数量是否与合同一致</td><td colspan="2">是□　否□</td></tr>
<tr><td colspan="4">4. 货物名称、型号规格配置是否符合要求</td><td colspan="2">是□　否□</td></tr>
<tr><td colspan="4">5. 使用说明书、操作规程、检修手册、产品检验、合格证等随机资料是否完全</td><td colspan="2">是□　否□</td></tr>
<tr><td colspan="4">6. 存在问题的详细记录</td><td colspan="2"></td></tr>
<tr><td>验收地点</td><td colspan="3"></td><td>时间</td><td></td></tr>
<tr><td colspan="4">验收意见：</td><td colspan="2">验收人：</td></tr>
</table>

注：如“附表或资料名称”一栏不够填写，请另附一表。

附表 24－1

中国热带农业科学院橡胶研究所
中央地方科研项目和横向项目预算调整审批表

单位：元

项目名称					
项目类别					
起止年月				批准总经费	
序号	预算科目名称	原预算经费	拟调增、调减的金额（元）	调整后经费	调整原因
	合计				
一、	设备费				
二、	业务费				
	1. 材料费				
	2. 测试加工费				
	3. 出版/文献/信息传播/知识产权事务费				
	……				
三、	劳务费				
	1. 劳务费				
	2. 专家咨询费				
四、	间接费用				
项目负责人		签字： 年 月 日			
部门（课题）负责人/研究室主任		签字： 年 月 日			
科技处		签字： 年 月 日			
财务处		签字： 年 月 日			
分管财务领导		签字： 年 月 日			
所长		签字： 年 月 日			

注：①本表一式三份，科技处一份，项目负责人一份，财务处一份；②本表适用于中央地方科研项目，横向项目，如国家自然科学基金、国家重点研发计划、海南省重大研发专项、海南省自然科学基金等；③业务费以下具体明细科目可根据项目任务书填写。

附表 24－2

中国热带农业科学院橡胶研究所
部门预算项目预算调整审批表

单位：元

项目名称					
项目类别					
起止年月				批准总经费	
序号	预算科目名称	原预算经费	拟调增、调减的金额（元）	调整后经费	调整原因
	合计				
1	办公费				
2	印刷费				
3	水费				
4	电费				
5	邮电费				
6	差旅费				
7	维修（护）费				
8	会议费				
9	培训费				
10	专用材料费				
11	专用燃料费				
12	劳务费				
13	委托业务费				
14	其他交通费用				
15	其他商品和服务支出				
	……				
项目负责人		签字：　　年　月　日			
部门（课题）负责人/研究室主任		签字：　　年　月　日			
科技处		签字：　　年　月　日			
财务处		签字：　　年　月　日			
分管财务领导		签字：　　年　月　日			

注：①本表一式三份，科技处一份，项目负责人一份，财务处一份；②本表适用于部门预算项目，如基本科研业务费、现代农业产业技术体系建设专项、亚洲合作资金、农业资源调查与保护利用等。

附表 25

对外开放科研项目经费预算调整审批表

单位：元

项目名称					
项目类别				项目负责人	
起止年月				年度经费	
序号	预算科目名称	原预算经费	拟调增、调减的金额	调整后经费	调整原因
	合计				
一	设备费				
二	直接费用（一）				
1	材料费				
2	测试化验加工费				
3	燃料动力费				
4	出版/文献/信息传播/知识产权事务费				
三	直接费用（二）				
1.1	差旅费				
1.2	会议费				
1.3	国际合作与交流费				
2	劳务费				
3	专家咨询费				
4	其他支出				
四	间接费用				
1	管理费用				
2	绩效支出				
项目协作主持人		签字：　　　　　年　月　日			
科技处		签字：　　　　　年　月　日			
财务处		签字：　　　　　年　月　日			
分管财务领导		签字：　　　　　年　月　日			
所长		签字：　　　　　年　月　日			

注：①项目负责人应集中安排预算调整事宜，应于每年的 11 月前完成预算调整事宜。②每个项目每年允许办理一次预算调整手续。③本表一式三份，科技处一份，项目负责人一份，财务处一份。

附表 26

开具发票申请单

开（借）票部门（课题组）：　　　　　　　　　　　　　年　月　日

开票事由：________________________________

开票数量：__________开票单价：__________开票金额：__________

开票单位：________________________________

统一社会信用代码（纳税人识别码）：________________

收入类型：〇创收　　　　　〇研发项目

收入预计到账时间：

开（借）票人：________　课题负责人：________________

业务归口部门审核：________________________

备注：借票时需提供收入入账支撑材料原件。

附表 27

中国热带农业科学院橡胶研究所 ××年度成果转化收益分配明细表

序号	课题组	姓名	银行账号	开户行信息	身份证号码	金额（元）	签名
1							
2							
3							
……							
合计							

经办人：　　　　　　　　课题（部门）负责人：　　　　　产业发展部：

人事处：　　　　　　　　分管财务领导：　　　　　　　　所长：

注：此表由课题组、相关部门负责填报，并履行审批程序。

附表 28

中国热带农业科学院橡胶研究所
××年度成果转化收益分配汇总表

序号	课题组	姓名	银行账号	开户行信息	身份证号码	金额（元）
1						
2						
3						
……						
合计						

经办人：　　　　　　产业发展部：　　　　　　办公室：

分管财务领导：　　　所长：

注：此表由产业发展部负责汇总，并履行审批手续。

第十一章　审计监督

第一节　审计基础知识

根据不同的角度，审计可分为不同的类型。从审计主体来看，审计可分为政府审计、民间审计以及内部审计。从审计的内容来看，审计可分为财务审计、鉴证服务和管理审计。从审计范围来看，审计可分为全部审计、局部审计以及专项审计。从审计执行地点来看，审计可分为报送审计和就地审计。从审计实施时间来看，审计可分为事前审计、事中审计以及事后审计。以下主要介绍政府审计、民间审计和内部审计相关知识。

一、政府审计

（一）政府审计的定义

政府审计是国家审计机关依法对各级政府财政预算资金、国有企业的经营活动进行的监督检查，并对查出问题予以纠正。政府审计的目标是监督被审计单位财政收支、财务收支以及有关经济活动的真实性、合法性和效益性。

（二）政府审计的内容

政府审计的内容主要包含：财政财务收支审计、财经法纪审计和经济效益审计。

财政财务收支审计的主要内容是财政财务收支活动，其目的是审查财政财务收支活动是否遵守国家财经方针、政策、财经法规和会计准则制度，是否按照经济规律办事，借以纠正错误，防止舞弊，并根据审计结果，提出改进财政财务管理、提高经济效益的建议和措施。

财经法纪审计的主要任务是审查被审计单位贯彻执行财经法规情况及存在问题，彻查各种违法乱纪案件，并根据审计结果，提出处理建议和意见。财经法纪审计的目的是维护国家经济利益，保护国家利益不受侵占和损害。

经济效益审计是对财政财务收支及其有关经济活动的效益进行监督的行为。随着我国经济由高速增长转向高质量发展，社会各界越来越关注经费投入后产生的成果和成效。

（三）政府审计主体

政府审计主体主要包含审计署、审计署派驻国务院各部门和各地特派员办事处，地方审计厅（局）。

（四）政府审计的特点

政府审计具有强制性、无偿性以及处罚性。

二、民间审计

（一）民间审计定义

民间审计是注册会计师依法对被审计单位会计报表的合法性和公允性进行审计。

（二）民间审计的内容

民间审计的内容主要包含：会计报表审计（主要是评价会计报表的公允性和合法性）、鉴证服务（主要包含专项审计、资产评估、代理记账、税务服务、管理咨询、绩效评价等）。

（三）民间审计主体

民间审计主体主要包含会计师事务所、审计事务所、资产评估机构等。

（四）民间审计特点

民间审计具有相对独立性、有偿性。

三、内部审计

（一）内部审计定义

内部审计是指对本单位及所属单位财政财务收支、经济活动、内部控制、风险管理实施独立、客观的监督、评价和建议，以促进单位完善治理、实现目标的活动。内部审计结果及整改情况应当作为考核、任免、奖惩干部和相关决策的重要依据。

（二）内部审计的内容

内部审计的内容主要包含：财务审计（主要是财务收支和财务报表审计）、营运审计（企业营运的效率和效益审计）、信息系统审计（主要是信息系统的安全性和控制的有效性审计）、风险管理审计（主要是风险管理系统有效性审计）、专项审计（科研经费专项审计，重大工程、项目专项审计等）、舞弊审计等。

（三）内部审计主体

内部审计主体主要包含国家机关、事业单位、社会团体等单位的内部审计机构或者履行内部审计职责的内设机构。

（四）内部审计特点

内部审计具有强制性，审计安排时间灵活，但独立性较弱，主要为单位内部服务，接受组织内部的领导。

结合我所实际，以下章节重点介绍领导干部经济责任审计和科研经费审计相关知识，希望为农业科研单位规范财务管理、提升内控建设水平提供参考和有益借鉴。

第二节　领导干部经济责任审计

一、领导干部经济责任审计的定义

领导干部经济责任审计是指审计部门按照法律法规，以领导干部任职期间公共资金、国有资产、国有资源的管理、分配和使用情况为基础，以领导干部权力运行和责任落实情况为重点，对领导干部任职期间履行经济责任情况的鉴定和评价。

二、审计对象

农业农村部所属事业单位领导干部经济责任审计对象为事业单位正职领导干部或者主持工作 1 年以上的副职领导干部。

经济责任审计可以在领导干部任职期间进行，也可以在领导干部离任后进行，以任职期间审计为主。对同一地方党委和政府主要领导干部，以及同一部门或单位 2 名以上主要领导干部的经济责任审计，可以同步组织实施，分别认定责任。

三、审计的主要内容

（一）贯彻执行党和国家经济方针政策、决策部署情况；

（二）本部门本单位重要发展规划和政策措施的制定、执行和效果情况；

（三）重大经济事项的决策、执行和效果情况；

（四）财政财务管理和经济风险防范情况，生态文明建设项目、资金等管理使用和效益情况，以及在预算管理中执行机构编制管理规定情况；

（五）在经济活动中落实有关党风廉政建设责任和遵守廉洁从政规定情况；

（六）以往审计发现问题的整改情况；

（七）其他需要审计的内容。

四、被审计单位需提供的资料

（一）落实乡村振兴、脱贫攻坚、绩效管理等重大决策部署的工作情况；

（二）单位“三重一大”集体决策制度，发展规划、年度计划和责任制考核目标，年度工作总结；

（三）单位“三定”规定和有关领导的职责分工文件，有关党政办公会会议记录和纪要，重大经济事项决议和决定的实施情况；

（四）预算决算编报和批复文件等有关资料；财务会计、银行账户资料及相关统计资料，经济合同（协议）；

（五）财产盘点、债权债务清理等相关经济活动资料；

（六）与经济业务活动、廉政建设相关的内部控制（管理）制度；

（七）以往审计发现问题的整改情况；

（八）其他需要审计的内容。

五、审计关注的重点事项

（一）遵守法律法规和财经纪律方面

一是单位内部控制制度建设情况。被审计单位制定的内部相关制度是否完善，是否符合法律法规的规定。

二是公务消费情况。是否存在超标准建造办公楼、豪华装修办公楼等情况；是否存在超标准配备公务用车、长期借用下属单位车辆等情况；是否存在用公款相互吃请、超标准接待消费等情况；是否严格执行外出学习考察的有关规定，有无借公务名义游山玩水等情况；是否存在虚列差旅费、车辆维修费、交通费等支出以及利用虚假票据报销套取财政资金、公款私存或私设“小金库”的问题。

三是津贴的管理情况。是否存在无依据或依据不符合规定发放津补贴，或者以其他任何形式突击发放各类福利的情况；是否存在转移到下属单位发放津补贴的情况；是否存在违反规定使用工会会费、福利费和其他专项经费发放津补贴的情况；是否存在以有价证券、支付凭证、商业预付卡、实物等形式发放津补贴的情况。

四是公务卡使用、非税收入征管和政府采购等相关法律法规和财经纪律的执行情况。

（二）重大经济事项的决策、执行和效果

一是重大经济决策制度的建立健全情况。是否根据国家有关法律法规，制定单位内部管理制度，对重大项目安排、大额资金运作、重大资产处置、对外投资等事项，明确决策程序、决策执行与监管、决策成效评定、决策失误责任追究等内容。

二是重大经济事项决策制度与监管落实的情况。重大经济决策事项是否经领导班子集体决策，以及决策形成的依据、议事方式和程序是否规范，手续是

否完备，内容是否符合国家经济政策、产业政策等，是否符合科学论证、民主决策的要求；对违反重大经济事项决策制度的，是否进行了相应的责任追究。

三是决策效果。重大经济事项决策的实施结果与制定的目标是否一致；是否存在因决策失误，或者盲目决策造成重大损失浪费或国有资产流失、效益低下或潜在损失等问题，是否执行问责和责任追究。

（三）预决算管理情况

一是预算口径情况。单位各项收入和支出是否均纳入单位预算管理；单位当年超收的非财政补助收入是否存在未经审批违规动用的问题。

二是部门预算编制情况。预算编制是否超出三年支出规划；是否按相关规定编制基本支出的开支范围和标准；是否如实填报人员编制和实有人数；是否通过多报、虚报在编人数等“吃空饷”的情况；是否按相关项目支出标准编制支出预算，真实反映支出需求；是否存在重复申报或虚报项目内容。

三是关注预算资金管理情况。是否存在无预算、超预算执行；预算调整事项是否履行审批手续；是否存在擅自扩大开支范围或提高支出标准；是否自行改变项目实施内容和资金使用范围；是否存在基本支出与项目支出、人员经费与公用经费、项目与项目之间随意调整、互相挤占的问题。

四是关注结转结余资金情况。财政拨款结转资金的编报是否真实、准确，其使用是否规范，存量资金消化情况。

五是决算编报情况。决算编制反映经济业务是否真实、准确，账表是否一致，预决算差异是否过大，如差异率超过20%，需写清楚说明等。

（四）财务收支情况

一是关注会计核算及原始凭证管理。是否违规设置会计账簿；是否通过往来科目核算收支；支出依据是否充分；是否真实反映经济业务；是否使用虚假不合规的原始凭证列支；会计凭证、账簿、财务会计报告和其他会计资料是否真实、完整；会计核算是否符合《中华人民共和国会计法》和国家统一的会计制度规定。

二是关注资金及账户的管理使用情况。

是否对到期、逾期的往来款项进行及时清理；对形成的呆账、坏账是否按照审批程序进行核销；是否按照批复的预算、用款计划以及规定的资金支付方式支付资金；是否存在违规垫付资金的行为；是否按规定使用公务卡；是否按规定和要求设立或变更银行账户。

三是关注出国（境）费支出是否无预算或超预算；是否依据出国任务批件、出国（境）预算审批表等相关附件报销出国（境）费用；是否擅自变更行程，增加出访国家、地区及城市，擅自延长境外停留时间；是否报销与出访无关的支出，或用公款报销因私证件出国（境）费用；是否接受或变相接受企业资助，摊派转嫁出国（境）费用；是否未经审批乘坐外国航空公司航班；是否依据国外费用的原始有效票据报销出国（境）费用。

四是关注公车运行维护费用。是否无预算或超预算安排公务用车购置及运行费；是否超编制、超标准配置公务用车（含超标准增加高档配置、豪华内饰）；是否借用下级单位及其他单位车辆，接受企事业单位及个人捐赠车辆；是否报销公车私用的相关费用；是否报销个人车辆费用；单位公车是否按规定进行封存停驶；是否提前列支单位公车加油费。

五是关注公务接待费开支情况。是否无预算或超预算安排接待费支出；是否接待无公函来访人员；是否将休假、探亲、旅游等非公务活动纳入接待范围；是否违反公务接待规定，用公款互相宴请；是否以会议、培训等名义组织会餐、宴请或大吃大喝；是否超规格、超标准接待；是否借公务接待名义列支其他支出；是否向下级单位及其他单位、企业、个人转嫁接待费用。

六是关注会议、培训费开支情况。是否无计划、无预算或超预算列支会议费、培训费支出；召开会议是否存在超规定天数、人数；是否在风景名胜区召开会议、培训；是否超范围、超标准开支会议、培训费；是否以培训名义召开会议；是否以举办会议、培训名义列支、转移、隐匿接待费；是否向下属机构企事业单位转嫁或摊派会议、培训费；是否向参会或参训人员乱收费。

七是关注差旅费、劳务费、委托业务费等其他开支情况。是否超范围、超标准开支差旅费、劳务费；是否虚报、冒领差旅费、劳务费、咨询费；出差、出国是否购买政府采购机票；对外委托业务是否签订合同、是否履行验收手续。

八是关注非税收入及收费管理情况。是否存在擅自将应纳入预算管理的非税收入转为预算外收入；是否无证或持过期收费许可证收取行政事业性收费；是否按规定及时足额上缴国库；是否存在隐瞒、截留、挤占、挪用、坐支或私分非税收入，或将其转移到所属工会、培训中心、服务中心等单位使用。

九是关注“小金库”情况。是否公款私存；资金（含有价证券）及形成的资产是否按规定计入相应账户、账簿；是否套取会议费、培训费和出国（境）费等设立“小金库”。

（五）以往审计发现问题及整改情况

关注被审计单位是否按照以往审计报告提出的审计意见和建议，制定切实可行的整改方案、措施并落实整改，是否全面整改到位，在本次审计是否存在以往审计报告中提出的同样问题。

六、审计发现的主要问题

（一）内控执行方面

一是“三重一大”事项未履行集体决策程序。如绩效工资发放、年度预决算报告、大额资金投资、大额材料采购、大额委托测试业务、大额设备采购、技术入股、技术转让等未履行集体决策程序。

二是合同管理不规范。合同归口管理部门不明确，合同文本不规范；部分合同未能明确标的物的单价和数量等关键要素，导致合同内容不实，无法判断合同价款是否真实、公允；对合同另一方的资格或资质审查不严格，导致合同无效或引发潜在风险；主观有意将重大合同拆分成标的较小的若干小合同，有意规避国家有关规定和单位内部审批程序，导致经济活动违规；未明确合同授权审批和签署权限，合同专用章保管不善，出现未经授权或超越权限审批合同的情形；合同签订日期、签字等关键要素缺失；登记不全，流转不顺和保管不善；未按合同规定及时办理收付款，未按时完成合同约定的任务；合同归档不及时、归档文件不完整等。

三是部分专用材料内控程序执行不到位，未能真正落实出入库管理要求，验收工作未能真正落实到位。专用材料、办公用品使用登记工作仍需优化完善。部分专用材料询价采购工作存在走形式。部分单位未开展物资线上采购工作，专用材料、办公用品采购价格的公允性和透明度不高，不能借助信息平台及时高效获取采购信息，不利于监管部门开展对采购业务规范性、合理性和真实性审核。

四是图书出版业务管理不规范。出版合同价款支付条款不严谨，在图书未正式出版之前全额支付出版费；未能按合同约定的时间正式出版图书，存在延期较长问题；部分图书出版合同稿酬支付方式不规范；部分图书出版询价采购业务存在走形式问题。

（二）预决算管理方面

一是预算编制不准确，存在漏报预算问题。如部分结转结余经费、个别征地补偿款、个别自筹基建项目、个别设备购置等未纳入预算管理，存在漏报预算问题；二是在财政专项中列支人员经费和公用经费，成果转化相关成本挤占财政资金，创收成本分摊依据不足；三是擅自扩大项目开支范围，列支与项目无关的会议、差旅等支出，无预算列支出国（境）费；四是外拨经费监管不到位，经费报销材料不全；五是决算编制不准确，存在账表不一致的情况等。

（三）财务管理方面

一是个别单位公车和加油卡使用不规范。公车未按规定进行封存、未停用；私车公用，并报销相关加油费、过路过桥费、停车费及维修费；个别单位仍存在节假日加油未附相关说明或提供相关审批手续问题。

二是个别单位公务接待支出不规范。个别接待费存在超标报销问题；部分接待费报账材料不规范，如接待费发票和接待清单备注时间与接待函时间不符，接待清单与接待函个别接待对象不一致，部分接待费报账材料不齐全，未提供接待计划审批表。

三是个别单位因公出国管理不规范。未取得出国任务批件出国；持因私护照出国执行公务；因公出国（境）费用报销票据不完整，未附境外开支相关原始票据；个别团组报销出国费附件不齐全，如缺少因公出国（境）任务预算审批意见表；超预算列支国际旅费、国外交通费、护照签证费、其他费用；出国变更行程未履行报批手续；扩大出国经费开支范围，将邀请外国专家来华国际机票款在“因公出国（境）费”列支。

四是会议费、培训费、差旅费、咨询费支出不规范。存在无计划举办会议、培训，擅自变更计划，超人数、超标准、超预算举办会议；参会专家差旅费报销票据不规范；会议费报销附件不全，缺少会议定点场所提供的费用原始单据、政府采购电子结算单、会议计划对照表等材料；租车费报销不规范，存在虚开公里数、天数问题；专家咨询费发放表信息不全，存在超标准、超范围或以现金发放专家咨询费未提供相关审批等问题；以“会议形式”发放专家咨询费，缺少会议通知、会议签到表等证明材料；以“通讯形式”发放专家咨询费，缺少通话记录，邮件往来、咨询意见等证明材料；未按规定缴纳伙食费和市内交通费。

五是扩大项目开支范围。在专项列支与项目无关的差旅费、电费、论文发表费、润色费、大型修缮支出等，如在科研设施运行维护费项目列支参加科研类会议发生的差旅费，在非营利性科研改革启动费列支大型修缮支出，在国家重点研发计划项目列支项目执行期以外的论文发表费、委托业务费、专利费等。

六是往来款长期挂账未做处理，如三年以上账龄的往来款逐年增多，没有及时进行清理；预提费用长期挂账，未能及时消化；个人长期欠款不归还；部分应收款项因历史久远难以收回。

七是会计核算不规范。未按政府会计制度设置会计科目及辅助核算项，会计科目使用不正确；财务报表、部门决算与财务账不一致，提前或推后确认收入和支出；无依据调账等。

八是科研副产品核算不规范。未建立科研副产品管理相关制度；中试产品销售无出入库单、大额销售没有签订销售合同、销售货款未能及时到账、现金交易时有发生。

（四）项目管理方面

一是项目建设前期工作不扎实，如勘察不深入、设计不优化、概预算不准确、报规报建工作没落实、落细等，导致项目预算执行缓慢。

二是工程变更把关不到位，如擅自调整变更施工内容、建筑主材；随意更换项目经理、工程监理等。

三是变更建设内容超概算10%以上或建设规模调整较大的基建项目未履行报批手续。

四是因各种因素，基建项目初步设计与概算批复不及时，导致工程施工工期被压减，不利于项目执行。

五是为了规避预算被压减风险，个别项目工程实际执行进度与资金支付进度不符，存在提前支付工程款问题。

六是监理履职不到位，如个别监理未按合同约定履行现场施工监督义务，提供的监理资料不全、不规范。

七是已完成验收的基建项目未及时办理项目竣工验收和竣工财务决算，资产交付不及时。

（五）资产管理方面

一是账实不符。资产、对外投资、固定资产存在账实、账表不符；已完工的基建项目、改善科研条件专项未及时列增资产；软件购置、系统开发、大额图书、专利等未及时列增资产。

二是资产处置不规范，大额批量资产报废、房屋及土地出租等未见单位集体决策文件。

三是部分条件建设项目购入的仪器设备或软件系统未及时投入使用，未能发挥资产使用价值。

四是超标准配置办公电脑、打印机等设备。

五是房屋出租不规范，未按要求履行资产出租备案手续，未及时催收房租。

（六）投资实体方面

一是违规向所属企业出借资金，部分款项无法收回。

二是企业监管不到位，存在经营风险。

三是所办企业清理不及时。

四是所办企业事企不分，职工、财务、业务相互交叉，管理不规范。

（七）政府采购方面

一是已超过政府采购限额的采购业务未履行采购程序。

二是公开招标限额以上的采购事项未履行公开招标程序。

三是对购买电脑、打印机、车辆服务等属于集中采购目录的业务，自行采取其他方式进行采购。

四是个别进口设备未履行报批程序擅自采购。

五是报销非政府采购机票款未提供机票价格低于政府采购价款的证明材料。

（八）以往审计发现问题整改方面

一是未针对以往审计报告提出的审计意见制定切实可行的整改方案。

二是未全面落实整改到位，仍存在未整改或正在整改的问题。

三是在本次审计中发现了跟以往审计报告中提出的同样问题。

第三节　科研经费审计

一、科研经费审计对象

科研经费审计对象包括：中央、地方竞争性科研项目经费、部门预算科研项目经费和横向科研项目经费。

（一）中央、地方竞争性科研项目经费审计重点

单位是否按规定对不同来源的项目经费按专项进行核算，专款专用；是否按照专项经费管理规定管理和使用经费；是否存在擅自转拨经费；是否存在通过编造虚假事项、利用虚假票据套取资金等问题。

（二）部门预算科研项目经费审计重点

中央级公益性科研院所基本科研业务费专项以外的部门预算科研项目是否存在在专项经费列支有工资性收入的人员工资、奖金、津贴补贴和福利支出，是否存在用专项资金支付各种罚款、捐赠、赞助、投资等。

中央级公益性科研院所基本科研业务费专项是否存在分摊单位公共管理和运行费用（含科研房屋占用费）；是否存在列支办公费、办公设备购置费等支出；专家咨询费和劳务费发放对象是否超范围、超标准问题。

现代农业产业技术体系建设专项资金是否存在超范围列支专家咨询费、国际合作交流费；核实管理费比例是否不超过扣除设备费后的8%；设备费预算调剂的，依托单位是否统筹考虑现有设备配置情况和科研项目实际需求，是否履行单位内部审批手续；专项资金的绩效指标设置是否指向明确、突出重点、细化、量化、可考核。

（三）横向科研项目经费审计重点

横向科研项目经费管理应注意的三个关键点：一是统一核算、统一管理；二是有收必有支，收支必相关；三是支出范围按合同/协议约定执行。

横向科研项目经费审计关注点：一是重点关注横向科研项目的或技术服务收入合同中的委托方、合同金额、到账金额、到账时间等；二是联查被审计单位从纵向、地方科研项目经费、部门预算项目列支“委托业务”支出明细账（必要时可延伸到上年度及以前年度）、相关支出凭证及附件，核实是否存在将财政性科研项目经费通过委托业务费转出后再通过接受委托的方式转为横向科研项目或技术服务收入的情况。

二、主要科研项目负面清单

序号	文件	负面清单
1	《国家重点研发计划资金管理办法》(财教〔2021〕178号)	重点研发计划项目资金管理使用不得存在以下行为： （一）编报虚假预算； （二）未对重点研发计划资金进行单独核算； （三）列支与本项目任务无关的支出； （四）未按规定执行和调剂预算、违反规定转拨重点研发计划资金； （五）虚假承诺其他来源资金； （六）通过虚假合同、虚假票据、虚构事项、虚报人员等弄虚作假，转移、套取、报销重点研发计划资金； （七）截留、挤占、挪用重点研发计划资金； （八）设置账外账、随意调账变动支出、随意修改记账凭证、提供虚假财务会计资料等； （九）使用项目资金列支应当由个人负担的有关费用和支付各种罚款、捐款、赞助、投资，偿还债务等； （十）其他违反国家财经纪律的行为。
2	国家自然科学基金资助项目资金管理办法（财教〔2021〕177号）	项目资金管理使用不得存在以下行为： （一）编报虚假预算； （二）未对项目资金进行单独核算； （三）列支与本项目任务无关的支出； （四）未按规定执行和调剂预算、违反规定转拨项目资金； （五）虚假承诺其他来源资金； （六）通过虚假合同、虚假票据、虚构事项、虚报人员等弄虚作假，转移、套取、报销项目资金； （七）截留、挤占、挪用项目资金； （八）设置账外账、随意调账变动支出、随意修改记账凭证、提供虚假财务会计资料等； （九）使用项目资金列支应当由个人负担的有关费用和支付各种罚款、捐款、赞助、投资、偿还债务等； （十）其他违反国家财经纪律的行为。

（续）

序号	文　件	负面清单
3	国家科技重大专项（民口）资金管理办法（财科教〔2017〕74号）	有下列行为之一的，不得通过财务验收： （一）编报虚假预算，套取国家财政资金； （二）未对专项资金进行单独核算； （三）截留、挤占、挪用专项资金； （四）违反规定转拨、转移专项资金； （五）提供虚假财务会计资料； （六）未按规定执行和调剂预算； （七）虚假承诺、单位自筹资金不到位； （八）资金管理使用存在违规问题拒不整改； （九）其他违反国家财经纪律的行为。
4	中央级公益性科研院所基本科研业务费专项资金管理办法（财教〔2016〕268号）	第十五条　不得分摊院所公共管理和运行费用（含科研房屋占用费），不得开支罚款、捐赠、赞助、投资等。
5	海南省重点研发专项和经费管理暂行办法（琼科规〔2021〕18号）	研发专项经费管理和使用中不得存在以下行为： （一）编报虚假预算； （二）未对研发专项经费进行单独核算； （三）列支与本项目任务无关的支出； （四）未按规定执行或调剂预算、违反规定转拨研发专项财政资金； （五）虚假承诺配套资金； （六）通过虚假合同、虚假票据、虚构事项、虚报人员等，转移、套取、报销研发专项经费； （七）截留、挤占、挪用研发专项经费； （八）设置账外账、随意调账变动支出、随意修改记账凭证、提供虚假财务会计资料等； （九）使用研发专项经费列支应当由个人负担的有关费用和支付各种罚款、捐款、赞助、投资，偿还债务等； （十）其他违反财经纪律的行为。

（续）

序号	文　件	负面清单
6	海南省自然科学基金专项和经费管理暂行办法（琼科规〔2021〕12号）	验收项目存在下列情况之一的，不予通过验收： （一）完成项目任务书约定的任务不足80%。 （二）提供的主要验收文件、资料、数据存在严重缺失或弄虚作假的。 （三）未按要求报批重大事项调整的。 （四）资金使用管理中，存在未对财政专项资金进行单独核算，截留、挤占、挪用财政专项资金，违反规定转拨、转移财政专项资金等情况的。 （五）不配合验收工作的。

三、审计关注的重点事项

（一）设备费

是指在项目实施过程中购置或试制专用仪器设备，对现有仪器设备进行升级改造，以及租赁外单位仪器设备而发生的费用。计算类仪器设备和软件工具可在设备费科目列支。应当严格控制设备购置，鼓励开放共享、自主研制、租赁专用仪器设备以及对现有仪器设备进行升级改造，避免重复购置。

设备费支出涉及的财务会计科目包括：固定资产、业务活动费用/单位管理费用等；预算会计科目包括：科研支出等支出科目下的“资本性支出—专用设备购置”“商品和服务支出—租赁费”等。租用专用设备，其经济分类预算编列为“商品和服务支出—租赁费”等。

审计重点：将预算会计项目支出明细账与项目任务书、部门预算批复等批准立项材料进行对照，检查是否存在超预算购置设备问题，是否存在超范围列支设备费，如是否列支与项目无关的办公设备等；是否存在项目周期外购置、租赁、试制（升级）设备问题；检查形成的固定资产采购方式是否合规（进口设备是否履行相关审批手续，限额以上设备购置是否执行了政府采购规定，纳入集中采购的设备是否履行了集中采购程序）；检查科研经费形成的固定资产是否验收合格，是否登记入账，设备购置费支出报账手续是否齐全，尤其是进口设备报账。

（二）材料费

是指在项目实施过程中消耗的各种原材料、辅助材料等低值易耗品的采购及运输、装卸、整理等费用。

材料费支出涉及的财务会计科目包括：库存物品、业务活动费用等；预算会计科目包括：科研支出等支出科目下的“商品和服务支出—专用材料费”等。

审计重点：检查材料费支出是否与课题任务密切相关，是否存在超范围支出的情况：如列支用于生产经营和基本建设的材料，购买与项目（课题）研究不相关的办公耗材。重点关注结题验收前大额材料采购支出凭证，进行材料现场抽盘，核实支出的合理性和真实性。检查材料采购业务是否规范，限额以上的材料采购是否履行了政府采购程序，大额材料采购是否签订了合同或协议；是否履行验收、入库、出库等手续；关注材料采购是否存在虚假采购或虚假领用的情况；检查预算调剂是否履行了相关手续、预算调剂理由是否充分。

（三）测试化验加工费

是指在项目实施过程中支付给外单位（包括承担单位内部独立经济核算单位）的检验、测试、化验及加工等费用。

测试化验加工费支出涉及的财务会计科目包括：业务活动费用；预算会计科目包括：科研支出等支出科目下的“商品和服务支出—委托业务费”等。

审计重点：对照项目（课题）任务书和委托合同，检查委托内容与研究任务是否相关、是否必要；核实受托单位是否具备承接业务的资质；对照委托业务结题报告，核实受托方是否按合同规定完成任务；对受托方为关联方和需要预算调剂才能开展的委托业务费（特别是验收前进行的委托业务），需逐项核实委托业务的必要性和相关性，核实是否存在虚假委托转移项目经费的问题；重点核实是否存在以委托业务费名义分包研究任务的问题；联查课题组横向科研经费或成果转化收入，检查是否存在将财政科研经费通过委托业务转出后再通过其他方式转回的情况；委托业务费报账材料是否齐全，如是否提供委托合同/协议、发票、委托测试结题报告、受托单位资质证明等；大额委托业务费是否履行了政府采购程序；业务归口管理部门是否有组织相关专家对大额委托业务完成情况开展验收手续；核实预算调剂是否履行了相关手续、预算调剂理由是否充分。

（四）燃料动力费

是指在项目实施过程中直接使用的相关仪器设备、科学装置等运行发生的水、电、气、燃料消耗费用等。实验室日常运行的水费、电费、气等支出应从间接费用开支，不得在本科目开支。

燃料动力费支出涉及的财务会计科目包括：业务活动费用；预算会计科目包括：科研支出等支出科目下的“商品和服务支出—水费/电费/取暖费”等。

审计重点：检查燃料动力费支出依据是否合理、充分，是否安装了独立的计量装置，是否存在简单按比例分摊费用的情况；检查是否分摊了单位日常水、电、气、燃料消耗费用等；特别要关注是否存在报销由个人负担的汽油费等支出。

（五）出版/文献/信息传播/知识产权事务费

是指在项目实施过程中，需要支付的出版费、资料费（含数据资源等购买费用，以及与项目任务相关的资料打印、复印、装订等费用）、专用软件购买费、文献检索费、专业通信费、专利申请和该专利在项目（课题）实施周期内发生的维护费用及其他知识产权事务等费用。

出版/文献/信息传播/知识产权事务费支出涉及的财务会计科目包括：业务活动费用、在建工程、无形资产等；预算会计科目包括：科研支出等支出科目下的“商品和服务支出—印刷费/邮电费/其他商品和服务支出”“资本性支出—信息网络及软件购置更新”等。

审计重点：根据项目支出明细账，检查专利申请或受理函件、软件著作权登记证、专用软件购买合同等资料，对照项目（课题）任务书，检查专利申请费、版面费、出版费等支出是否与研究任务密切相关，核实论文（著作）是否有标注项目（课题）名称及编号；核实是否列支了通用操作系统、办公软件等非专用软件的购置费；核实是否列支日常手机和办公固定电话的通信费、日常办公网络费等；检查核算是否规范，相关支出依据是否充分、材料是否齐全；专用软件等大额采购是否履行了政府采购程序，专用软件是否进行资产登记；对照专用软件购买合同，现场抽查是否真实安装并使用了专用软件；检查预算调剂是否履行了相关手续、预算调剂理由是否充分等。

（六）会议/差旅/国际合作交流费

是指在项目实施过程中发生的会议费、差旅费和国际合作交流费。承担单位和科研人员应当按照实事求是、精简高效、厉行节约的原则，严格执行国家和单位的有关规定，统筹安排使用经费。

1. 会议费支出涉及的财务会计科目包括：业务活动费用等；预算会计科目：科研支出等支出科目下的“商品和服务支出—会议费”等。

审计重点：审核会议费支出是否有编制会议计划、会议费预算；对照会议预算、会议通知、会议签到表和会议支出明细，核查会议会期、会议规模、开支标准、开支范围是否符合会议费管理规定，是否存在超会期、超标准、超范围列支问题；是否存在通过虚报会议人数或天数、虚列开支项目等设立“小金库”的情况。根据会议议程、会议支出明细等，检查是否存在违反中央八项规定精神的情况，如借会议名义组织会餐或安排宴请，在会议费中列支公务接待费，安排高档套房，提供高档菜肴和各种烟酒，摆放花草、制作背景板、提供水果，组织会议代表旅游和参加与会议无关的参观活动，组织高档消费娱乐、健身活动，发放纪念品，配发洗漱用品等；检查会计核算是否规范，报账材料是否齐全（包含会议计划、会议通知及签到表、定点酒店提供的原始支出单据、政府采购结算单、会议对照表等），是否按规定转账或刷公务卡结算，是否在定点酒店召开会议；检查预算调剂是否履行了相关手续、预算调剂理由是否充分等。

2. 差旅费支出涉及的财务会计科目包括：业务活动费用等；预算会计科目：科研支出等支出科目下的“商品和服务支出—差旅费/其他交通费”等。

审计重点：核实出差人员、出差事由是否与研究任务相关，出差地点和路线是否合理；是否存在以出差名义变相旅游，或无实质内容的学习交流和考察调研活动；核实租车费支出是否履行审批手续、过路过桥费等支出是否合理，是否存在以科研名义长期租用车辆变相作为单位或个人固定用车的情况；核查会计核算是否规范，是否存在将出国（境）费列入差旅费核算的情况，机票是否是政府采购机票，如选择了非政府采购机票，是否提供了证明其票价低于购票时点政府采购机票票价的证明材料，如从有关航空公司官方网站和政府采购机票管理网站下载打印的出行日期政府采购机票价格截图；检查预算调剂是否履行了相关手续、预算调剂理由是否充分等。

3. 国际合作交流费支出涉及的财务会计科目包括：业务活动费用等；预算会计科目：科研支出等支出科目下的“商品和服务支出—因公出国（境）费/差旅费”等。

审计重点：对照项目（课题）任务书、出国任务批件、邀请函、会议通知以及有关交流考察报告等资料，核实出国人员、海外来华专家开展的合作交流事项是否与研究任务相关；是否存在以出国交流名义变相旅游，或无实质内容的学术交流和考察活动；检查会计核算是否规范，报账材料是否齐全、规范（包含出国任务批件、出国预算审批表、公务护照复印件、出入境时间、机票、住宿费、城市间交通费等），是否存在用旅行社开具的发票报销出国费问题；核实是否存在未经批准擅自改变出国行程和路线、延长境外停留时间；对照出国计划、因公临时出国管理制度规定的开支标准、出国预算审批表，检查是否存在超标准、超范围、超预算报销出国费问题；检查预算调剂是否履行了相关手续、预算调剂理由是否充分等。

（七）劳务费

是指在项目实施过程中支付给参与项目的研究生、博士后、访问学者以及项目聘用的研究人员、科研辅助人员等的劳务性费用，以及临时聘用人员的社会保险补助费用、住房公积金等。项目聘用人员的劳务费开支标准，参照当地科学研究和技术服务业从业人员平均工资水平，根据其在项目研究中承担的工作任务确定。劳务费预算应据实编制，不设比例限制。

劳务费支出涉及的财务会计科目包括：业务活动费用等；预算会计科目：

科研支出等支出科目下的“商品和服务支出—劳务费”等。

审计重点：查阅与本项目（课题）研究和管理相关的在职人员、研究生、聘用人员等名单以及聘用合同或劳务派遣合同等资料，对照项目（课题）任务书，检查劳务费支出是否与研究任务相关；核查是否存在本单位在编人员领取劳务费或其他人员重复领取劳务费的情况。是否存在超标准、超实施周期发放劳务费等问题；核查劳务费支付是否规范，是否存在将劳务费集中转入个人账户脱离监管的情况；针对用现金发放劳务费事项，单位是否事前履行内部审批程序；对于通过现金方式发放劳务费的事项予以重点关注，通过比对笔迹、电话核实、个人谈话等方式，核实是否存在虚报冒领劳务费问题；检查预算调剂是否履行了相关手续、预算调剂理由是否充分等。

（八）专家咨询费

是指在项目实施过程中支付给临时聘请的咨询专家的费用。专家咨询费不得支付给参与本项目及所属课题研究和管理的相关工作人员，不能列支博士、硕士研究生因学位论文答辩、论文修改发生的相关费用。专家咨询费的发放标准和方式等管理按照国家有关规定执行。

专家咨询费支出涉及的财务会计科目包括：业务活动费用等；预算会计科目：科研支出等支出科目下的“商品和服务支出—咨询费”等。

审计重点：查阅项目（课题）成员名单、参与管理的单位及其人员名单，检查是否存在给参与项目（课题）研究及其管理的相关人员发放专家咨询费的情况；检查是否列支博士、硕士研究生论文开题、答辩发生的专家评审费问题；对照专家咨询费管理办法中的咨询方式、专家职称等，检查是否存在超标准发放咨询费问题，报账支撑材料是否齐全，如以会议方式发放专家咨询费，是否提供会议通知、签到表等；以通讯方式发放专家咨询费，是否提供通话清单/电子邮件截图、专家工作成果等；以现场访谈、勘查形式发放专家咨询费，是否有提供现场工作照片、邀请函、专家工作成果等；检查会计核算是否规范，报账材料是否齐全，专家发放表是否有咨询内容、专家姓名、职称、单位、身份证号、咨询方式、天数、标准、领款人签字等必要信息；针对现金发放专家咨询费业务是否事前履行单位内部审批程序；对于通过现金发放专家咨询费的要重点关注，通过比对签名笔迹、电话核实、查询专家工作成果等方式检查是否存在虚报冒领专家咨询费问题；检查预算调剂是否履行了相关手续、预算调剂理由是否充分等。

（九）其他支出

是指在项目实施过程中除上述支出范围之外的其他相关支出，如项目审计费用，在农业、林业等领域发生的土地租赁费，维修费等。

其他支出涉及的财务会计科目包括：业务活动费用等；预算会计科目：科

研支出等支出科目下的“商品和服务支出—租赁费/委托业务费/维修（护）费”等。

审计重点：对照项目（课题）任务书，检查支出事项是否与研究任务相关，支出是否必要；检查支出会计核算是否规范，是否存在通过该科目隐匿擅自外拨项目（课题）经费的情况；检查预算调剂是否履行了相关手续、预算调剂理由是否充分等。

（十）间接费用是指承担单位在组织实施项目过程中发生的无法在直接费用中列支的相关费用

主要包括：承担单位为项目研究提供的房屋占用，日常水、电、气、暖消耗，有关管理费用的补助支出，以及激励科研人员的绩效支出等。

间接费用由承担单位统筹安排使用。项目承担单位应当建立健全间接费用内部管理办法，公开透明、合规、合理使用间接费用，处理好分摊间接成本和对科研人员激励的关系。绩效支出安排应当与科研人员在项目工作中的实际贡献挂钩。

课题中有多个单位的，间接费用在总额范围内由课题承担单位与参与单位协商分配。承担单位不得在核定的间接费用以外，再以任何名义在项目资金中重复提取、列支相关费用。

间接费用支出涉及的财务会计科目包括：业务活动费用等；预算会计科目：科研支出等支出科目下的“工资福利支出—绩效工资”；“商品和服务支出—水费/电费/物业管理费/办公费”等。

审计重点：对照项目（课题）任务书，检查间接费用支出是否存在超支问题；检查承担单位是否按规定制定了间接费用管理制度，制度是否有明确的分摊间接成本和项目绩效发放规定；检查项目单位在提取间接费用之外，是否存在重复列支项目（课题）管理费和保障单位日常办公、运转的费用；检查项目绩效发放范围是否符合规定；结合单位或课题考核情况，核查绩效奖励的发放是否与科研人员在课题工作中的实际贡献挂钩；间接费用不能调增，履行内部审批手续后可调减用于直接支出。

四、审计发现的主要问题

（一）设备费

一是扩大设备费支出范围。在设备费科目列支购买电脑、打印机等通用设备支出。在设备费科目列支设备日常维修费用。在科研项目经费中列支非项目组采购的设备。

二是支出归类不准确。当试制设备为过程产品时，即零部件或工具性产品，发生的相关成本（含直接相关的材料费、测试加工费、燃料动力费等）未归类到“试制设备费”科目。

三是设备购置时间安排不合理，在项目临近结题时购买或到货，该设备购置的必要性和紧迫性无法解释。

案例：某国家自然科学基金项目在设备费列支购买办公电脑 0.50 万元，笔记本电脑 1.3 万元。审计结论为：支出科目不规范，建议退回经费或将以上办公设备购置费支出调整至该项目间接费用支出。

（二）专用材料费

将购买硒鼓、墨盒、打印纸、笔、文件盒等办公耗材支出计入专用材料费。

案例：某重点研发计划项目在专用材料费列支电脑配件款 0.4 万元、碳粉款 0.1 万元。审计结论为：支出科目不规范，建议退回经费或将以上办公费支出调整至该项目间接费用支出。

（三）测试化验加工费

一是对被委托单位资质审核不严，委托不具备相关检测化验业务资质或经营范围不符的单位开展测试化验加工任务。

二是测试化验加工业务不真实，即通过虚构测试化验内容、提高测试化验支出标准等方式套取科研经费。

三是部分测试化验加工合同不规范，缺少单价和数量等关键要素，无法判断委托业务费价格是否公允。

四是部分测试化验加工合同价款支付不严谨，测试化验工作未实质启动前将合同经费一次性支付给对方，不能保证委托任务能否按合同要求及时完成。

案例：某省级重点研发专项列支测试化验加工费，委托业务合同约定 1 年后出具测试结果，但项目组在合同签订 10 个工作日内就把合同全款 5 万元支付给被委托方，不利于控制工作进度和质量，单位无法追踪该委托业务能否按合同及时完成。

（四）燃料动力费

一是在本预算科目列支项目组日常办公发生的水、电等管理费用。

二是项目实施过程中直接使用的仪器设备未安装独立电表，分摊依据不充分、测算方法不合理。

三是在本预算科目列支私家车汽油费。

案例：某重点研发项目在“燃料动力费”中开支电费 5 万元用于某设备，但审计发现该设备既无独立电表，单位也未能提供该设备运行时间、使用记录等测算依据。某国家自然科学基金项目在“燃料动力费”中开支实验室日常发生的电费支出 2 万元。

审计结论为：相关设备发生的电费支出分摊依据不充分，实验室日常电费支出列支不规范，燃料动力费管理不规范。

（五）出版/文献/信息传播/知识产权事务费

一是在本预算科目列支日常办公用的固话费、网络费等。

二是列支与本项目不相关的专利年费、版面费、论文润色费等。

三是是从项目经费列支版面费，但论文未标注该项目资助信息。

案例：某省级项目列支图书出版费 4.5 万元，出版合同约定在合同签订 10 个工作日内把合同全款 4.5 万元支付给出版社。审计结论为：合同价款支付方式不合理，不利于控制工作进度和确保书稿质量，单位无法追踪该出版业务是否能按合同及时完成。

某重点研发项目在印刷费科目列支审稿费 0.02 万元，只见审稿费支出，未见论文版面费支出。审计结论为：不符合逻辑，该文章可能不是本课题成果，建议核实调整。

某国家自然科学基金项目在印刷费科目列支论文润色费 0.5 万元。审计结论为：不符合专项资金管理规定，需调出或从该项目间接费用支出。

（六）会议/差旅/国际合作交流费

一是虚构会议事项，或通过提供虚假参会人员名单、伪造参会人员签字等方式报销会议费。

二是报销因私或不相关业务发生的车船票、机票、住宿费等费用。

三是在本预算科目列支不合理的汽油费、过路过桥费等。

（七）劳务费及专家咨询费

一是虚构人员名单，虚报、冒领劳务费和专家咨询费。

二是在本预算科目列支科研人员项目绩效。

三是给本课题组人员或超标准发放专家咨询费。

四是劳务费发放不合理，如给利益相关人员发放劳务费，未提供必要性、发放标准公允性等情况说明。

五是在专家咨询费中列支学生论文答辩费等与项目研究不相关的支出。

案例：某国家自然科学基金项目咨询费发放不合理，项目研讨会是 25 日报到，26 日开会，专家咨询费应按一天发放，实际上发放了 2 天的咨询费。

（八）对外转拨经费不及时、不规范

未按约定的进度或任务进展情况将经费转拨协作单位，影响项目任务进展。虚假合作，将科研经费转拨至预算外的关联方。

（九）将大额单项经济业务人为拆分，规避内控监管

案例：某项目为规避本单位“十万元及以上测试费等单项经济业务需履行大额资金审批规定”，将一项大额测试化验加工业务人为进行拆分，以每笔 9.8 万元，分多笔报账的方式转账给受托方，审计认定该项委托业务费支出不

规范，未履行单位内控审批程序。

（十）随意调账变动支出，影响会计核算的严肃性和准确性

案例：某项目临近结题时从其他项目调入大额支出，且没有合理的理由，审计认定为经费支出不规范，存在“突击”花钱问题。

（十一）项目经费预算执行进度与任务执行进度严重不匹配

案例：某项目执行周期过半，科研项目资金预算执行率仅为15%，但该项目中期报告陈述任务已基本完成，项目中期财务检查发现，该项目大部分成果为其他项目形成的成果，存在成果冲抵问题。

第四节　如何协助做好审计工作

一、加强协同配合

对照审计通知要求，由财务部门牵头，业务部门各司其职，加强协同配合，提早、精心准备审计所需的各类材料，对所提供资料的真实性和完整性负责，为高效开展审计工作打下坚实基础。

二、做好沟通解释工作

在审计过程中，主动支持、积极配合审计工作。对审计组提出的问题，要及时回应，如实回答，积极提供相关证明材料，防止因信息不对称导致问题描述不准确。

三、认真落实审计整改

以审计为契机，对照审计发现的问题，逐项进行认真分析，并逐一落实整改，对该制修订的制度要尽快出台；对制度执行不到位的地方，要立行立改，及时更新完善单位内部控制规程；对违规的问题采取有力惩戒措施，该退的钱要不打折扣退回。

四、做好政策宣传工作

业务部门要加强对审计发现问题的宣贯，让职工清楚哪些是法律和制度不允许的，对性质严重的问题要加强惩戒，发挥审计的震慑作用，让每一位职工树立“不敢违规、不能违规、不想违规”的意识。

第十二章　财务队伍建设

一、单位概况

中国热带农业科学院橡胶研究所（简称“橡胶所”），隶属于农业农村部，是我国唯一以天然橡胶为主要研究对象的国家级研究机构，主导我国天然橡胶产业技术体系建设。创建于 1954 年，前身是设立于广州的华南热带林业科学研究所，1958 年研究所迁至海南儋州下设橡胶系，1978 年橡胶系更名为橡胶栽培研究所，2002 年更为现名。

天然橡胶是不可替代的战略物资和重要工业原料。党和国家领导人高度重视天然橡胶事业，建所以来，习近平、江泽民、胡锦涛以及周恩来、朱德、叶剑英、董必武、王震等老一辈革命家曾来视察，对天然橡胶事业的发展倾注了关怀和殷切期望。

经过 60 多年的不懈奋斗，橡胶所已发展为一个综合科研实力较强、知名度较高的农业科研机构。取得包括国家发明一等奖、国家科技进步一等奖在内的科技奖励 170 多项。在橡胶树北移栽培、橡胶树优良无性系的引进试种、割胶技术体系改进及应用等领域取得了辉煌成就，为我国天然橡胶产业体系的建立和实现三次产业升级提供了有力的科技支撑。目前，在橡胶树基因组学研究、新一代橡胶树速生高产抗逆新品种培育、幼态化和小型化种苗繁育技术体系构建、新型种植材料推广、采胶新技术及电动割胶刀研发、死皮防控关键技术、胶园全周期间作模式、橡胶木材综合利用、高端制品用胶加工技术等方面取得新突破。

橡胶所现有海口、儋州两个所区，现有科技干部职工 223 人，其中，高级职称 114 人，研究生学历 168 人，博士 72 人。拥有国家天然橡胶产业技术体系首席专家、享受国务院特贴专家、全国优秀科技工作者、农业农村部中青年有突出贡献专家、海南省十大杰出青年、海南省突出贡献专家、海南省委省政府直接联系重点专家等各类高级专家 30 多人。拥有国家橡胶树种质资源圃、国家橡胶树育种中心、农业农村部橡胶树生物学与遗传资源利用重点实验室等 9 个国家级和省部级重要科技平台。

近年来，橡胶所坚持传承创新，构建了涵盖资源与育种、良种良苗、生理生化、栽培生态、土壤肥料、植物保护、生物与材料工程、采胶、机械装备、加工、木材综合利用、产业发展等天然橡胶全产业链的科技创新体系。通过开展国际项目合作、举办援外技术培训、参加和承办国际橡胶会议、与企业联合等方式，稳步实施科技“走出去”战略，积极服务国家“一带一路”建设，国际竞争力和影响力逐步提升。

新时代，新使命，新担当。橡胶所将以习近平新时代中国特色社会主义思想为指引，立足中国热区，面向世界热区，勇于扛起国家战略科技力量的责任和担当，大力实施天然橡胶大科学工程，加快推进现代科研院所建设，努力创建世界一流天然橡胶科技中心，全面提升我国天然橡胶产业的战略保障力和国际竞争力。

新时代、新阶段、新要求。橡胶所财务部门始终坚持“严谨务实、包容创新、优质高效”的理念，始终以科研人员为中心，以支撑天然橡胶科技创新能力提升为目标，刀刃向内，主动补短板、强弱项，促进财务与业务的深度融合，努力打造科技创新新引擎。坚持需求导向，职工合理需求在哪里，财务资产服务就辐射到哪里。坚持问题导向，通过深入科研一线调研，获取科研人员对财务的实际需求，精准发力，财务部门牵头，协同业务部门实施“会计一站式服务”，搭建共建共享管理信息平台，以“放管服”改革为抓手，加强内部控制和绩效管理，强化成本控制，努力探索适合农业科研单位财务管理提质增效的路径和模式，在服务科研创新与发展的道路上贡献财务智慧和价值，实现双赢目标。

二、加强财务队伍建设的必要性和紧迫性

（一）绩效管理被提升为国家战略

当前，我国面临的内外部环境发生了深刻变化。外部环境错综复杂，不确定性、不稳定性因素日益增多；国内社会主要矛盾发生了新的变化，经济、社会、生态等领域高质量发展任务十分艰巨，叠加中美贸易摩擦和新冠疫情的影响，我国经济下行压力持续加大，财政收支矛盾日益突显。我国经济已由高速度增长转变为高质量发展，需要持续加大对科技的投入力度，持续提升科技创新能力，解决科技“卡脖子”问题。同时，社会各方更加关注科技投入后的成果和成效，亟需加大对经费投入的追踪问效力度。全面实施绩效管理是破解科技投入低效无效、提升科技创新质量和成果效益的关键举措，也是优化资源配置的关键工具，绩效管理在新时代被赋予新的历史使命和意义。全面实施绩效管理，有利于从源头提高政策和资源配置的科学性和合理性；强化过程绩效监控，追踪重大项目执行情况，随时纠偏；做实项目事后绩效评价工作，强化绩效评价结果运用。

绩效管理是一项政策性、专项性、系统性很强的工作，要做好该项工作，

单位领导重视是前提，项目负责人和管理部门的支持是关键，专业人才和绩效管理制度是保障。新时期，财务人员要积极转变思维，自觉从“要我评价”转变为“我要评价”。自觉加强学习，提升履行能力，把握绩效管理政策精髓，熟悉绩效评价要点，做实做细年中绩效监控、年末绩效自评以及协助第三方开展评绩效评价工作。遵循科研规律，探索构建有利于助推科技创新的绩效管理制度体系。重视绩效评价结果运用，明确奖惩措施，探索将绩效评价结果与项目申报、年度预算、年度考核、评优评先、职称评审、职务晋升、绩效工资发放、获奖表彰、信用管理等挂钩，激发科研人员的积极性、主动性及创新性。

（二）实施政府会计准则制度带来了新的机遇和挑战

近年来，党中央、国务院发布一系列政府会计改革政策，要求建立能反映政府“家底”、成本费用以及预算执行情况的政府会计体系，明确提出要“建立权责发生制的政府综合财务报告制度”。行政事业单位已于2019年1月1日起实施政府会计准则制度，政府会计准则制度的执行，有利于全面、真实反映行政事业单位财务状况、工作成果；有利于提高会计信息质量和公共服务水平；有利于开展成本核算和绩效管理等。相比之前的制度，《政府会计准则制度》是一次根本性变革，要求行政事业单位在同一会计核算系统中实现“三大目标”，即实现财务会计和预算会计“双功能”；财务会计采用权责发生制，预算会计采用收付实现制“双基础”；通过财务会计核算形成财务报告，通过预算会计核算形成决算报告“双报告”。

新的政府会计准则制度变革给广大财务人员带来新机遇和新挑战，机遇体现在对内对外两个方面，就单位内部而言，财务工作更有价值，提供的会计信息更具真实性和可比性，为单位实施成本核算、绩效管理打下坚实基础，有利于提高资金使用绩效；就外部而言，有利于全面真实反映政府财务状况，摸清“家底”，建立现代财政制度，提高政府支出透明度、信誉度和公信力。新的政府会计准则制度变革带来的挑战，体现在，一是倒逼财务人员转变思维，加强学习，快速掌握和规范执行政府会计准则制度，提高会计信息质量；二是事业单位要贯彻落实上级部门要求，有序开展成本核算工作，建立“结果导向＋成本效益＋责任约束”的预算绩效管理模式，延伸政府会计的深度和广度；三是倒逼事业单位提升会计信息化水平，新的政府会计准则制度的实施给财务人员带来较大工作压力和更多工作量，体现在大部分经济业务需要编制两套会计分录，年底要编制两套报告。随着预算绩效一体化系统的全面实施，事业单位亟需加大对信息化建设的投入力度，做好顶层设计，打破“信息孤岛”，实施预算绩效全过程生命周期管理，实现单位各系统间互联互通，实现数据共建共享共用，实现单位财务管理与业务管理、内控管理深度融合。

（三）科研“放管服”改革要求财务资产人员与时俱进

自2015年以来，中央和地方密集出台《中共中央办公厅国务院办公厅关于进一步完善中央财政科研项目资金管理等政策的若干意见》（中办发〔2016〕50号）、《国务院关于优化科研管理提升科研绩效若干措施的通知》（国发〔2018〕25号）、《国务院办公厅关于改革完善中央财政科研经费管理的若干意见》（国办发〔2021〕32号）等系列“放管服”改革政策，“扩大科研项目经费管理自主权，为科研人员减负松绑”被中央和地方提上重要议事日程，科技领域“放管服”改革力度空前。

农业科研单位是落实农业领域创新驱动发展战略的重要主体，应进一步解放思想，做改革的引领者、政策的支持者、制度的执行者。财务资产部门应重点在“简化预算编制，下放预算调剂权，落实经费包干制，改进结余资金管理、改进财务报销管理方式、推进科研经费无纸化报销，简化科研项目验收结题、优化科研仪器设备采购”等方面落实相关工作，系统梳理与上级部门有关文件精神不符的规定和办法。在“放”的方面做减法，能放尽放，让职工享受政策红利。在“管”的方面做加法，强化法人责任落实，系统构建有利于科技创新的内控制度体系，确保科研自主权接得住、管得好。在“服”的方面，做乘法，财务资产人员应不断提高服务意识和服务水平，提升信息化建设水平，让信息多跑路、职工少跑路；培养一支精干高效的科研助理队伍，提供专业化财会服务。多措并举打通“放管服”改革“最后一公里”，为广大职工减负松绑，提高职工的认同感和幸福感。

三、如何成为一名合格的财务人员

财务人员应树立正确的职业道德观，坚持正面思维，培养良好习惯，有清晰的职业规划，具备扎实的专业能力、务实高效的工作作风、良好的沟通表达能力。

（一）树立正确的职业道德观

2002年朱镕基总理考察北京国家会计学院时指出“不做假账”是会计从业人员的基本职业道德和行为准则，所有会计人员必须以诚信为本，操守为重，遵循准则，不做假账，保证会计信息的真实、可靠。《会计基础工作规范》明确提出“会计人员在会计工作中应当遵守职业道德，树立良好的职业品质、严谨的工作作风，严守工作纪律”。诚信是会计行业和会计人员的立身之本。初入会计行业的财务人员一定要提高站位，树立良好的职业道德观，扣好人生的“第一粒扣子”，走好人生第一步。已在会计行业的财务人员要始终将“干干净净做人、踏踏实实做事”贯彻整个职业生涯。

（二）树立正面的思维方式

斯蒂芬·柯维曾说过，如果我们只想让生活发生相对较小的变化，那么专注于自己的态度和行为即可，但是实质性的生活变化还是要靠思维的转换。稻盛和夫曾说过“人生和工作的结果＝思维方式×热情×能力”，三要素中思维方式是最关键的要素。梭罗曾经说过：“一颗邪恶的大树，砍它枝叶千斧，不如砍它根基一斧。”行为和态度是枝叶，思维方式是根基，抓住根本才能让生活和工作出现实质性的进展。一个人的思维方式越符合正确法则，就越能正确而高效地生活和工作。正面的思维方式主要包含正直、勤奋、谦虚、坚强、有感恩心、善于与他人共事、充满善意、有同理心、极致利他等。

（三）培养七个良好习惯

要想拥有正确的思维，先要养成良好习惯。俗语说：“思想决定行动、行动决定习惯，习惯决定品德、品德决定命运”。斯蒂芬·柯维在《高效能人士的七个习惯》一书中提到一个人要想走向真正成熟和成功，需要经历两个阶段。

第一阶段是从依赖到独立的“个人成功”，有三个习惯有助于实现“个人成功”：（1）积极主动，从“我不得不做”转变为“我想做”；（2）以终为始，就是要先制定目标，后采取行动；（3）要事第一，遵循帕累托原则，把注意力放在20%的关键事情上。

第二阶段是从独立的“个人成功”到互相依赖的“公众成功阶段”，仍有三个习惯有助于实现“公众成功”：（1）双赢思维，即利人利己、寻求双方互利共赢，注重给情感账户存款；（2）知彼“解己”，即先理解体谅别人，再争取别人的理解，这一原则是开展有效人际沟通的关键；（3）统合综效，就是敞开胸怀，博采众议，取长补短。

第七个习惯是“不断更新”，它能够帮助我们磨砺前六个习惯，它从身体、精神、智力、社会/情感四个层面磨炼完善自己，让自己变得越来越成熟，实现人生价值。

（四）做好职业规划

1. 职业规划的定义

职业规划是指个人根据自身的兴趣和特点，将自己定位在一个最能发挥自己长处的位置，选择最适合自己能力的事业。它包括职业定位、目标设定和通道设计三个要素，其中最关键的要素是职业定位。职业规划是开启事业的起点，也是我们前行的指南针和地图，它指引我们一步一步实现人生的一个个细小目标，最终达成大目标。

2. 职业规划管理

职业规划管理不仅仅是财务人员自己的管理，更需要得到单位的关心和重视，为其职业晋升提供多种通道，包含职称晋升通道、管理晋升通道、学历晋升通道、支撑服务通道等。

财务人员在进行职业规划时要问自己三个问题：我是谁？我想做什么？我

能做什么？要树立正确的人生价值观和职业道德观，要正确认识自己的优劣势，清楚自己想往哪个方向发展，能从哪个方面发展，可以从哪些方面发展。树立终生学习理念，实现一技多能，努力成为“复合型多面手”。

3. 职业路径

财务人员职业发展路径可以从纵向发展、职务晋升以及专业技术资格三个维度进行分析。

（1）从职业发展路径来看

财务人员职业晋升路径可分为三个层级：一是初级会计，主要包含出纳、日常收支核算、票据管理等；二是中级会计，主要包含成本核算，税务管理，预算决算、政府财报编制，项目管理，对账结账开新账，日常财务数据统计上报，财务信息化建设等；三是高级会计，主要包含财务分析，内控制度体系构建，绩效管理，为领导财务决策、单位开展重大经济业务活动提供意见和建议，当好领导的参谋助手。

（2）从职务晋升来看

一般要经历出纳、一般会计、总账会计、主管会计、会计机构负责人、总会计师（或分管领导）。

（3）从专业技术职称来看

会计职称主要包含：助理会计师、会计师、高级会计师、正高级会计师。

（五）具备扎实的专业能力

财务人员要培养持续学习的能力，不断更新迭代已有知识体系，具备扎实的理论知识和良好的职业判断能力。不仅要熟悉政府会计准则制度、内部控制管理、预算决算、国库支付、政府采购、资产管理、项目管理以及合同管理等方面的知识；还要熟悉公共管理、经济管理、税务管理以及单位主责主业涉及的业务知识等，为领导决策提供信息支撑，为项目负责人争取经费支持提供指导，为项目负责人管好用好经费提供优质服务。

（六）具备务实高效的工作作风

农业科研单位财务工作是一项政策性和时间性较强的工作，服务对象学历普通较高、其对政策的理解和把握力较强，经费管理要求复杂、多样、严格，对财务人员提出较高要求。财务人员：一是要具备扎实的专业知识，财务部门要形成统一的工作标准和解释口径，努力做到“账经我手无差错，事交我办请放心”，“件件有着落，事事有回应”；二是要有同理心，能站在职工的角度思考和聆听他们遇到什么问题、有什么合理需求、需要怎样的解决方案等；三是面对服务对象要多一些耐心、多一些微笑，在遵守财经法规政策的前提下积极为职工解决实际问题，少说不，多为职工办实事，办好事，努力提升职工的“获得感”和“幸福感”；四是要学会掌控自己的情绪，学会宽容别人，善于发现别人的优点和长处，求同存异，以合适的方式说合适的话，以正确的方式做正确的事情。

（七）具备良好的沟通能力

松下幸之助曾说“伟大的事业需要一颗真诚的心与人沟通”。有效沟通是一门硬技能。沟通的最低要求是在最短的时间里把事情说清楚，最高要求是得到认同。财务人员要学习运用麦肯锡著名的“30秒电梯理论”，有意识培养在30秒内清晰准确地讲明白自己的观点。人际沟通的四个关键步骤，第一步是要会听；第二步是要会正确表达；第三步是要想办法说服他人接受或理解自己；第四步引导对方采取行动。换位思考是解决人际沟通问题的万能钥匙，双赢是沟通的终极目标，尊重友善是沟通中应坚守的态度，正直诚信是有效沟通应遵守的行为准则。

（八）具备良好的演讲表达能力

著名管理学大师彼得·德鲁克曾说“你的效能取决于你通过语言和文字与他人交流的能力。”日常工作和生活都离不开演讲表达场景，演讲表达不仅是一个人建立自信的最好方法，也是传递自己的想法、观点、增加影响力以及获得支持的最好途径。财务人员应拓宽视野，在埋头工作的同时还要抬头看路，提高演讲表达能力，让自己在较短时间内将会计语言转化为通俗易懂语言向单位领导、同事高效清晰表达自己的观点或想法，获得领导和同事的理解与支持。高效演讲表达的三个步骤，第一步是确定框架，明确目标；第二步是从演讲表达对象角度组织内容；第三步是运用结构性思维提炼简短精悍内容要点；第四步是呼吁对方采取行动。

四、如何打造一支精干高效的财务队伍

（一）制定团队目标

财务工作的显著特点是团队合作，需要不同类型、不同知识结构、不同年龄的人员形成的一个组合，同时还应有共同使命感和责任心，需要彼此通力合作，取长补短。团队建设的首要任务是围绕单位主责主业，提出团队目标，团队目标应包含工作目标和团队成员成长目标；其次要征求每一个团队成员的意见，达成一致，形成共识，确定团队目标；再次团队负责人要结合团队成员各自岗位职责、优缺点，制定落实团队目标的工作方案，将团队目标分解细化到每一个团队成员，明确奖惩措施，激发团队成员的积极性和主动性。团队负责人要建立例会制度，定期主动了解重点工作的推进情况，收集存在的问题，共商解决方案和下一步工作计划，统筹兼顾，随时纠偏。

（二）创新团队管理

根据单位实际情况，结合管理需求，组建一支精干高效的财务队伍，将团

队目标逐级分解细化至团队成员，明确团队成员分工，结合团队成员各自优缺点，把合适的人安排在适合的岗位，做到人尽其才，才尽其用。同时要创新团队管理，通过传帮带，开展课题研究、编写专著、业务研讨、读书分享、定期轮岗等多种方式，激发团队成员学习和工作热情，全面提升团队成员的综合素养，实现团队和个人同成长、共进步。

（三）形成工作合力

一个优秀的团队，不仅取决于优秀的人员，应更加关注团队是否存在薄弱环节，更加强调团队能否形成合力。善于用目标激励，精神激励，物质激励，是带好团队的最直接的手段。一个优秀的团队负责人善于把有限的时间放在提升团队整体素质上，注重建立坦诚、开放的沟通机制，努力培养团队成员之间相互信任的精神，激发整个团队的凝聚力、执行力、创造力和战斗力。团队负责人还要善于发挥团队优秀榜样的力量，激发团队成员查找自身与榜样之间的差距，自觉补短板和弱项，激发团队成员的积极性和主动性，增强团队凝聚力和活力，形成你追我赶的良好氛围。

（四）以身作则

常言道：村看村、户看户、群众看干部。团队负责人的示范效应是巨大的，要充分发挥团队负责人的模范带头作用。团队负责人要带头高效工作，带头处理职工“急、难、愁、盼”问题，主动帮助团队成员解决工作中遇到的难沟通的人和事，带头遵守法律法规制度，带头学习，带头提高履职尽责的能力。团队负责人在工作上始终要做到统揽而不包揽，放手但不放任，合理授权，充分信任，让团队每一个成员都享有成长的机会。团队负责人既要当好指导员和监督员，更好当好办事员和“服务员”，指导、跟踪、检查重点工作完成情况，把注意力放在20%的关键工作上，提高管理效能。

（五）敢于担责

团队负责人要积极践行习近平总书记提出的“信念坚定、为民服务、勤政务实、敢于担当、清正廉洁”干部标准，带头落实上级部门的决策部署，带头提高政策水平、带头创新管理、带头担当、敢于担责。团队负责人对待部门工作上的失误要敢于担责，主动向单位领导检讨，不把责任推给下属；团队负责人要学会推功揽过，把鲜花、荣誉和掌声让与团队成员。勇于承担责任不仅让下属有安全感，关键还能体现团队负责人有责任感，有利于增强团队成员的归属感和认同感。

参考文献

REFERENCES

1. 财政部．关于贯彻落实《中共中央国务院关于全面实施预算绩效管理的意见》的通知［EB/OL］．［2018－11－08］．
2. 财政部．关于印发《项目支出绩效评价管理办法》的通知［EB/OL］．［2020－02－25］．
3. 财政部．关于印发《中央部门项目支出核心绩效目标和指标设置及取值指引（试行）》的通知［EB/OL］．［2021－08－18］．
4. 财政部．2022年政府收支分类科目［M］．北京：中国财政经济出版社，2021.
5. 财政部．财政国库手册［M］．北京：中国财政经济出版社，2020.
6. 财政部会计司．行政事业单位内部控制规范讲座［M］．北京：经济科学出版社，2013.
7. 财政部．《政府会计准则制度解释第4号》［J］．中国总会计师，2022（1）．
8. 财政部．中华人民共和国财政部令第108号——事业单位财务规则［EB/OL］．［2022－01－07］．
9. 财政部．关于修订印发《政府部门财务报告编制操作指南（试行）》的通知（财库〔2019〕57号）［EB/OL］．［2019－12－12］．
10. 财政部．《政府会计制度——行政事业单位会计科目和报表》的通知（财会〔2017〕25号）［EB/OL］．［2017－10－24］．
11. 财政部．《政府会计准则——基本准则》财政部令78号［EB/OL］．［2015－10－23］．
12. 财政部．部门决算管理办法（财库〔2021〕36号）［EB/OL］．［2021－10－13］．
13. 财政部．关于开展中央政府投资项目预算绩效评价工作的指导意见［EB/OL］．［2013－03－12］．
14. 农业部财务司，农业部财会服务中心．农业行政事业单位财务管理工作手册［M］．北京：中国农业出版社，2016.
15. 农业农村部计划财务司，农业农村部财会服务中心．农业行政事业单位建设项目财务管理实用手册［M］．北京：中国农业出版社，2021.
16. 共产党员网：中华人民共和国民法典．https://www.12371.cn/.
17. 刘宁．科研事业单位中智能财务系统的应用研究［J］．中国总会计师，2019（5）：80－83.
18. 余应敏，王彩淋．财务机器人对会计行业的影响及其应对策略［J］．会计之友，2018（7）：54－56.
19. 钟礼凤．行政事业单位财务管理信息化建设的问题及对策［J］．财务与会计，2018（16）：43－44.

20. 许娟，齐军，刘京平，等.《政府会计制度》核算指南——行政单位会计实务案例精讲[M]. 北京：中国财政经济出版社，2018.
21. 张庆龙. 政府审计学 [M]. 北京：中国人民大学出版社，2021.
22. 王宝庆. 审计新论 [M]. 北京：经济科学出版社，2018.
23. 史蒂芬. 柯维. 高效能人士的七个习惯 [M]. 北京：中国青年出版社，2018.
24. 许娟，韩俊仕，姚琴，等. 行政事业单位财会人员必备通识 [M]. 北京：中国财政经济出版社，2020.
25. 稻盛和夫. 活法 [M]. 北京：东方出版社，2019.
26. 刘润. 5 分钟商学院——个人篇. 北京：中信出版社，2018.
27. 李瑞玲. 智能财务时代做“会思考”的财务人 [J]. 中国市场，2019 (16).
28. 刘宁. 科研事业单位中智能财务系统的应用研究 [J]. 中国总会计师，2019 (5).
29. 钟礼凤. 行政事业单位财务管理信息化建设的问题及对策 [J]. 财务与会计，2018 (16).
30. 余应敏，王彩淋. 财务机器人对会计行业的影响及其应对策略 [J]. 会计之友，2018 (7).
31. 刘京平，尉敏，齐军，许娟.《政府会计制度》核算指南. 事业单位会计实务案例精讲[M]. 北京：中国财政经济出版社，2018.
32. 曹志朋. 提高属地中央预算单位项目绩效评价效果的几点建议 [J]. 中国财政，2021 (22)：50-52.
33. 陈静. 财政支出项目绩效评价主体及评价模式浅析 [J]. 中国资产评估，2013 (4)：43-45.
34. 康瑞娟. 关于科研事业单位预算管理的思考——以某二级科研事业单位为例 [J]. 中国总会计师，2022 (1)：96-98.
35. 刘嘉，莫珊珊，胡江静，等. 如何做好科研单位绩效评价管理 [J]. 中国农业会计，2021 (4)：58-59.
36. 吕蓓蓓. 新政府会计制度下高校财务绩效评价体系研究——以财政性科研项目为例[J]. 商业会计，2020 (20)：106-109.
37. 廖微. “放管服”背景下财政科研项目绩效评价指标体系研究 [J]. 中国产经，2021 (1)：39-40.
38. 郑勇，郭灵康. 全面实施预算绩效管理 [M]. 北京：中国财政经济出版社，2021.
39. 韩汉博. 科研人员财会知识读本 [M]. 北京：中国农业科学技术出版社，2016.
40. Chong Mlau，Sharon Lctan. Budget targets as performance measures：The mediating role of participation and procedural fairness [J]. In advances in management accounting. 2015，151-185.
41. Herb Hill，Matthew Andrews. Reforming Budget ritual and Budget practice：The Case of Performance Management Implementation in Virginia [J]. Taylor&Francis Group，2005，28 (3-4).
42. Markus Arnold，Martin Artz. The use of a single budget or separate budgets for planning and performance evaluation [J]. Accounting，Organizations and Society，2019，73.